TRATADO DA VIDA ELEGANTE

HONORÉ DE BALZAC nasceu em Tours em 1799, filho de um funcionário público. Na infância, foi interno por seis anos em um colégio de Vendôme, e aos quinze anos se mudou com a família para Paris. Formou-se em direito e trabalhou com um tabelião. De 1820 a 1824 escreveu, com diversos pseudônimos, seus primeiros romances. Em 1825 se lançou, sem muito êxito, como editor, impressor e tipógrafo, e desenvolveu intensa atividade jornalística. Aos trinta anos, muito endividado, retomou a literatura com grande empenho e escreveu o primeiro romance com seu nome, *A Bretanha*. Nos vinte anos seguintes, escreveu cerca de noventa romances e contos, entre os quais muitas obras-primas, que receberam o título abrangente de *A comédia humana*. A respeito de sua obra, disse Balzac: "O que ele [Napoleão] não conseguiu concluir com a espada, eu realizarei com a pena". Faleceu em 1850, meses depois de se casar com Evelina Hanska, a condessa polonesa com quem manteve um relacionamento por dezoito anos.

ROSA FREIRE D'AGUIAR nasceu no Rio de Janeiro. Formou-se em jornalismo pela PUC do Rio de Janeiro e nos anos 1970 e 1980 foi correspondente em Paris das revistas *Manchete* e *IstoÉ* e do *Jornal da República*. Em 1986 retornou ao Brasil e desde então trabalha no mercado editorial. Traduziu do francês, espanhol e italiano cerca de cem títulos nas áreas de literatura e ciências humanas, de autores como Céline, Lévi-Strauss, Sabato, Balzac, Montaigne e Stendhal. É autora de *Memória de tradutora* (2004) e editora da coleção Arquivos Celso Furtado (Contraponto/Centro Celso Furtado), na qual já publicou seis títulos. Entre os prêmios que recebeu estão o da União Latina de Tradução Técnica e Científica (2001) por *O universo, os deuses, os homens*, de Jean-Pierre Vernant, e o Jabuti (2009) por *A elegância do ouriço*, de Muriel Barbery, ambos da Companhia das Letras.

HONORÉ DE BALZAC

Tratado da vida elegante
Ensaios sobre a moda e a mesa

Organização, apresentação, tradução e notas de
ROSA FREIRE D'AGUIAR

COMPANHIA DAS LETRAS

Copyright © 2016 by Companhia das Letras

Grafia atualizada segundo o Acordo Ortográfico da Língua Portuguesa de 1990, que entrou em vigor no Brasil em 2009.

Penguin and the associated logo and trade dress are registered and/or unregistered trademarks of Penguin Books Limited and/or Penguin Group (USA) Inc. Used with permission.

Published by Companhia das Letras in association with Penguin Group (USA) Inc.

PREPARAÇÃO
Flavia Lago

REVISÃO
Ana Maria Barbosa
Huendel Viana

Dados Internacionais de Catalogação na Publicação (CIP)
(Câmara Brasileira do Livro, SP, Brasil)

Balzac, Honoré de, 1799-1850.
Tratado da vida elegante: Ensaios sobre a moda e a mesa/ Honoré de Balzac; organização, apresentação, tradução e notas de Rosa Freire D'Aguiar. — 1ª ed. — São Paulo: Penguin Classics Companhia das Letras, 2016.

ISBN 978-85-8285-039-8

1. Balzac, Honoré de, 1799-1850 — Crítica e interpretação I. D'Aguiar, Rosa Freire de. II. Título.

16-05760   CDD-840.9

Índice para catálogo sistemático:
1. Literatura francesa: História e crítica 840.9

[2016]
Todos os direitos desta edição reservados à
EDITORA SCHWARCZ S.A.
Rua Bandeira Paulista, 702, cj. 32
04532-002 — São Paulo — SP
Telefone: (11) 3707-3500 Fax: (11) 3707-3501
www.penguincompanhia.com.br
www.companhiadasletras.com.br
www.blogdacompanhia.com.br

Sumário

Apresentação — Rosa Freire d'Aguiar   7

TRATADO DA VIDA ELEGANTE:
ENSAIOS SOBRE A MODA E A MESA

A MODA

Tratado da vida elegante   25
Fisiologia da toalete   83
A arte de pôr a gravata   95
Estudo dos costumes pelas luvas   101
Sobre as palavras na moda   107
Teoria do andar   117
Apêndice de Código da toalete   169

A MESA

O gastrônomo francês: Discurso preliminar   211
Nova teoria do almoço   217
Fisiologia gastronômica   225
Fisiologia do charuto   231
Tratado dos excitantes modernos   235

Cronologia   261
Outras leituras   269

Apresentação

ROSA FREIRE D'AGUIAR

Antes de se dedicar ao projeto de *A comédia humana*, monumento literário de noventa títulos e quase 2500 personagens produzidos em pouco mais de vinte anos, Honoré de Balzac escreveu um sem-número de artigos em jornais e revistas, sobre política, filosofia, livros, boas maneiras, moda, culinária. Nascido em 1799, dedicou-se ao jornalismo desde o início dos anos 1820, respondendo a solicitações diversas que o levaram a exercitar-se em muitos estilos. Só no ano de 1830 sua assinatura aparece em setenta publicações; no ano seguinte, em 75. No caminho rumo à glória Balzac afiou as armas com que construiria um dos pilares de sua obra: a descrição da sociedade parisiense que estava nas ruas, nos arrabaldes, nos salões da alta sociedade.

Na introdução à primeira edição de *A comédia humana*, em 1842, ele explicava seu plano de identificar as "espécies sociais", da mesma maneira que os naturalistas, Cuvier e Buffon à frente, haviam identificado as espécies zoológicas. Explorar essa "fauna" social, o que até então nenhum grande escritor fizera com tanta minúcia e perspicácia, era aventurar-se em territórios desconhecidos. Assim como os naturalistas partiam de um ossinho para reconstituir um animal antediluviano, Balzac partiria de um detalhe do comportamento ou da roupa, uma luva, um nó de gravata, um jeito de bater perna nos bulevares, para identificar o burguês ou o estudante, o quitandeiro ou o cientista, a coquete ou a duquesa.

Há em *A comédia humana* uma profusão de Balzacs. Ele se faz geógrafo ao descrever sua Touraine natal, os bairros de Paris, a Bretanha ou a Rússia; faz-se historiador ao dissertar sobre a Revolução Francesa, Luís XI ou a Restauração; faz-se filósofo místico ao arriscar-se nos assuntos do sagrado; faz-se, sobretudo, sociólogo ou antropólogo social *avant la lettre*. Numa época em que ciência e literatura tinham a idêntica sede de apreender o mundo, Balzac imortalizou na literatura tudo o que era revelador da sociedade francesa, todas as imagens que ela projetava de si mesma.

Entre meados dos anos 1820 e 1838, marco que delimita os textos aqui reunidos, a França teve três reis, duas Restaurações, uma revolta e muitas reviravoltas. Derrotados Napoleão e seu Império em 1815, Luís XVIII restaurou a monarquia e reinou, até 1824, num país dividido em dois campos hostis, bonapartistas e liberais. Seguiu-se Carlos X, que conferiu ao reino um tom absolutista, resquício do Antigo Regime. Com a vitória dos liberais nas eleições de 1830, tentou suspender a monarquia constitucional, acendendo o estopim da Revolução de Julho — os Três Dias Gloriosos, quando o povo nas ruas derrubou o rei e a dinastia dos Bourbon. Subiu ao trono, em 1830, o rei Luís Filipe de Orléans, candidato da burguesia liberal. Em seu reinado, conhecido como Monarquia de Julho, a França viveu o primeiro boom do capitalismo industrial, a ascensão da burguesia e uma relativa paz e prosperidade. A corte reduziu consideravelmente o fausto, o catolicismo deixou de ser religião de Estado, mas Luís Filipe, confrontado à direita pela oposição legitimista favorável ao retorno dos Bourbon, e à esquerda pela oposição republicana, reforçou, em 1835, a repressão à imprensa.

Tais acontecimentos formam a urdidura histórica desses doze trabalhos de Balzac sobre a moda e a mesa. Mesmo quando se referem a frivolidades como o feitio de um colete, a receita de um creme de beleza, charutos e ombreiras, lapelas e condecorações, os textos são perpassados pela atualidade política e social do momento. Une-os, também, o talento de um escritor ainda jovem que, mais que retratista da vida mundana parisiense, apresenta-se aqui, nada menos, como seu teórico. E cria, nessas tentativas de teorização, notáveis neologismos que pontuam esses textos, como o *modífilo*, o *tabacólatra*, a *elegantologia*, a *vestignomonia*.

Balzac era um homem elegante? Pergunta incontornável para quem se propõe a publicar textos seus sobre elegância e moda. Seus contemporâneos lembram-se de peças muito luxuosas em seu guarda-roupa. O poeta Alphonse de Lamartine rememora um encontro com Balzac em que seu traje

> desacreditava qualquer elegância, casaca apertada sobre um corpo colossal, colete desabotoado, camisa de cânhamo grosso, meias azuis, sapatos que furavam o tapete; aparência de um estudante em férias que cresceu durante o ano e cujo tamanho faz as roupas arrebentarem: eis o homem que escrevia, sozinho, uma biblioteca de seu século.*

Outro poeta, Théophile Gautier, conta que, na primeira ida à casa de Balzac, em 1835, ele o recebeu com "aquela batina de caxemira ou flanela branca amarrada na cintura por um cordão. Essa batina branca lhe caía maravilhosamente bem".** Com esse traje monacal Balzac foi imortalizado, em 1836, pelo pintor romântico Louis Boulanger:

---

* Alphonse de Lamartine, *Souvenirs et portraits*. Paris: Hachette et Cie., Furne, Jouvet et Cie., Pagnerre, 1872.
** Théophile Gautier, *Balzac*. Paris: Le Castor Astral, 2011 [1858].

vemo-lo de braços cruzados, estático, determinado, rosto redondo, cabelo preto revolto e comprido, olhos negros e profundos. Seis anos mais tarde, aos 42 anos, o queixo duplo, as bochechas e o ventre estão bem mais avantajados no daguerreótipo feito por Paul Nadar, para quem Balzac posou vestindo uma camisa branca de tecido fino, colarinho aberto, deixando à mostra parte do peito e o pescoço "de atleta ou de touro", nas palavras de Gautier. Também de robe o escritor será esculpido no bronze, em 1898, por Auguste Rodin. A estátua causou escândalo, mas hoje é a mais popular de Balzac, graças à cópia que dela instalaram no cruzamento dos Boulevards Raspail e de Montparnasse, em Paris.

Se a batina de monge era mais excêntrica do que elegante, a iconografia de Balzac também traz imagens suas no *dernier cri* da moda da Restauração. Numa delas, veste um chiquíssimo paletó escuro sobre colete claro e gravata jabô presa por um alfinete de pérola. Balzac, um dândi? A resposta é matizada. No "Tratado da vida elegante", que abre esta coletânea, lemos uma diatribe contra o dândi e o dandismo: o "elegante" era apreciável, o "dândi", abominável, pois o dandismo era "uma heresia" da vida elegante. Seu amigo Gautier, porém, garante que Balzac teve, em meados dos anos 1830, "veleidades de elegância e de dandismo", quando para um jovem o suprassumo da inserção social era tornar-se um *"dandy-lion"*, expressão importada da Inglaterra, onde os *lions* eram os "ricos e famosos" de hoje. Balzac sabia melhor que ninguém que em sociedade o *parecer* levava ao *ser*. Assim, para frequentar os salões da aristocracia, caprichava no figurino e gostava de envergar sua elegante casaca azul, com abotoaduras de ouro maciço, coletes de seda e a famosa bengala com cabo de ouro e turquesas, hoje exposta na Maison de Balzac, em Paris, justamente a casa onde ele começou a acumular antiguidades e luxuosos móveis antigos. Mas Gautier também se lembra dele, no corre-corre entre os editores e gráficos, mais chinfrim e vestindo um paletó verde de caça, botões de cobre representando uma cabeça de raposa, calças xadrez preto e cinza, enfiada por dentro de sapatos grosseiros, lenço vermelho enrolado como uma corda em volta do pescoço e chapéu desbotado pelo suor da fronte.*

Balzac, vê-se, devia oscilar entre períodos de gastança e de parcimônia nas despesas com a aparência. Vivia igualmente atormentado com seus editores e com seus credores, estes o perseguindo na cobrança de dívidas acumuladas em negócios arriscados, como o projeto mirabolante de plantar 100 mil pés de abacaxi em sua residência de Les Jardies, em Sèvres, na estrada entre Paris e Versailles.

Em 1830, Balzac tem 31 anos, é redator da nova revista *La Mode*, fundada por seu amigo Émile de Girardin para ser a mais moderna, parisiense e aristocrata. Girardin, da oposição legitimista, encomenda a Balzac, já com certa notoriedade desde a boa acolhida de "Fisiologia do casamento", os artigos que comporão o "Tratado da vida elegante". Publicado nas edições de 2, 9, 16, 23 de outubro e 6 de novembro de 1830, o "Tratado" é anunciado, semanas antes, como obra de "um redator de *La Mode* cujo objetivo é buscar os meios de conciliar a brusca ausência de etiqueta com as exigências irredutíveis de uma sociedade que conservou todas as suas convenções, e ao mesmo tempo apresentar os perigos de uma simplicidade a que faltaria a grandeza".** Autor e leitores sabiam que a linguagem das roupas era um desses códigos a se praticar para ter peso nas relações sociais. Pela primeira vez um escritor de renome listava artigos e princípios que regem a toalete, o bom gosto, a moda. Se no Antigo Regime os ricos optavam pelo *luxo*, agora devem optar pela *elegância*, o "luxo da

---

* Cf. Théophile Gautier, op. cit.
** Cf. Fabienne D'Amico, "Physiologie et Normativité: Le 'Traité de la vie élegante' et la morale de la convenance smithienne". In: *L'Année Balzacienne*, nº 11, 2010/1.

simplicidade". Balzac, que não era propriamente fã do rei Luís Filipe, denunciava no texto a "democracia dos ricos" e mostrava-se amargo com a Revolução de Julho, que pouco ou nada teria mudado, apenas consolidando o poder do dinheiro.

Ao termo "moda" Balzac preferia "fashion", recorrente em *A comédia humana* e nesses textos. Madame de Staël já tinha introduzido, em 1793, o termo "fashionable" no sentido de "pessoa elegante da cidade". Balzac apura o conceito, certo de que um *fashionable* de verdade é, acima de tudo, quem tem tempo e dinheiro para sê-lo. A vida elegante não é para qualquer um. Os costumes modernos dividiram o mundo em três categorias: o homem que trabalha, o homem que pensa e o homem que não faz nada; a eles correspondem, respectivamente, a vida ocupada, a vida de artista, a vida elegante. Esta, portanto, é quase uma prerrogativa dos ociosos, a menos que o candidato a elegante leia o "Tratado", recheado de axiomas e aforismos valiosos. A obra traz também uma divertida entrevista fictícia com George Brummel, o príncipe do dandismo inglês, que na época, crivado de dívidas, se exilara na França para fugir dos credores. O "Tratado" é obra inacabada. A quarta parte, que Balzac consagraria aos acessórios, à mesa, aos cavalos e aos domésticos, nunca será publicada. O texto, porém, inspiraria os trabalhos posteriores de Barbey d'Aurevilly e de Charles Baudelaire sobre o dandismo literário, e seus preceitos mantêm surpreendente atualidade quase dois séculos depois.

O "Tratado" não foi a estreia de Balzac no campo da moda e da elegância. Dois anos antes, ele participava do "atelier de Horace Raisson", um esperto jornalista muito bem relacionado que reuniu jovens talentosos para produzirem artigos e opúsculos publicados anonimamente ou, pior, com seu nome. Raisson aparece como autor de uma infinidade de *Códigos*, gênero de imensa popularidade nos anos 1820 e que consistia em adaptar os códigos jurídicos a qualquer assunto: a conversação, a gulodice, o teatro, a vida conjugal etc. A moda, a *toalete* — palavra usada por Balzac no sentido de traje de bom gosto, mas também como rito de higiene — não poderiam ficar de fora. Assim nasceu, em 1828, o "Código da toalete", com o subtítulo: "Manual completo de elegância e higiene, contendo as leis, regras, aplicações e exemplos da arte de cuidar de sua pessoa e de se vestir com gosto e método". O texto já foi atribuído total ou parcialmente a Balzac. O certo é que lhe cabe a autoria do longo "Apêndice" que ocupa quase a metade do livro.* Nele, Balzac fala de beleza e de decoração de interiores, denuncia o charlatanismo dos cosméticos milagrosos e dá curiosas receitas de cremes e pomadas.

Contemporâneas à moda dos *códigos* foram as *artes* e as *fisiologias*. Balzac aventurou-se nos três estilos.

As *fisiologias* — nos moldes da disciplina médica que estuda os elementos dos organismos vivos — se propunham a estudar, com uma linguagem pseudocientífica, os "organismos" da sociedade. Foi um gênero muito praticado na Restauração por Balzac e também por George Sand, Alexandre Dumas, Gérard de Nerval. Calcula-se que entre 1840 e 1842 surgiram mais de cem "fisiologias" sobre assuntos diversos, vendidas nas ruas em formato de livro de bolso. O próprio Balzac publicara, em dezembro de 1829, uma "Fisiologia do casamento: Por um jovem solteiro", que teve imenso sucesso e o pôs, digamos, na moda. Em meados de 1830 escreveu "Fisiologia da toalete". Aí Balzac dá novo enfoque à gravata, "considerada em si mesma e em suas relações com a sociedade e os indivíduos". De musselina ou de algodão, engomada, quadrada ou retangular, com nós franzidos ou sem nenhuma prega, tudo na gravata serve para um perspicaz observador rotular um homem de frívolo, poeta, artesão, banqueiro. O outro tema são as

---

* Cf. Pierre-Georges Castex (Org.), *Balzac: Œuvres diverses*. Paris: Gallimard, Bibliothèque de la Pléiade, t. II, pp. 1351 ss.

roupas com enchimento, que viraram moda e que Balzac vê como uma aberração. Ele faz uma ode às virtudes do alfaiate, personagem de suma importância na vida social, pois "quem diz *homem*, na civilização, diz *homem vestido*". E termina com uma inesperada aplicação do princípio da entretela — "que dá às coisas simples uma rigidez artificial" — às instituições, às artes e às teorias filosóficas, que estariam engessadas por uma entretela metafórica.

Duas outras *fisiologias* de Balzac aqui estão publicadas. "Fisiologia gastronômica", de 1830, é um texto muito saboroso em que ele alterna os papéis de crítico de gastronomia e de vulgarizador científico: se Franz Gall e Johann Lavater descobriram os segredos do cérebro dos assassinos e retardados mentais a partir das fisionomias e do formato do crânio, essas novas ciências deixaram de lado a importância do paladar e do estômago para classificar os humanos. Falha que ele corrigirá, pois, afinal, nem todos os homens são assassinos ou imbecis, mas todos têm boca e estômago. Em "Fisiologia do charuto", de 1831, ele compara a moda dos puros, recém-introduzida nos salões parisienses, aos prazeres da mesa e do álcool. Ao contrário destes, o charuto só dá prazer a quem o fuma, e não custa lembrar que "as parisienses só têm duas antipatias: os sapos e as baforadas do fumo". Portanto, cabe a ele, "fisiologista", ensinar as boas maneiras aos candidatos ao charuto, mais ainda em jantares e recepções. Balzac nunca fumou e detestava cheiro de cigarro, mas esporadicamente não desprezava um charuto e uma sessão de narguilé, como revela ao leitor.

Mais dois artigos falam de moda. No primeiro, "Estudo dos costumes pelas luvas", publicado em *La Silhouette* em 1830, Balzac recorre a uma pequena fantasia e se põe no lugar de uma condessa que descobre, a partir das luvas beges de pelica usadas pelos dândis, a vida amorosa de seus convidados. Um texto na fronteira da ficção com a realidade, para demonstrar, de certo modo, que seu grande projeto, mesmo na época das colaborações para jornais, era propriamente literário.

Balzac se interessou pelo fenômeno da moda em todas as suas facetas. O artigo "Sobre as palavras na moda" é de 22 de maio de 1830, publicado em *La Mode* e reproduzido dias depois no *Le Voleur*. Talvez o texto fosse um prenúncio de uma fisiologia da língua falada que ele projetara escrever. Seu objetivo, nesse artigo, é inventariar palavras que, inopinadamente, entram na moda. Basta saber empregá-las para que um ignorante seja visto como um homem de mérito e talento. Tal como ocorre com as roupas, é preciso "um tato imenso" para adivinhar quando as palavras viram moda e se terão vida longa ou efêmera. Nada mais ridículo, adverte, do que continuar usando o sufixo "-ismo" quando seu interlocutor já passou para o "-dade".

Balzac redigiu em 1833 uma série de artigos com o título geral de "Teoria do andar", publicados no *L'Europe Littéraire* dos dias 15, 18, 25 de agosto e 5 de setembro de 1833. Qual é sua teoria? Se o andar — *la marche* — é um movimento natural, reflexo da liberdade da natureza, o modo de andar — *la démarche* — seria indicador da posição de cada um de nós na sociedade. As ruas de Paris eram palmilhadas por multidões, mas todos caminhariam do mesmo jeito? E seus diversos andares, o que significavam? E como se deve andar com cada toalete? Aboletado numa varanda de café nos bulevares da moda, o teórico se pôs a observar já não tanto as modas, mas os modos dos passantes.

Mais tarde, em 1839, a "Teoria do andar", o "Tratado da vida elegante" e o "Tratado dos excitantes modernos" formariam o volume *Patologia da vida social*, um dos estudos analíticos e espécie de fecho de *A comédia humana*.

Come-se muito em *A comédia humana*. Seus personagens passam longos momentos em banquetes, em restaurantes da moda, em bibocas no Quartier Latin. Quando chega a Paris, Lucien de Rubempré, de *Ilusões perdidas*, gasta uma fortuna no Véry do Palais-Royal, mas depois jantará por uns centavos, com seus amigos estudantes pobres, no Flicoteaux da Place de la Sorbonne. Antes de Zola, e naturalmente muito antes de Proust, Balzac fez entrar a mesa no romance. Literatura e boa mesa eram amores indissociáveis. Na "Fisiologia gastronômica" ele classificou os cultores da "ciência gastronômica" em dez tipos, cinco para a comida — o glutão, o bom garfo, o gourmand, o guloso, o gastrônomo — e cinco para a bebida — o bêbado, o bebedor, o sommelier, o degustador e o gourmet. Ora mais glutão que gourmet, ora mais bebedor que bêbado, Balzac foi um pouco de todos esses, dependendo dos momentos da vida.

Vejamos o que dizem quem jantou com ele. Balzac se gabava de ser "um conviva caro". Ou melhor, sempre oscilou entre os excessos do comilão e a frugalidade do asceta. A vida toda respeitou a regra de, enquanto produzia uma nova obra, seguir um regime frugal: muitas frutas, sendo peras e uvas as preferidas, ovos, presunto, e a pasta de sardinhas amassadas, misturadas com manteiga, que ele mesmo preparava e passava no pão. Nem uma gota de vinho. Manuscrito terminado e entregue ao editor, era outra história. Um de seus editores, Edmond Werdet, lembra que aquele homem de temperamento compulsivo podia ir a um restaurante e pedir, de entrada, cem ostras de Ostende, devoradas com quatro garrafas de vinho branco de Vouvray, da sua Touraine natal. E ainda sobrava estômago para uma costeleta de porco, um pato com nabos, perdizes e um linguado. A conta, naturalmente, era enviada ao editor, à guisa de adiantamento. Foi ainda Werdet que teve de socorrê-lo quando Balzac, preso por oito dias em abril de 1836 por se negar a servir na Guarda Nacional, lhe pediu duzentos francos e encomendou um jantar de gala no Véfour do Palais-Royal. E, nos dias de cela, o desertor escreveu sem parar, entre aves trufadas, carnes de caça, geleias e vinhos.

Outras quatro garrafas do Vouvray branco, acompanhando um finíssimo *pâté de foie gras*, são lembradas por Gautier durante um jantar *chez* Balzac, por volta de 1836.*
O litógrafo Victor Ratier, um dos fundadores do semanário *La Silhouette*, contou que nas suas idas frequentes à casa de Balzac, na Rue Cassini, jantavam "invariavelmente um consomê, um bife, uma salada e um copo de água".**

Os anos 1820-30 assistem a uma eclosão de restaurantes na França. Desde a Revolução Francesa, com o exílio ou a condenação à morte de boa parte da nobreza, cozinheiros de talento, desempregados, abriam restaurantes em Paris. A cozinha se profissionalizou. O restaurante passou a ser um lugar aonde se ia apenas para comer — e ser visto. Nessa época, *gastronomia* foi palavra e arte introduzidas no cotidiano dos franceses, de onde nunca mais saiu. Os cem estabelecimentos que havia no momento da Revolução Francesa pularam para seiscentos no Império de Napoleão e para 3 mil nos anos em que Balzac escreve estes textos. Ele e seus personagens frequentavam o Véry, o Rocher de Cancale, o Boeuf à la mode.

Não por acaso, *A fisiologia do gosto*, do advogado e cozinheiro Brillat-Savarin, publicado em fins de 1825, teve imenso sucesso. Era uma novidade tratar a gastronomia como um tema que visava a "conservação dos homens por meio da melhor alimentação possível". Em 1838 o livro foi reeditado, em "nova edição seguida de um 'Tratado dos excitantes modernos', pelo senhor de Balzac", conforme anunciava o livreiro Charpentier.

Em "Tratado dos excitantes modernos" Balzac pretendeu escrever "uma espécie de sobremesa" àquele livro festejado pelo público. Estudou os cinco excitantes — café,

---

* Théophile Gautier, op. cit.
** Pierre-Georges Castex (Org.), op. cit., p. 1509.

chá, açúcar, álcool e tabaco — cujo consumo poderia influenciar a evolução e o futuro dos povos. Sabia do que falava. Todo álcool de que se abstinha enquanto trabalhava era substituído por torrentes de café. Viram-no beber até cinquenta xícaras por dia, café forte cujo preparo ele descreve minuciosamente, e não o *cafiot* aguado que Voltaire engolia. Na Maison de Balzac vê-se uma de suas cafeteiras, em porcelana de Meissen, branca e rosa, com monograma e formada por dois recipientes separados por um filtro. Por gosto, mas também como excitante, o café se tornou essencial à rotina desse workaholic que passava facilmente quinze horas à mesa de trabalho. Ele sabia regular a moagem dos grãos e a quantidade de água para obter uma bebida mais ou menos forte e estimulante. O abuso da cafeína certamente acelerou os problemas cardiovasculares que o levaram à morte prematura, aos 51 anos. No "Tratado dos excitantes modernos", Balzac conta o primeiro pileque de sua vida e a inevitável ressaca.

Na esteira de Brillat-Savarin, o jornalista Grimod de La Reynière também se notabilizaria como autor de livros gastronômicos. Era um personagem excêntrico, que convidava filósofos e artistas para almoços duas vezes por semana e organizava banquetes revivendo os da Antiguidade. Em 1828, ele e outros autores publicaram *Le Gastronome français ou L'Art de bien vivre*. O livro foi impresso na Imprimerie de H. Balzac, à Rue des Marais-Saint-Germain. E trazia o "Discurso preliminar", escrito por Balzac, em que ele faz uma apologia à gula, convicto de que "o ventre é a vasta oficina onde se elaboram todas as engrenagens da nossa existência".

Em 29 de maio de 1830 Balzac publica em *La Mode* uma "Nova teoria do almoço". Indigna-se com essa novidade de se tachar o almoço de *antifashion* e de se poupar o estômago para os jantares. E se alguém ainda se atreve a convidá-lo para almoçar, nem sequer põe uma toalha na mesa! E, muito menos, serve uma bandeja de ostras!

Sugere que a Restauração vá além da política e retome os antigos costumes. De novo, improvisa-se cientista — o organismo deve ser alimentado em quantidades iguais, quatro vezes ao dia — e gastrônomo, sugerindo um apetitoso "Cardápio elegante", que inclui ovos frescos, salada, arroz pilafe, manteiga, morangos, chá com leite ou creme, *soda water* e *muffins*.

O que une esses doze textos, alguns pouco conhecidos, é o tema da moda e o da mesa. Mais que isso, o tom e o estilo, que se deslocam entre a seriedade e a ironia, entre o falsamente científico e o sociológico, entre a crônica e a literatura. Sua leitura confirma que a atividade de jornalista e publicista praticada nessa época por Balzac foi o que amadureceu seu talento, prefigurando *A comédia humana*.

Tratado da vida elegante:
Ensaios sobre a moda
e a mesa

A MODA

Tratado da vida elegante*

PRIMEIRA PARTE: GENERALIDADES

Mens agitat molem.**
Virgílio

Adivinha-se o espírito de um homem pela maneira como ele porta sua bengala.
Tradução *fashionable*

I. PROLEGÔMENOS

A civilização classificou os homens em três grandes linhas... Seria-nos fácil colorir nossas categorias à maneira do sr. Charles Dupin;*** mas, como o charlatanismo seria

---

* Publicado em *La Mode*, 2, 9, 16, 23 out. e 6 nov. 1830. [Esta e as demais notas com asterisco são da tradutora. As notas numeradas são de Balzac.]
** "A mente põe a matéria em movimento", , *Eneida*, VI, 727.
*** Pierre Charles François Dupin (1784-1873) foi um matemático e geógrafo francês que aplicou as estatísticas ao estudo da sociedade. Em 1826, publicou um atlas do analfabetismo na França, acompanhado de um "mapa colorido" que indicava em branco a superioridade moral dos povos da Grã-Bretanha, e

um contrassenso numa obra de filosofia cristã, nos dispensaremos de misturar a pintura com os "x" da álgebra, e tentaremos, professando as doutrinas mais secretas da vida elegante, ser compreendidos até mesmo por nossos antagonistas, as pessoas com botas de cano virado.

Ora, as três classes de seres criados pelos costumes modernos são:
O homem que trabalha,
O homem que pensa,
O homem que não faz nada.

Daí, três fórmulas de existência bastante completas para expressar todos os gêneros de vida, desde o romance poético e vagabundo do *boêmio* até a sonífera e monótona história dos reis constitucionais:
A vida ocupada,
A vida de artista,
A vida elegante.

Sobre a vida ocupada

O tema da vida ocupada não tem variantes. Ao trabalhar com seus dez dedos, o homem abdica de todo um destino, torna-se um meio; e apesar de toda a nossa filantropia, só os resultados conquistam nossa admiração. O homem anda por toda parte, maravilhando-se diante de alguns montes de pedras; e caso se lembre dos que as amontoaram, é para esmagá-los com sua compaixão; se o arquiteto ainda lhe aparece como um grande espírito, seus operários não são mais do que espécies de guinchos, e continuam a ser confundidos com carrinhos de mão, pás e picaretas.

É uma injustiça? Não. Semelhantes às máquinas a va-

---

em cor mais escura as regiões francesas ao sul do rio Loire. Em vários textos dessa época Balzac alfineta Dupin.

por, os homens arregimentados para o trabalho produzem, todos, da mesma forma, e nada têm de individual. O homem-instrumento é uma espécie de zero social, e o maior número possível de zeros jamais formará uma soma se não for precedido por alguns algarismos.

Um lavrador, um pedreiro, um soldado são fragmentos uniformes de uma mesma massa, segmentos de um mesmo círculo, a mesma ferramenta cujo cabo é diferente. Deitam-se e levantam-se com o sol; para uns, com o canto do galo; outros, com o toque de alvorada; para este, uma calça de pele, duas varas de pano azul e botas; para aquele, os primeiros farrapos encontrados; para todos, as comidas mais toscas: bater o gesso ou bater em homens, colher vagens ou golpes de sabre, este é, em cada estação do ano, o resultado de seus esforços. O trabalho parece-lhes um enigma cuja solução buscam até seu último dia. É bastante frequente que a triste punição de suas existências seja recompensada pela compra de um banquinho de madeira onde se sentam à porta de uma choupana, sob um sabugueiro empoeirado, sem temer ouvir um lacaio lhes dizer:

— Vá embora, homem, só damos aos pobres na segunda-feira.

Para todos esses infelizes, a vida é decidida pelo *pão na cesta*, e a elegância, por um baú onde há uns andrajos.

O pequeno varejista, o alferes, o redator auxiliar são os tipos menos degradados da vida ocupada; mas suas vidas ainda são marcadas pelo cunho da vulgaridade. É sempre o trabalho, e sempre o guincho, só que seu mecanismo é um pouco mais complicado, e nele a inteligência engrena com parcimônia.

Longe de ser um artista, o alfaiate é sempre imaginado no pensamento dessas pessoas na forma de uma implacável fatura; abusam da instituição dos colarinhos postiços; recriminam-se por uma fantasia como se fosse um roubo feito a seus credores; e para elas, uma carruagem é um fiacre nas circunstâncias correntes, um carro de aluguel nos dias de enterro ou de casamento.

Se não entesouram como os trabalhadores braçais a fim de garantir na velhice casa e comida, a esperança de sua vida de abelha não vai muito além; pois a propriedade é um quarto gelado no quarto andar, na Rue Boucherat;* depois, um capote e luvas de percal cru para a mulher, um chapéu cinza e uma meia xícara de café para o marido, a educação de Saint-Denis** ou uma bolsa parcial para as crianças, o *cozido* com salsinha duas vezes por semana para todos. Nem totalmente zeros, nem totalmente números, essas criaturas aí talvez sejam decimais.

Nessa cidade *dolente*,*** a vida é resolvida com uma pensão ou alguma renda do Tesouro, e a elegância, com drapeados de franjas, uma cama em forma de barco e castiçais com redoma de vidro.

Se galgamos mais uns degraus da escala social, em que as pessoas ocupadas sobem e se balançam como grumetes nos cordames de um grande navio, encontramos o médico, o padre, o advogado, o tabelião, o pequeno magistrado, o grande negociante, o fidalgote do interior, o burocrata, o oficial superior etc.

Esses personagens são aparelhos maravilhosamente aperfeiçoados, cujas bombas, correias, cujos balancins e todas as engrenagens, em suma, cuidadosamente polidas, ajustadas, lubrificadas, realizam suas rotações sob hon-

---

* Parte da atual da Rue de Turenne, no Marais, na época bairro da pequena burguesia.
** A Maison de Saint-Denis foi um colégio criado por Napoleão Bonaparte para a educação dos filhos dos condecorados com a Legião de Honra e de órfãos de militares mortos nas conquistas napoleônicas.
*** Referência à *città dolente* que figura no alto das portas do Inferno, da *Divina comédia* de Dante: "*Per me si va nella città dolente*", canto III, v. 1.

rados xairéis bordados. Mas essa vida continua a ser uma vida de movimento em que os pensamentos ainda não são livres nem amplamente fecundos. Esses senhores devem fazer diariamente um certo número de trajetos inscritos em *agendas*. Esses livrinhos substituem os *cães de pátio** que outrora os perseguiam no colégio, e que a toda hora lhes lançam na memória que eles são os escravos de um ser racional mil vezes mais caprichoso, mais ingrato que um soberano.

Quando chegam à idade do descanso, o sentimento da *fashion* se obliterou, o tempo da elegância fugiu sem volta. Assim, a carruagem que passeia com eles tem estribos salientes para várias finalidades, ou é decrépita como a do famoso Portal.** Entre eles, o preconceito contra a caxemira ainda subsiste; suas mulheres usam colares de pedras e diamantes e brincos de pedrarias; seu luxo constitui, sempre, uma poupança; em suas casas tudo é *luxuoso*, e lê-se no alto do cubículo da porteira: *Dirija-se ao Suíço*.*** Se na soma social eles contam como algarismos, seriam unidades.

Para os novos-ricos dessa classe, a vida está resolvida pelo título de barão, e a elegância, por um doméstico com libré de caça, todo emplumado, ou por um camarote no teatro Feydeau.

Aqui termina a vida ocupada. O alto funcionário, o prelado, o general, o grande proprietário, o ministro, o lacaio[1] e os príncipes estão na categoria dos ociosos, e pertencem à vida elegante.

---

* No original, *chiens de cour*, gíria da época de Balzac estudante, para denominar os professores que tomavam conta dos alunos no pátio da escola.
** Antoine Portal (1742-1832), médico do rei Luís XVIII e anatomista conhecido por levar uma vida simples.
*** Porteiro de palacetes nos séculos XVII e XVIII, que vestia um uniforme parecido com o dos mercenários suíços.
1 O lacaio é uma espécie de bagagem essencial à vida elegante.

Depois de acabar essa triste autópsia do corpo social, um filósofo sente tanta repugnância pelos preconceitos que levam os homens a passar uns perto dos outros evitando-se como cobras, que precisa dizer: "Não construo uma nação a meu gosto, aceito-a já feita...".
Esse resumo da sociedade tomada em conjunto deve ajudar a conceber nossos primeiros aforismos, que formularemos assim:

Aforismos

I
O objetivo da vida civilizada ou da selvagem é o repouso.

II
O repouso absoluto produz o tédio.

III
A vida elegante é, numa ampla acepção do termo, a arte de animar o descanso.

IV
O homem acostumado ao trabalho não consegue entender a vida elegante.

V
COROLÁRIO. Para ser *fashionable*, é preciso desfrutar do repouso sem ter passado pelo trabalho; em outras palavras, ganhar um quaterno,* ser filho de milionário, príncipe, ter uma sinecura ou acumular salários.

---

* Um quaterno era um conjunto de quatro números na loteria. O premiado ganhava 75 mil vezes a aposta.

Sobre a vida de artista

O artista é uma exceção: sua ociosidade é um trabalho, e seu trabalho é um descanso; ele é elegante e desleixado, alternadamente; veste de bom grado o avental do lavrador e decide sobre o fraque a ser usado pelo homem da moda; não se submete a leis: ele as impõe. Que se ocupe de não fazer nada ou medite sobre uma obra-prima sem parecer ocupado; que conduza um cavalo com uma brida de madeira ou leve à rédea solta os quatro cavalos de uma *britchka*;* que não tenha 25 centavos na carteira ou distribua ouro a mancheias, ele é sempre a expressão de um grande pensamento e domina a sociedade.

Quando o sr. Peel entrou na casa do senhor visconde de Chateaubriand, encontrou-se num gabinete em que todos os móveis eram de carvalho: o ministro trinta vezes milionário viu de repente que aquela simplicidade esmagava as mobílias de ouro ou prata maciça que atulham a Inglaterra.

O artista é sempre grande. Tem elegância e vida próprias porque nele tudo reflete sua inteligência e sua glória. São tantos artistas quanto vidas caracterizadas por ideias novas. Para eles a *fashion* não deve ser algo forçado: esses seres indomáveis moldam tudo a seu bel-prazer. Quando se apoderam de uma imagem grotesca, é para transfigurá-la.

Dessa doutrina deduz-se um aforismo europeu:

VI
Um artista vive como quer, ou... como pode.

---

* A *britchka* era uma espécie de diligência espaçosa, com quatro rodas e capota conversível na parte traseira. Em geral, puxada por dois cavalos, sendo assim reservada aos mais abastados.

Sobre a vida elegante

Se nos omitíssemos aqui de definir a vida elegante, este tratado ficaria aleijado; um tratado sem definição é como um coronel amputado das duas pernas: não pode mais caminhar senão capengando. Definir é abreviar. Abreviemos, pois.

Definições

A vida elegante é a perfeição da vida exterior e material:
Ou então,
A arte de gastar suas rendas como um homem de espírito;
Ou ainda,
A ciência que nos ensina a nada fazer como os outros, aparentando fazer tudo como eles;
Mas melhor, talvez,
O desenvolvimento da graça e do gosto em tudo o que nos é próprio e nos cerca;
Ou, mais logicamente,
Saber honrar sua fortuna.
Segundo nosso honrado amigo E. de G.,* seria

---

* Émile de Girardin (1802-81), jornalista e político, fundou e dirigiu *La Mode*. Em seguida: P.-T. Smith aludiria ao economista inglês Adam Smith, autor de *A riqueza das nações* e defensor da ideia de que o trabalho intelectual e industrial é tão rentável como o trabalho da terra. Jean-Joseph Jacotot (1770-1840) era um pedagogo francês que inventou um método de ensinar línguas a partir de uma edição bilíngue do tratado antimonarquista *As aventuras de Telêmaco*, de François Fénélon (1651-1715). Nesse livro, uma república ideal chamada Salente é retratada. Victor Cousin (1792-1867) foi professor de filosofia da Escola Normal Superior e publicou o *Curso de história da filosofia moderna* em 1828. Era constantemente alvo das ironias de Balzac. O conde de Saint-Simon (1760-1825) foi filósofo e economista e um dos fun-

A nobreza transmitida às coisas.
De acordo com P.-T. Smith,
A vida elegante é o princípio fecundante da indústria.
Seguindo o sr. Jacotot, um tratado sobre a vida elegante é inútil, considerando que ele se encontra por inteiro em *Telêmaco* (ver a Constituição de Salente).
A dar ouvidos ao sr. Cousin, estaria numa ordem de pensamentos mais elevada: "O exercício da razão necessariamente acompanhado dos sentidos, da imaginação e do coração que, misturando-se às instituições primitivas e às iluminações imediatas do animalismo, vai tingindo a vida com suas cores". (Veja-se na página 44 do *Curso de história da filosofia moderna* se a expressão "vida elegante" não é verdadeiramente esse enigma.)
Na doutrina de Saint-Simon,
A vida elegante seria a maior doença que pode flagelar uma sociedade, partindo desse princípio: uma grande fortuna é um roubo.
Segundo Chodruc,
Ela é um tecido de frivolidades e parvoíces.
A vida elegante comporta de fato todas essas definições subalternas, perífrases de nosso aforismo III; mas a nosso ver abrange questões ainda mais importantes, e para nos mantermos fiéis a nosso sistema de abreviação vamos tentar desenvolvê-las.
Um povo de ricos é um sonho político impossível de se realizar: uma nação se compõe necessariamente de pessoas que produzem e de pessoas que consomem. Como é que quem semeia, planta, rega e colhe é justamente quem come menos? Tal resultado é um mistério bastante fácil de ser

---

dadores do socialismo utópico. Émile Chodruc-Duclos (1780-1842), conspirador e ultramonarquista, depois de várias prisões adotou uma vida muito simples, passeando como um maltrapilho, o que lhe valeu o apelido de "O Diógenes do Palais-Royal" por suas críticas aos bens materiais.

decifrado, mas que muita gente gosta de considerar como um grande pensamento providencial. Daremos talvez a explicação para isso mais tarde, chegando ao termo do caminho seguido pela humanidade. Por ora, arriscando-nos a sermos acusados de aristocracia, diremos francamente que um homem colocado no último degrau da sociedade não deve pedir contas a Deus sobre seu destino mais do que uma ostra pediria.

Essa observação, a um só tempo filosófica e cristã, decidirá talvez a questão aos olhos das pessoas que meditam um pouco sobre as Constituições; e como não falamos a outras, prosseguimos.

Desde que existem as sociedades, um governo sempre foi um contrato de segurança pactuado entre os ricos contra os pobres. A luta intestina produzida por essa pretensa partilha *à Montgomery* acende nos homens civilizados uma paixão geral pela *fortuna*, expressão que é o protótipo de todas as ambições particulares; pois do desejo de não pertencer à classe sofredora e humilhada derivam a nobreza, a aristocracia, as distinções, os cortesãos, as cortesãs etc.

Mas essa espécie de febre que leva o homem a ver por todo lado paus de sebo e a se afligir por só ter trepado até um quarto da escada, até um terço ou até a metade, obrigatoriamente desenvolveu o amor-próprio além da conta e gerou a vaidade. Ora, como a vaidade é apenas a arte de se endomingar todos os dias, cada homem sentiu a necessidade de ter, como amostra de sua força, um sinal que serve para informar aos passantes o lugar em que ele se encarapita no grande pau de sebo, no alto do qual se exercitam os reis. E é assim que os brasões, as librés, os capelos, os longos cabelos, os cata-ventos, os saltos vermelhos,* as mitras, os columbários, a almofada

---

* No Antigo Regime, os saltos vermelhos eram exclusivos dos nobres.

na igreja e o incenso no nariz, os sobrenomes nobres, as condecorações, os diademas, as moscas no rosto, o vermelho, as coroas, os sapatos de bico virado, os barretes, as samarras, os veiros, o escarlate, as esporas etc. etc., tornaram-se sucessivamente sinais materiais do maior ou menor descanso que um homem podia ter; das maiores ou menores fantasias que tinha o direito de satisfazer, do mais ou do menos de homens, de prata, de pensamentos, de labores que lhe era possível desperdiçar. Então, um passante distinguia, só de vê-lo, um ocioso de um trabalhador, um algarismo de um zero.

De repente, a Revolução, tendo tomado com mão forte todo esse guarda-roupa inventado por catorze séculos, e tendo-o reduzido a papel-moeda, trouxe alucinadamente uma das maiores desgraças capazes de atacar uma nação. As pessoas ocupadas se cansaram de trabalhar sozinhas; puseram na cabeça que dividiriam suas penas e seu lucro, em porções iguais, com ricos infelizes que nada sabiam fazer, a não ser deliciarem-se em sua ociosidade!...

O mundo inteiro, espectador dessa luta, viu aqueles mesmos que mais tinham se assustado com esse sistema logo proscrevê-lo, declará-lo subversivo, perigoso, incômodo e absurdo, tão logo eles mesmos, trabalhadores, se metamorfosearam em ociosos.

Assim, a partir daí a sociedade se reconstituiu, se rebaronificou, se recondificou, se reengalanou, e as plumas de galo foram encarregadas de ensinar ao pobre povo o que as pérolas heráldicas lhe diziam outrora: "Vade retro, Satanás!... Atrás de nós, CHOLDRA!...". A França, país eminentemente filosófico, tendo experimentado, devido a essa última tentativa, a bondade, a utilidade e a segurança do velho sistema a partir do qual se construíam as nações, voltou por conta própria, graças a alguns soldados, ao princípio em virtude do qual a Trindade pôs neste mundo vales e montanhas, carvalhos e gramíneas.

E no ano da graça de 1804, como havia sido no ano

MCXX,* foi reconhecido que é infinitamente agradável para um homem ou uma mulher pensar, quando olha para seus compatriotas:

> Estou acima deles; enlameio-os, protejo-os, governo--os; e todos veem claramente que eu os governo, os protejo e os enlameio; pois um homem que enlameia, protege ou governa os outros, fala, come, anda, bebe, dorme, tosse, veste-se, diverte-se diferentemente das pessoas enlameadas, protegidas e governadas.

E surgiu a VIDA ELEGANTE!...
E lançou-se, toda brilhante, toda nova, toda velha, toda jovem, toda orgulhosa, toda pimpona, toda aprovada, corrigida, aumentada e ressuscitada por esse monólogo maravilhosamente moral, religioso, monárquico, literário, constitucional, egoísta:
"Eu enlameio, eu protejo, eu..." etc.
Pois os princípios segundo os quais se conduzem e vivem as pessoas que têm talento, poder ou dinheiro, jamais se assemelharão aos da vida vulgar.
E ninguém quer ser vulgar!...
A vida elegante é, pois, essencialmente a ciência das maneiras.
Agora a questão nos parece suficientemente abreviada, e tão sutilmente apresentada quanto se o S. S. conde Ravez se encarregasse de propô-la na primeira Câmara Setenal.**

---

* Em 1804 foi adotado o código napoleônico como Código Civil; em junho de 1120 Luís VI, rei dos francos, assinou a paz com Henrique I da Inglaterra, depois de uma derrota em que perdia o ducado da Normandia.
** Auguste Simon Hubert, conde de Ravez (1770-1849), foi subsecretário (S. S.) de Estado e presidente da Câmara dos Deputados, eleito por nove anos, de 1818 a 1827. Era conhecido por ser um bom analista e muito conciso.

Mas em que casta começa a vida elegante? E todos os ociosos estão aptos a seguir seus princípios?

Eis dois aforismos que devem esclarecer todas as dúvidas e servir de ponto de partida para nossas observações *fashionables*:

VII

Para a vida elegante, o único ser completo é o centauro, isto é, o homem num tílburi.

VIII

Não basta ter enriquecido ou nascido rico para levar uma vida elegante, é preciso ter o sentimento de levá-la.

Não te faças de príncipe — disse Sólon antes de nós — se não aprendeste a sê-lo.

II. SOBRE O SENTIDO DA VIDA ELEGANTE

Só o completo entendimento do progresso social consegue produzir o sentido da *vida elegante*: tal modo de viver não seria a expressão das novas necessidades e relações criadas por uma jovem porém viril organização? Para explicar esse sentido, e vê-lo adotado por todos, é necessário, pois, examinar aqui o encadeamento das causas que fizeram eclodir a vida elegante a partir do próprio movimento de nossa Revolução, pois antigamente ela não existia.

De fato, antigamente a nobreza vivia a seu jeito, e era sempre um ser à parte. Só que as maneiras do cortesão substituíam, no seio desse povo de saltos vermelhos, os requintes da vida *fashionable*. Ainda assim, o estilo da corte data apenas de Catarina de Médici. Foram nossas duas rainhas italianas que importaram para a França os requintes do luxo, a graça das maneiras e os encantos da toalete. A obra iniciada por Catarina, ao introduzir a etiqueta (ver suas *Cartas a Carlos IX*), ao cercar o trono de superioridades intelectuais, foi prosseguida pelas rainhas espanholas, influência poderosa que tornou a corte da França árbitro e depositária das delicadezas inventadas, sucessivamente, pelos mouros e pela Itália.

Mas, até o reino de Luís XV, a diferença que distinguia o cortesão e o nobre só era traída por gibões mais ou menos caros, por botinas mais ou menos alargadas no alto do cano, por uma gola de preguinhas, uma cabeleira mais ou menos almiscarada e por palavras mais ou menos novas. Esse luxo, todo pessoal, nunca se completava por um estilo de vida. Cem mil escudos profusamente jogados num traje, numa carruagem, bastavam para toda uma vida. Além do mais, um nobre de província podia se vestir mal e saber erguer um desses edifícios maravilhosos, que causam a admiração de hoje e o desespero de fortunas modernas; ao passo que um cortesão ricamente vestido teria ficado muito constrangido ao receber duas mulheres em casa. Um saleiro de Benvenuto Cellini, comprado pelo preço do resgate de um rei, costumava se erguer sobre uma mesa cercada de bancos.

Enfim, se passamos da vida material à vida moral, um nobre podia contrair dívidas, viver nas tabernas, não saber escrever ou falar, ser ignorante, estúpido, prostituir seu caráter, dizer tolices, mas continuava a ser nobre. O carrasco e a lei ainda o diferenciavam de todos os exemplares de Jacques Bonhomme* (o admirável exemplo de gente ocupada) cortando-lhe a cabeça em vez de enforcá-lo. Dir-se-ia o *civis romanus* na França; pois era como se, diante deles, os gauleses[2] — verdadeiros escravos — não existissem.

Essa doutrina foi tão bem compreendida que uma mulher de escol vestia-se na frente de seus criados como se eles fossem bois, e não se desonrava *surrupiando* o dinheiro dos burgueses (ver a conversa da duquesa de Tallard, na

---

* Nome corrente dado aos camponeses.
2 Gentil-homem queria dizer: o homem da nação, *gentis homo*.

última obra do sr. Barrière);* que a condessa D'Egmont não pensava cometer infidelidade ao amar um plebeu; que a sra. De Chaulnes afirmava que uma duquesa não tinha idade para um vilão; e que o sr. Joly de Fleury considerava, logicamente, que os 20 milhões de submetidos à corveia eram um acidente no Estado.

Hoje, os nobres de 1804 ou do ano MCXX não representam mais nada. A Revolução foi apenas uma cruzada contra os privilégios, e sua missão não foi totalmente inútil; pois se a Câmara dos Pares, último vestígio das prerrogativas hereditárias, torna-se uma oligarquia territorial, esta jamais será uma aristocracia como antes, sobrecarregada de direitos hostis. Mas, apesar da aparente melhora impressa à ordem social pelo movimento de 1789, o abuso necessário resultante da desigualdade das fortunas se reconstituiu sob novas formas. Acaso não temos, em troca de um feudalismo risível e decadente, a tripla aristocracia do dinheiro, do poder e do talento, que, por mais legítima que seja, nem por isso deixa de jogar sobre a massa um peso imenso, impondo-lhe o patriciado do banco, o ministerialismo e a balística dos jornais ou da tribuna, trampolins para as pessoas de talento? Assim, embora consagrando, por seu retorno à monarquia constitucional, uma falsa igualdade política, a França nunca fez senão generalizar o mal; pois somos uma democracia de ricos. Reconheçamos? A grande luta do século XVIII era um combate singular entre o Terceiro Estado e as ordens: o povo não foi mais que um auxiliar, dos mais hábeis. Assim, em outubro de 1830, ainda existem duas espécies de homens: os ricos e os pobres, as pessoas de carruagem e as pessoas a pé, as que pagaram pelo direito de ser ociosas e as que tentam adquiri--lo. A sociedade expressa-se em dois termos, mas a

---

* Jean-François Barrière (1786-1868), historiador e autor de uma biografia de Madame Roland (1754-93), editada por Balzac em 1827.

proposta permanece a mesma: os homens continuam a dever as delícias da vida e o poder ao acaso que, outrora, criava os nobres; pois o talento é uma felicidade que se deve à organização, assim como a fortuna patrimonial é uma felicidade de nascença.

O ocioso, portanto, sempre governará seus semelhantes: depois de ter interrogado as coisas, e delas se cansado, tem vontade de JOGAR COM OS HOMENS. Aliás, como somente quem tem a vida garantida consegue estudar, observar e comparar, o rico exibe o espírito de invasão, inerente à alma humana, em benefício de sua inteligência; e então, o triplo poder do tempo, do dinheiro e do talento lhe garante o monopólio do mando, pois o homem armado de seu pensamento substituiu o guerreiro protegido por uma armadura de ferro. O mal perdeu força ao se espalhar; a inteligência tornou-se o eixo de nossa civilização: é este todo o progresso comprado com o sangue de nossos pais.

A aristocracia e a burguesia compartilharão suas tradições de elegância, bom gosto e alta política; em seguida, suas conquistas prodigiosas nas artes e nas ciências; depois, uma e outra, à frente do povo, o arrastarão por um caminho de civilização e de luz. Mas os príncipes do pensamento, do poder ou da indústria que formam tal casta ampliada nem por isso deixarão de sentir uma invencível comichão para tornar público, como os nobres de antigamente, seu grau de poder; e, ainda hoje, o homem social extenuará seu gênio para encontrar distinções. Esse sentimento é, talvez, uma necessidade da alma, uma espécie de sede; pois o próprio selvagem tem suas plumas, suas tatuagens, seus arcos trabalhados, seus caurins, e briga por miçangas. Então, como o século XIX vai avançando sob o comando de um pensamento cujo objetivo é substituir a exploração do homem pelo homem[3] pela exploração do

---

[3] Essa expressão metafísica do mais recente progresso feito pelo homem pode servir para explicar a estrutura da sociedade e para

homem pela inteligência, a promulgação constante de nossa superioridade deverá sofrer a influência dessa alta filosofia e participar bem menos da matéria do que da alma.

Ainda ontem, os francos sem armaduras, povo débil e degenerado, prosseguiam os ritos de uma religião morta e levantavam os estandartes de uma potência desaparecida; agora, cada homem que se ergue se apoia em sua própria força. Os ociosos já não serão fetiches, mas verdadeiros deuses. Então, a expressão de nossa fortuna resultará de seu emprego, e a prova de nossa elevação individual se encontrará no conjunto de nossa vida; pois príncipes e povos compreendem que o signo mais enérgico jamais substituirá o poder. Assim, tentando representar um sistema por uma

---

encontrar as razões dos fenômenos oferecidos pelas existências individuais. Assim, como A VIDA OCUPADA nunca é mais que uma exploração da matéria pelo homem, ou uma exploração do homem pelo homem, enquanto A VIDA DE ARTISTA e A VIDA ELEGANTE sempre supõem uma exploração do homem pelo pensamento, é fácil, aplicando tais fórmulas à maior ou menor inteligência empregada nos trabalhos humanos, explicar a diferença das fortunas. Com efeito, na política, nas finanças, assim como na mecânica, o resultado está sempre em função do poder dos meios, c.q.d. (ver páginas 33-5. Deve esse sistema deixar todos nós, um dia, milionários?... Não cremos. Apesar do sucesso do sr. Jacotot, é um erro acreditar que as inteligências são iguais. Elas só podem sê-lo por uma semelhança de força, de exercício ou de perfeição, impossível de encontrar nos órgãos; pois, sobretudo nos homens civilizados, seria difícil reunir duas organizações homogêneas. Esse fato imenso prova que Sterne talvez tivesse razão em pôr a arte de dar à luz à frente de todas as outras ciências e filosofias. Portanto, os homens então permanecerão para sempre, uns pobres, outros, ricos; como só as inteligências superiores estão num caminho de progresso, o bem-estar da massa aumentará, como demonstra a história da civilização desde o século XVI, momento em que o pensamento triunfou na Europa, pela influência de Bacon, de Descartes e de Bayle.

imagem, não nos restam nem três imagens de Napoleão em trajes imperiais, e o vemos por toda parte vestindo seu pequeno uniforme verde, usando seu chapéu de três bicos e de braços cruzados. Ele só é poético e verdadeiro sem o charlatanismo imperial. Precipitando-o do alto de sua coluna, seus inimigos o engrandeceram. Despojado dos ouropéis da realeza, Napoleão torna-se imenso: é o símbolo de seu século, um pensamento do futuro. O homem poderoso é sempre simples e calmo.

A partir do momento em que dois livros de pergaminho* já não fazem as vezes de tudo, em que o filho natural de um milionário dono de banhos públicos e um homem de talento têm os mesmos direitos que o filho de um conde, já não podemos nos diferenciar, a não ser por nosso valor intrínseco. Então, em nossa sociedade as diferenças desapareceram: só restam nuances. Assim, o savoir-vivre, a elegância das maneiras, o *não sei quê*, fruto de uma educação, completam e formam a única barreira que separa o ocioso do homem ocupado. Se existe um privilégio, ele deriva da superioridade moral. Daí o alto valor atribuído pela grande maioria à instrução, à pureza da linguagem, à graça do porte, à maneira mais ou menos natural com que se usa uma toalete, ao requinte dos aposentos, em suma, à perfeição de tudo o que procede do indivíduo. Acaso não imprimimos nossos costumes e nosso pensamento em tudo o que nos cerca e nos pertence? "Fala, anda, come ou te veste e te direi quem és" substituiu o antigo provérbio, expressão de corte, adágio de privilegiado. Hoje seria impossível um marechal de Richelieu. Um par da França, um príncipe até, arriscam-se a cair mais baixo que um eleitor de cem escudos** caso se desacreditem; pois a ninguém é permitido ser impertinente ou devasso. Quanto mais as

---

* Referência aos livros que comprovavam as linhagens dos nobres.
** Nesse momento, só podia votar quem pagasse no mínimo cem mil escudos de impostos.

coisas sofreram a influência do pensamento, mais os detalhes da vida se enobreceram, depuraram-se, ampliaram-se.

Esta é a ladeira insensível pela qual o cristianismo de nossa Revolução derrubou o politeísmo do feudalismo, por cuja filiação um sentimento verdadeiro exalou até nos sinais materiais e cambiantes de nosso poder; e eis como retornamos ao ponto de onde partimos — à adoração do bezerro de ouro. Só que o ídolo fala, anda, pensa; numa palavra, é um gigante. Assim, o pobre Jacques Bonhomme usará alabardas por muito tempo; hoje, é impossível uma revolução popular. Se alguns reis ainda caem, será, como na França, pelo frio desprezo da classe inteligente.

Portanto hoje, para diferenciar nossa vida pela elegância já não basta ser nobre ou ganhar um bilhete premiado numa das loterias, ainda é preciso ter sido dotado dessa indefinível faculdade (o espírito de nossos sentidos, talvez!) que sempre nos leva a escolher as coisas verdadeiramente belas ou boas, as coisas cujo conjunto combina com nossa fisionomia, com nosso destino. É um tato sofisticado, cujo exercício constante é a única maneira capaz de fazer descobrir de súbito as relações, prever as consequências, adivinhar o lugar ou o alcance dos objetos, das palavras, das ideias e das pessoas; pois, para resumir, o princípio da vida elegante é um pensamento elevado de ordem e de harmonia destinado a dotar as coisas de poesia. Donde este aforismo:

IX

Um homem torna-se rico, mas nasce elegante.

Apoiado em tais bases, visto dessa altura, esse sistema de existência já não é, portanto, uma brincadeira efêmera, uma expressão vazia, desdenhado pelos pensadores como um jornal lido. A *vida elegante* repousa, ao contrário, nas deduções mais severas da constituição social. Não é ela o hábito e os costumes das pessoas superiores que sabem usufruir da fortuna e obter do povo o perdão de sua elevação graças aos benefícios espalhados por suas luzes? Não é ela a expressão dos progressos feitos por um país, já que representa todos os seus gêneros de luxo? Por fim, se ela é o indício de uma natureza aperfeiçoada, todo homem não deve desejar estudá-la e flagrar seus segredos?

Então, já não é indiferente desprezar ou adotar as fugazes prescrições da MODA; pois *mens molem agitat*: adivinha-se o espírito de um homem pela maneira como ele porta sua bengala. As distinções se aviltam, ou morrem ao se tornar comuns; mas existe uma força encarregada de estipular novas, trata-se da opinião; ora, a moda nunca foi mais do que a opinião aplicada à roupa. Sendo a roupa o símbolo mais enérgico de todos, a Revolução foi também uma questão de moda, um debate entre a seda e a lã.* Mas hoje A MODA não está mais restrita ao luxo da pessoa. O material da vida, tendo sido objeto do progresso geral, conheceu um imenso desenvolvimento. Não há uma só de nossas necessidades que não tenha produzido uma enciclopédia, e nossa vida animal se liga à universalidade dos conhecimentos humanos. Assim, ao ditar as leis da elegância, a moda abarca todas as artes. É o princípio das obras e dos labores. Não é ela o sinete com que um consentimento unânime sela uma descoberta ou marca as invenções que enriquecem o bem-estar do homem? Não constitui ela a recompensa sempre lucrativa e a homenagem outorgadas ao gênio? Ao acolher, ao assinalar o progresso, ela se põe à frente de tudo: promove as revoluções da música, das letras, do desenho e da arquitetura. Ora, o tratado da vida elegante, ao reunir os princípios incomutáveis que devem dirigir a manifestação

---

* A "controvérsia entre a seda e a lã" ainda estava muito presente, pois além das diferenças de impostos, produção e margem de lucro dos fabricantes, a seda era associada aos nobres do Antigo Regime, e os tecidos de lã fina, à nova sociedade urbana que se formava desde a Revolução Francesa.

de nosso pensamento pela vida exterior, é de certa forma
a metafísica das coisas.

III. PLANO DESTE TRATADO

— Estou chegando de Pierrefond onde fui ver meu tio:
ele é rico, tem cavalos, não sabe sequer o que é um *tigre*, um *groom*, uma *britchka*, e ainda anda num *cabriolet à pompe!**
— Ora essa! — exclamou de repente nosso honrado
amigo L.-M.,** depositando seu cachimbo entre os braços
de uma *Vênus com a tartaruga* que decora sua lareira —;
Ora essa!, caso se trate de um homem da massa, há o código do direito das gentes; de uma nação, código político;
de nossos interesses, código civil; de nossas desavenças,
código processual; de nossa liberdade, código de instrução criminal; de nossos desregramentos, código penal; da
indústria, código comercial; do campo, código rural; dos
soldados, código militar; dos negros, código negro; de nossos bosques, código florestal; de nossas embarcações em-
bandeiradas, código naval... Enfim, nós formulamos tudo,
desde o luto da corte, desde a quantidade de lágrimas que
devemos derramar por um rei, um tio, um primo, até a
vida e o passo de um cavalo de esquadrão...
— Pois é, e então? — disse-lhe E. de G..., não perceben-
do que nosso honrado amigo retomava fôlego.

---

* Um *tigre* era um pequeno lacaio, quase um menino de reca-
dos. Um *groom* era o moço de cavalariça ou o jovem lacaio de
libré que se aboletava na traseira das carruagens. O *cabriolet à
pompe* se caracterizava pela suspensão de molas movidas por
uma bomba.
** Saint-Charles Lautour-Mézeray (1801-61), dono do *Journal
des Enfants*, e cujo pseudônimo era "O homem da Camélia",
era um dândi de Paris, do círculo de Émile de Girardin.

— Pois é — ele retrucou —, quando esses códigos foram feitos, não sei qual epizootia — ele queria dizer epidemia —, deu nos cacógrafos, e fomos inundados de códigos... A cortesia, a gulodice, o teatro, as pessoas de bem, as mulheres, as indenizações, os colonos, a administração, tudo teve seu código. Depois, a doutrina de Saint-Simon dominou esse oceano de obras, pretendendo que a *codificação* (veja-se *L'Organisateur*) era uma ciência especial... Será que o tipógrafo se enganou e não leu direito *caudificação*, de *cauda*, rabo?... Mas pouco importa!

— Pergunto-lhe — acrescentou parando um de seus ouvintes e o puxando por um botão —, não é um verdadeiro milagre que a *vida elegante* não tenha encontrado legisladores entre todo esse mundo que escreve e pensa? Alguns manuais, mesmo os do guarda-florestal, do prefeito e do contribuinte, não são asneiras comparadas a um tratado sobre A MODA? A publicação dos princípios que tornam a vida algo poético não é de imensa utilidade? Se na província a maioria de nossas granjas, quintas, sítios, casas, fazendolas, chácaras etc. são autênticos canis; se os animais, e sobretudo os cavalos, obtêm na França um tratamento indigno de um povo cristão, se a ciência do *confortável*, se o isqueiro do imortal *Fumade*,* se a cafeteira de Lemare, se os tapetes baratos são desconhecidos a sessenta léguas de Paris, é bastante certo que essa ausência geral das mais vulgares invenções decorrentes da ciência moderna vem da ignorância em que deixamos apodrecer a pequena propriedade! A elegância se aplica a

---

* O *briquet Fumade* era uma garrafa contendo ácido sulfúrico no qual se mergulhava o fósforo para acendê-lo. O invento representou um progresso, mas teve vida curta, devido aos riscos de explosão. A cafeteira de Lemare, que utiliza o método por infusão, foi inventada pelo médico Pierre-Alexandre Lemare, que nas décadas de 1820-30 criou outros utensílios, como a panela de pressão e o "forno aerotérmico" para padarias.

tudo. Tende a tornar uma nação menos pobre, inspirando-lhe o gosto pelo luxo; pois um grande axioma é, sem dúvida, este:

X

A fortuna que adquirimos é proporcional às necessidades que criamos.

Ela dá (sempre a elegância) um aspecto mais pitoresco a um país e aperfeiçoa a agricultura; pois, dos cuidados que se tomam com a comida e com o abrigo dos animais, depende a beleza das raças e de seus produtos. Pois bem, vejam em que buracos os bretões guardam suas vacas, seus cavalos, seus carneiros e seus filhos, e reconhecerão que, de todos os livros a serem escritos, um tratado sobre a elegância é o mais filantrópico e o mais nacional! Se um ministro deixou seu lenço e sua tabaqueira sobre a mesa de Luís XVIII,* se o espelho em que um jovem elegante faz a barba, na casa de um velho camponês, lhe dão ares de um homem prestes a ter uma apoplexia, e se por fim o seu tio ainda anda num *cabriolet à pompe*, é certamente pela ausência de uma obra clássica sobre A MODA!...

Nosso honrado amigo falou muito tempo e muito bem com essa facilidade de elocução que os invejosos chamam de *tagarelice*; depois, concluiu dizendo: "A elegância dramatiza a vida...".

Ah!, então tal frase despertou um *hurra* geral. O sagaz E. de G... provou que o drama não podia resultar da uniformidade que a elegância imprimia aos costumes de um

---

* O ministro Jacques-Joseph Corbière (1766-1853), num despacho com o rei, teria colocado sobre a mesa a tabaqueira e depois o lenço. Luís XVIII, um pouco surpreso, lhe disse: "Sr. Corbière, o senhor está esvaziando os bolsos!", e este respondeu: "É verdade, mas Vossa Majestade pode ter certeza de que não os encherei enquanto estiver a seu serviço".

país; e, comparando a Inglaterra com a Espanha, demonstrou sua tese enriquecendo a argumentação com as cores locais fornecidas pelos hábitos das duas terras. No final, terminou assim:

— É fácil, senhores, explicar essa lacuna na ciência. Ah! que homem, jovem ou velho, seria bastante ousado para assumir sobre sua cabeça uma responsabilidade tão sufocante? Para empreender um tratado da vida elegante seria preciso ter um inimaginável amor-próprio, às raias do fanatismo; pois implicaria dominar as pessoas elegantes de Paris, que, por sua vez, tateiam, tentam e nem sempre alcançam a graça.

Nesse momento, tendo sido feitas amplas libações em honra do *fashionable*, deus do chá, os espíritos se elevaram ao tom do iluminismo. Então, um dos mais elegantes[4] redatores de *La Mode* levantou-se jogando um olhar de triunfo para seus colaboradores:

— Esse homem existe!... — ele disse.

Uma risada geral acolheu tal exórdio; mas o silêncio de admiração logo a sucedeu, quando ele acrescentou:

— BRUMMELL!...* Brummell está em Boulogne, banido da Inglaterra por uma profusão de credores, esquecidos dos serviços que esse patriarca da *fashion* prestou à sua pátria!...

E então a publicação de um tratado da vida elegante pareceu fácil e foi unanimemente decidida *como sendo um grande benefício* para a humanidade, como um passo imenso a caminho do *progresso*.

---

4 Aqui, a elegância se aplica à roupa.
* George Bryan "Beau" Brummell (1778-1840), considerado na Inglaterra o pioneiro do dandismo e o responsável por mudanças no figurino masculino da época, como as calças compridas e as casacas escuras, acabou perseguido por credores e se exilou na França em 1816, primeiro em Calais (e não em Boulogne, como diz Balzac), e depois em Caen, onde morreu de sífilis num asilo.

É inútil acrescentar que devemos a Brummell as induções filosóficas pelas quais chegamos a demonstrar nos dois capítulos anteriores como a vida elegante se ligava fortemente à perfeição de qualquer sociedade humana: os antigos amigos desse imortal criador do luxo inglês terão, esperemos, reconhecido a alta filosofia por meio da tradução imperfeita de seus pensamentos.

Seria-nos difícil expressar o sentimento que se apossou de nós quando vimos esse príncipe da moda: era a um só tempo respeito e alegria. Como não morder epigramaticamente os lábios ao ver o homem que inventara a filosofia dos móveis, dos coletes e que ia nos legar axiomas sobre as calças, sobre o bom gosto e sobre os aprestos?

Mas, também, como não ser penetrado de admiração pelo mais íntimo amigo do rei George IV, pelo *fashionable* que impusera leis à Inglaterra e dera ao príncipe de Gales o gosto pela toalete e pelo *confortabilismo* que valeu tanta promoção aos oficiais bem vestidos?[5] Não era ele uma prova viva da influência exercida pela moda? Mas quando pensamos que Brummell levava, nesse momento, uma vida cheia de amargura, e que Boulogne era seu rochedo de Santa Helena, todos os nossos sentimentos se confundiram num respeitoso entusiasmo.

Nós o vimos quando acabava de se levantar. Seu robe de chambre trazia a marca de sua desgraça; mas como ali tudo combinava, ele se harmonizava admiravelmente com os acessórios do apartamento. Brummell, velho e pobre, continuava a ser Brummell. Só que umas gordurinhas iguais às de George IV quebraram as felizes disposições daquele corpo-modelo, e o ex-deus do dandismo usava uma peruca!... Assustadora lição! Brummell assim!... Não era

---

[5] Quando Georges IV via um militar vestido com esmero, raramente deixava de distingui-lo e de promovê-lo. Assim, recebia muito mal as pessoas sem elegância.

ele Sheridan* caindo de bêbado ao sair do Parlamento, ou agarrado pelos oficiais de justiça?

Brummell de peruca; Napoleão como jardineiro; Kant na infância; Luís XVI de touca vermelha, e Carlos X em Cherbourg!... Eis os maiores espetáculos de nossa época. O grande homem nos recebeu com um tom perfeito. Sua modéstia acabou de nos seduzir. Pareceu lisonjeado com o apostolado que tínhamos lhe reservado; mas, enquanto nos agradecia, declarou-nos que não se via com talento suficiente para realizar uma missão tão delicada.

— Felizmente — disse-nos —, tenho como companheiros em Boulogne alguns gentlemen de elite, trazidos para a França pela maneira demasiado ampla como concebiam, em Londres, a vida elegante... — *Honra à coragem desafortunada!* ** ... — acrescentou, tirando o chapéu e nos lançando um olhar tão alegre como zombeteiro. — Então — continuou —, poderemos formar aqui um comitê bastante ilustre, bastante experiente para decidir, em última instância, as dificuldades mais sérias desta vida, tão frívola na aparência; e quando *os seus amigos de Paris* tiverem admitido ou rejeitado nossas máximas, esperemos que a sua empreitada assuma um caráter monumental!...

Dito isso, ele nos propôs tomar chá em sua companhia. Aceitamos. Uma *mistress* ainda elegante, apesar da cor-

---

* Richard Brinsley Sheridan (1756-1816) foi um dramaturgo irlandês, membro do Parlamento britânico e dono de alguns teatros em Londres. No dia em que um deles pegou fogo, assistiu ao incêndio na calçada, bebendo vinho, e disse: "Um homem tem certamente o direito de tomar um copo de vinho enquanto vê seu próprio incêndio".
** Durante a campanha da Itália, Napoleão viu desfilarem os prisioneiros austríacos e, diante das carroças repletas de feridos, tirou o chapéu e disse: "Honra à coragem desafortunada!", ordenando rápido socorro às vítimas.

pulência, saíra do quarto vizinho para fazer as honras do bule de chá, e percebemos que Brummell também tinha sua marquesa de Conyngham.* De maneira que só o número das *coroas* era capaz de distingui-lo de seu real amigo George IV! Infelizmente, agora os dois, *ambo pares*,** estão mortos, ou quase.

Nossa primeira conversa ocorreu durante esse almoço cujo requinte nos provou que a ruína de Brummell seria uma fortuna em Paris.

A questão com que nos ocupávamos era de vida ou morte para nossa empreitada.

De fato, se o sentimento da vida elegante devia resultar de uma organização mais ou menos feliz, então os homens se dividiam para nós em duas classes: os poetas e os prosadores, os elegantes e o comum dos mártires; portanto, descartava-se o tratado, pois os primeiros sabem tudo, os últimos nada conseguem aprender.

Mas depois da mais memorável discussão, vimos surgir este axioma consolador:

XI

Embora a elegância seja menos uma arte que um sentimento, ela provém igualmente do instinto e de um hábito.

— Sim — exclamou Sir William Crad...k,*** o companheiro fiel de Brummell —, tranquilize a população temerosa dos *country-gentlemen* (pequenos proprietários), dos comerciantes e dos banqueiros!... Nem todos os filhos da aristocracia nascem com o sentido da elegância, com o gosto que serve para dar à vida uma marca poética; e,

---

* Elizabeth de Conygham (1769-1861) foi a última amante do rei George IV.
** "Os dois iguais", em latim no original.
*** William Craddock. O último fiel companheiro de Brummell na França foi Berkeley Craven.

no entanto, a aristocracia de cada país se distingue por suas maneiras e por uma notável compreensão da existência! Qual é, pois, esse privilégio?... A educação, o hábito. Marcados desde o berço pela graça harmoniosa que reina em torno deles, criados por mães elegantes cuja linguagem e cujos costumes conservam todas as boas tradições, os filhos dos grandes senhores se familiarizam com os rudimentos de nossa ciência, e é preciso ser de temperamento muito azedo para resistir à constante visão de coisas verdadeiramente belas. Assim, o espetáculo mais hediondo para um povo é o de um nobre caído mais baixo que um burguês! Se nem todas as inteligências são iguais, é raro que nossos sentidos não sejam iguais; pois a inteligência resulta de uma perfeição interna; ora, quanto mais ampliamos a forma, mais obtemos igualdade: assim, as pernas humanas se parecem bem mais que os rostos, graças à configuração desses membros que oferecem linhas mais compridas. Ora, sendo apenas a perfeição dos objetos sensíveis, a elegância deve ser acessível a todos pelo hábito... O estudo pode levar um homem rico a usar botas e uma calça tão bem como nós as usamos, e lhe ensinar a saber gastar sua fortuna com graça... E assim por diante.

Brummell franziu levemente o cenho. Adivinhamos que ele ia fazer ouvir essa voz profética à qual outrora obedecia um povo de ricos.

— O axioma é verdadeiro — ele disse — e aprovo parte dos raciocínios do honorável preopinante; mas desaprovo fortemente levantar assim a barreira que separa a vida elegante e a vida vulgar, e abrir as portas do templo ao povo inteiro. Não!... — exclamou Brummell batendo com a mão na mesa —, não, nem todas as pernas são chamadas a vestir igualmente uma bota ou uma calça... Não, milordes. Acaso não há coxos, pessoas disformes ou ignóbeis para sempre? E não é um axioma esta sentença, mil vezes pronunciada por nós no correr de nossa vida?:

XII
Nada se assemelha menos ao homem do que *um homem*.

— Portanto — recomeçou —, depois de ter consagrado o princípio favorável que deixa aos catecúmenos da vida elegante a esperança de conquistarem a graça pelo hábito, reconheçamos também as exceções e procuremos as suas fórmulas, de boa-fé!...
Após muitos esforços, após inúmeras observações debatidas com sabedoria, redigimos os seguintes axiomas:

XIII
É preciso ter ido pelo menos até a retórica* para levar uma vida elegante.

XIV
Estão fora da vida elegante os varejistas, os homens de negócios e os professores de humanidades.

XV
O avaro é uma negação.

XVI
Um banqueiro chegado aos quarenta anos sem ter falido, ou que tem mais de 36 polegadas de cintura, é o maldito da vida elegante: verá seu paraíso sem jamais nele entrar.

XVII
O ser que não vem com frequência a Paris nunca será completamente elegante.

---

* Até o ano em que os alunos estudam retórica, que corresponde à idade de quinze, dezesseis anos.

XVIII

O homem descortês é o leproso do mundo *fashionable*.⁶

— Chega! — disse Brummell. — Se acrescentássemos um só aforismo, entraríamos no ensino dos princípios gerais que devem ser objeto da segunda parte do tratado.

Então, dignou-se a estabelecer, ele mesmo, os limites da ciência, dividindo assim nossa obra:

— Se examinarem com cuidado — continuando — todas as traduções materiais do pensamento que compõem a vida elegante, talvez ficarão impressionados como eu com a aproximação mais ou menos íntima que existe entre certas coisas e nossa pessoa. Assim, a palavra, o andar, as maneiras são atos que procedem *imediatamente* do homem, e que são inteiramente submetidos às leis da elegância. A mesa, os domésticos, os cavalos, os carros, os móveis, a administração da casa só derivam, por assim dizer, *mediatamente* do indivíduo. Conquanto esses acessórios da existência também tragam a marca de elegância que imprimimos a tudo o que deriva de nós, eles parecem, de certa forma, afastados da sede do pensamento e só devem ocupar o segundo nível nessa vasta teoria da elegância. Não é natural refletir sobre o grande pensamento que move nosso século numa obra destinada, talvez, a reagir contra os costumes dos ignorantinhos da *fashion*? Portanto, convenhamos aqui que todos os princípios que se ligarão imediatamente à inteligência ocuparão o primeiro lugar nos capítulos dessa enciclopédia aristocrática.

— No entanto, senhores — acrescentou Brummell —,

---

6 Sendo o conhecimento das leis mais vulgares da polidez um dos elementos de nossa ciência, aproveitamos essa ocasião para prestar uma homenagem pública ao sr. padre Gaultier, cuja obra sobre a polidez deve ser considerada a mais completa na matéria, e um admirável tratado de moral. Encontra-se esse pequeno livro na livraria de J. Renouard.

há um fato que domina todos os outros. O homem se veste antes de agir, de falar, de andar, de comer. As ações que pertencem à moda, ao porte, à conversação etc., nunca são mais do que consequências de nossa indumentária. Sterne, um observador admirável, proclamou da maneira mais espirituosa que as ideias do homem barbeado não eram as do homem barbudo. Todos nós sofremos a influência da roupa. O artista, quando bem vestido, não trabalha mais. Vestida com um penhoar ou enfeitada para o baile... Uma mulher é bem diferente. Parecem duas mulheres!

Aqui Brummell suspirou.

— Nossas maneiras pela manhã não são mais as da noite — prosseguiu. — Enfim, George IV, que me honrou tão fortemente com sua amizade, com certeza se imaginou maior no dia de sua coroação do que no dia seguinte! A toalete é, portanto, a mais imensa modificação sentida pelo homem social, ela pesa sobre toda a nossa existência! Ora, não creio violar a lógica propondo-lhes ordenar assim a sua obra: depois de ter ditado, na sua segunda parte, as leis gerais da vida elegante — continuou —, os senhores deveriam dedicar a terceira às coisas que procedem imediatamente do indivíduo, pondo a indumentária à frente. Por fim, a meu ver a quarta parte seria destinada às coisas que procedem imediatamente da pessoa e que eu vejo como ACESSÓRIOS!...

Desculpamos a predileção de Brummell pela toalete: ela fizera sua glória. Foi talvez o erro do grande homem; mas não ousamos combatê-lo. Arriscando-nos a ver essa feliz classificação rejeitada pelos elegantologistas de todos os países, resolvemos nos enganar, junto com Brummell.

Então, as matérias a tratar na segunda parte foram adotadas por unanimidade por este ilustre parlamento de modífilos sob o título de PRINCÍPIOS GERAIS da vida elegante.

A terceira parte, referente às COISAS QUE PROCEDEM IMEDIATAMENTE DA PESSOA, foi dividida em vários capítulos.

A primeira compreenderá *a toalete em todas as suas*

partes. Um primeiro parágrafo será dedicado à *toalete dos homens*; um segundo, à *toalete das mulheres*; um terceiro oferecerá *um ensaio sobre os perfumes, sobre os banhos e sobre o penteado*.

Um outro capítulo dará *uma teoria completa do andar e do porte*.

Um de nossos melhores amigos, o sr. Eugène Sue,* tão notável pela elegância e originalidade de suas visões quanto por um gosto sofisticado das coisas, por uma maravilhosa compreensão da vida, prometeu-nos a comunicação de suas observações para um capítulo intitulado: *Sobre a impertinência considerada em suas relações com a moral, a religião, a política, as artes e a literatura*.

A discussão esquentou acerca das duas últimas divisões. Tratava-se de saber se o capítulo das *maneiras* devia passar antes daquele sobre *a conversação*.

Brummell encerrou o debate com um improviso que lamentamos não poder comunicar por inteiro. Terminou assim:

— Senhores, se estivéssemos na Inglaterra, os atos passariam necessariamente antes da palavra, pois meus compatriotas em geral são bastante taciturnos; mas tive a ocasião de observar que na França os senhores sempre falavam muito antes de agir.

A quarta parte, dedicada aos ACESSÓRIOS, compreenderá os princípios que devem reger os aposentos, os móveis, *a mesa*, os cavalos, os domésticos, os carros, e terminaremos com um tratado sobre *a arte de receber, seja na cidade, seja no campo*, e sobre *a arte de se comportar na casa dos outros*.

Assim teremos abarcado a universalidade da mais vasta de todas as ciências: a que abarca todos os momentos de

---

* Eugène Sue (1804-57), escritor e romancista, autor de *Les Mystères de Paris*, obra publicada inicialmente em folhetim, era próximo dos socialistas e do dandismo.

nossa vida, que governa todos os atos de nossa vigília e os instrumentos de nosso sono; pois mesmo durante o silêncio das noites ela ainda reina.

SEGUNDA PARTE: PRINCÍPIOS GERAIS

> *Considere também, senhora,*
> *que há perfeições revoltantes.*
> *Monografia da virtude*, obra inédita do autor*

IV. DOGMAS

A Igreja reconhece sete pecados capitais e só admite três virtudes teologais. Portanto, temos sete princípios de remorso contra três fontes de consolação! Triste problema este, de 3 : 7 :: o homem : X!... Assim, nenhuma criatura humana, sem excetuar santa Teresa nem são Francisco de Assis, conseguiu escapar das consequências dessa proposição fatal!

Apesar do rigor, esse dogma governa o mundo elegante, assim como dirige o universo católico. O mal sabe estipular acomodações, o bem segue uma linha severa. Dessa lei eterna podemos extrair um axioma, confirmado por todos os dicionários *dos casos de consciência*.

XIX
O bem tem um só modo, o mal tem mil.

Portanto, a vida elegante tem seus pecados capitais e suas três virtudes cardeais. Sim, a elegância é una e indivisível como a Trindade, como a Liberdade, como a Virtude. Daí

---

* Essa obra nunca será escrita, mas ainda figura dos projetos de Balzac feitos em 1845, portanto quinze anos depois.

resultam os mais importantes de todos os nossos aforismos gerais:

XX
O princípio constitutivo da elegância é a *unidade*.

XXI
Não há unidade possível sem limpeza, sem harmonia, sem a *simplicidade relativa*.

Mas não é a simplicidade de preferência à harmonia, nem a harmonia de preferência à limpeza que produzem a elegância, pois ela nasce de uma concordância misteriosa entre essas três virtudes primordiais: criá-la por toda parte e de modo súbito é o segredo dos espíritos inatamente distintos.

Analisando todas as coisas de mau gosto que estragam as toaletes, os aposentos, os discursos ou o porte de um desconhecido, os observadores perceberão que elas sempre pecam por infrações mais ou menos sensíveis à tripla lei da unidade.

A vida exterior é uma espécie de sistema organizado que representa um homem tão exatamente como as cores do caracol se reproduzem em sua concha. Assim, na vida elegante tudo se encadeia e se comunica entre si. Quando o sr. Cuvier apercebe-se do osso frontal, maxilar ou crural de algum bicho, daí não induz toda uma criatura, seja ela antediluviana, e não reconstitui logo um indivíduo classificado, seja entre os sauros ou os marsupiais, seja entre os carnívoros ou os herbívoros?... Nunca esse homem se enganou: seu gênio lhe revelou as leis unitárias da vida animal.

Da mesma maneira, na vida elegante uma só cadeira deve determinar toda uma série de móveis, assim como a espora permite imaginar-se um cavalo. Determinada toalete anuncia determinada esfera de nobreza e bom gosto. Cada fortuna tem sua base e seu ápice. Nunca os Georges

Cuvier da elegância se expõem a fazer julgamentos errôneos: eles lhes dirão a que montante de zeros, no total dos rendimentos, devem pertencer as galerias de quadros, os cavalos puro-sangue, os tapetes de La Savonnerie,* as cortinas de seda diáfana, as lareiras de mosaico, os vasos etruscos e os relógios de salão coroados por uma estátua que escapou do cinzel dos David!** Levem a eles, enfim, um só cabide!... E deduzirão um budoar inteiro, um quarto, um palácio.

Esse conjunto exigido pela unidade com absoluto rigor torna solidários todos os acessórios da existência; pois um homem de bom gosto julga, como um artista, a partir de uma insignificância. Quanto mais o conjunto é perfeito, mais o barbarismo é sensível. Só mesmo um tolo ou um homem de gênio podem pôr uma vela num candelabro de braço longo. As aplicações dessa grande lei *fashionable* foram bem compreendidas pela mulher famosa (a senhora T...)*** a quem devemos este aforismo:

XXII
Conhece-se o espírito de uma dona de casa ao se cruzar a soleira de sua porta.

---

* La Savonnerie, em Paris, foi a primeira manufatura real de tapeçarias da França, fundada no século XVII, e desde então fornecedora da corte.
** David d'Angers (1788-1856) era um escultor francês conhecido pelas estátuas de mármore, como *Filópemen ferido*, no Panthéon de Paris. Fez um busto de Balzac em 1844, e também o busto de bronze que está em seu túmulo, no cemitério Père-Lachaise.
*** Dependendo da edição do *Tratado*, há duas hipóteses para a sra. T: a sra. Tallien (1773-1835), segunda mulher do deputado Jean-Lambert Tallien. De grande beleza, foi figura marcante da Revolução Francesa e do Diretório. Ou Sabine Casimir Amable Tastu, conhecida como "Amable Tastu" (1798-1885), escritora, poeta e autora de libretos das músicas de Saint-Sens.

Essa vasta e perpétua imagem que representa[7] a fortuna que você tem nunca deve ser um espécime infiel dela; pois isso o colocaria entre dois obstáculos: a avareza ou a impotência. Ora, se você é muito vaidoso ou muito modesto, já não obedece a tal unidade, da qual a menor consequência é proporcionar um equilíbrio feliz entre as suas forças produtivas e a sua forma exterior.

Um erro tão capital destrói toda uma fisionomia.

Primeiro termo dessa proposição, a avareza já foi julgada; mas, sem poder serem acusadas de um vício tão vergonhoso, muitas pessoas, desejosas de obter dois resultados, tentam levar uma vida elegante com economia; certamente alcançam um objetivo: são ridículas. A todo instante não se assemelharão a maquinistas inábeis cujos cenários deixam à mostra as molas, os contrapesos e os bastidores? Desrespeitam assim estes dois axiomas fundamentais da ciência:

XXIII
O efeito mais essencial da elegância é esconder os meios.

XXIV
Tudo o que revela uma economia é deselegante.

De fato, a economia é um meio. É o nervo de uma boa administração, mas é parecida com o óleo que dá flexibilidade e suavidade às rodas de uma máquina: não se deve vê-la nem senti-la.

Esses inconvenientes não são os únicos castigos com que as pessoas parcimoniosas são punidas. Ao restringirem o desenvolvimento de sua vida, elas descem de sua esfera e, apesar de seu poder, põem-se no nível daqueles que a vaidade joga para cima do obstáculo oposto. Quem não estremeceria com tal fraternidade pavorosa?

---

7 Essas palavras: "bem representar", "a representação", não têm outra origem.

Quantas vezes não encontramos, na cidade ou no campo, burgueses semiaristocratas que, enfeitados exageradamente, são obrigados, na falta de transporte próprio, a calcular suas visitas, seus prazeres e seus deveres de acordo com Mathieu Laensberg?* Escrava de seu chapéu, a senhora teme a chuva e o senhor tem medo do sol ou da poeira. Sensíveis como barômetros, eles adivinham o tempo, abandonam tudo e desaparecem diante do aspecto de uma nuvem. Molhados e enlameados, acusam-se mutuamente, no lar, de suas misérias; constrangidos em qualquer lugar, não desfrutam de nada.

Essa doutrina foi resumida por um aforismo aplicável a todas as existências, desde a da mulher forçada a arregaçar o vestido para se sentar na carruagem até o pequeno príncipe da Alemanha que quer ter bufões:

XXV
Do acordo entre a vida exterior e a fortuna resulta o desembaraço.

Só a religiosa observância desse princípio permite a um homem exibir, até em seus menores atos, uma liberdade sem a qual a graça não seria capaz de existir. Se ele mede seus desejos a partir de sua força, permanece em sua esfera sem medo de decair. Essa segurança de ação, que poderíamos chamar de *consciência do bem-estar*, preserva-nos de todas as tempestades ocasionadas por uma vaidade mal compreendida.

Assim, os especialistas da vida elegante não traçam longos caminhos de pano verde sobre seus tapetes e não temem, para eles, as visitas de um velho tio asmático. Não consultam o termômetro para sair com seus cavalos. Igualmente submetidos tanto às cargas da fortuna como a seus

---

* Referência aos almanaques inspirados no astrólogo Mathieu Laensberg, do século XVII, e que traziam previsões do tempo.

benefícios, nunca parecem contrariados com um prejuízo; pois neles tudo se arranja com dinheiro ou se resolve com o maior ou menor esforço feito por seus empregados. Pôr um vaso ou um relógio de sala num caixote, cobrir os sofás com capas, tapar um lustre com um pano, não é se parecer com essas boas pessoas que, depois de terem esvaziados seus mealheiros para comprar candelabros, logo os vestem com uma gaze grossa? O homem de bom gosto deve desfrutar de tudo o que possui. Como Fontenelle, *ele não ama as coisas que querem ser muito respeitadas*. A exemplo da Natureza, ele não teme exibir todos os dias seu esplendor: pode reproduzi-lo. Assim, não espera que, semelhantes aos veteranos do Luxembourg,* seus móveis lhe atestem seus serviços por inúmeros galões a fim de mudar a localização de cada um; e jamais se queixa do preço excessivo das coisas, pois previu tudo. Para o homem *da vida ocupada*, as recepções são solenidades: ele tem suas *sagrações* periódicas para as quais providencia desencaixotamentos, esvazia os armários e descobre seus bronzes; mas o homem *da vida elegante* sabe receber a qualquer hora, sem se deixar surpreender. Sua divisa é a de uma família cuja glória se associa à descoberta do Novo Mundo: ele está *semper paratus*,** sempre pronto, sempre parecido consigo mesmo. Sua casa, seus domésticos, seus carros, seu luxo ignoram o preconceito do domingo. Todos os dias são dias de festa. Enfim, *si magna licet componere parvis*,*** ele é como o famoso Dessein,**** que

---

* Referência aos veteranos das guerras napoleônicas que passeavam, ainda engalanados, pelo Jardim de Luxemburgo, perto do qual havia residências para ex-militares.
** "Sempre pronto", em latim, no original. Era a divisa da família do frei Bartolomeu de Las Casas (1474-1566), defensor dos direitos dos índios nas terras conquistadas pelos espanhóis.
*** "Se é permitido comparar as grandes coisas com as pequenas", em latim, no original.
**** Dessein (ou Dessin) era dono do Hotel Dessin, em Calais, onde

respondia sem se incomodar, ao saber da chegada do duque de York: "Instale-o no número 4".

Ou como a duquesa D'Abrantes* que, tendo na véspera Napoleão lhe solicitado que recebesse a rainha da Westfália em Le Raincy, diz a seu mordomo: "Amanhã tenho uma rainha", e no dia seguinte oferece aos soberanos os prazeres de uma caçada real, festins opulentos e um baile suntuoso.

Todo *fashionable* deve imitar, em sua esfera, essa ampla compreensão da existência. Obterá facilmente os resultados maravilhosos por um constante requinte, por um refinado frescor nos detalhes. O esmero perpetua o bom gosto do conjunto, e daí vem este axioma inglês:

XXVI
A manutenção é o sine qua non da elegância.

A manutenção não é apenas a condição vital de limpeza, que nos obriga a imprimir às coisas seu brilho diário, mas uma palavra que expressa todo um sistema.

Desde que a finura e a graça dos tecidos substituíram, na roupa europeia, o peso dos tecidos de ouro e das cotas armoriadas da laboriosa Idade Média, uma revolução imensa ocorreu nas coisas da vida. Em vez de

---

se hospedaram, entre outros, Pedro, o Grande, em 1717, Luís XVIII, em 1814, ao voltar do exílio, e Lawrence Sterne, que o descreveu em *Viagem sentimental pela França e pela Itália*. Foi nesse hotel que se hospedou Brummell na primeira escala de seu exílio na França.

* Laure Junot (1784-1838), duquesa D'Abrantes, cuja família era ligada a Napoleão, deixou uma extensa obra memorialista. Por volta de 1828 foi amante do jovem Balzac, que a incitou a escrever suas memórias, tendo sido o revisor de diversos volumes. Théophile Gautier a chamava de duquesa "D'Abracadabrantes".

enterrarmos um patrimônio num mobiliário perecível, consumimos os juros em objetos mais leves, menos caros, fáceis de renovar, e as famílias já não ficaram deserdadas do capital.[8]

Esse cálculo, de uma civilização avançada, recebeu seus últimos aperfeiçoamentos na Inglaterra. Nessa pátria do *confortável*, os elementos da vida são considerados como uma grande vestimenta, essencialmente mutável e submetida aos caprichos da *fashion*. Os ricos trocam anualmente seus cavalos, carruagens, mobílias; até os diamantes são novamente engastados; tudo assume uma forma nova. Assim, os menores móveis são fabricados neste espírito: as matérias-primas são sabiamente economizadas. Se ainda não chegamos a esse grau de ciência, fizemos, porém, alguns progressos. As pesadas marcenarias do Império estão inteiramente condenadas, bem como suas carruagens aparatosas e suas esculturas, semiobras-primas que não satisfaziam nem o artista nem o homem de bom gosto. Caminhamos, enfim, por uma via de elegância e simplicidade. Se a modéstia de nossas fortunas ainda não permite mudanças frequentes, ao menos compreendemos este aforismo que domina os costumes atuais:

XXVII
O luxo é menos dispendioso que a elegância.

E tendemos a nos afastar do sistema em virtude do qual

---

8 O traje de Bassompierre, que citamos por causa da vulgaridade do fato, custava 100 mil escudos de nossa moeda atual. Hoje, o homem mais elegante não gasta 15 mil francos para sua toalete e renova suas roupas a cada estação. A diferença do capital empregado constitui diferenças de luxo que não destroem essa observação: ela se aplica à toalete das mulheres e a todas as partes de nossa ciência.

nossos ancestrais consideravam a compra de um móvel como um investimento de capital; pois, a um só tempo, todos sentiram instintivamente que é mais elegante e mais confortável comer num serviço de porcelana lisa do que mostrar aos curiosos uma taça em que Constantin copiou *La Fornarina*. As artes geram maravilhas que os particulares devem deixar para os reis, e monumentos que só pertencem às nações. O homem bastante tolo para introduzir no conjunto de sua vida uma só amostra de uma existência superior busca aparentar o que ele não é, e então torna a cair nessa impotência cujos ridículos tentamos criticar. Assim, redigimos a máxima seguinte para esclarecer as vítimas da mania de grandeza:

XXVIII
Sendo a vida elegante um hábil desenvolvimento do amor-próprio, tudo o que revela muito fortemente a vaidade produz um pleonasmo.

Coisa admirável!... Todos os princípios gerais da ciência são apenas corolários do grande princípio que proclamamos; pois a manutenção e suas leis são de certa forma a consequência imediata da *unidade*.

Muitas pessoas nos objetaram a enormidade das despesas necessárias a nossos aforismos despóticos...

— Que fortuna — disseram-nos — poderia bastar às exigências de suas teorias? No dia seguinte em que uma casa foi remobiliada, novamente atapetada, em que uma carruagem foi restaurada, em que a seda de um boudoir foi trocada, um *fashionable* não vem insolentemente encostar a cabeça engordurada de brilhantina numa tapeçaria? Um homem encolerizado não chega de propósito para manchar um tapete? Uns desajeitados não batem na carruagem? E acaso é possível impedir que os impertinentes cruzem a soleira sagrada da alcova?...

Tais reclamações, apresentadas com a arte especiosa

com que as mulheres sabem colorir todas as suas defesas, foram pulverizadas por este aforismo:

XXIX

Um homem de boas maneiras já não se crê o dono de todas as coisas, que em sua casa devem ser postas à disposição dos outros.

Um homem elegante não diz abertamente, como o rei, *nossa* carruagem, *nosso* palácio, *nosso* castelo, *nossos* cavalos; mas sabe imprimir a todas as suas ações essa delicadeza régia, feliz metáfora com o auxílio da qual ele sabe oferecer sua fortuna a todos de quem se cerca. Assim, essa nobre doutrina implica outro axioma não menos importante que o anterior:

XXX

Admitir uma pessoa em sua casa é supô-la digna de habitar a sua esfera.

Então, as pretensas desgraças a respeito das quais uma insignificante dona de casa pediria satisfação a nossos dogmas absolutos só podem proceder de uma imperdoável ausência de tato. Uma dona de casa pode algum dia queixar-se de falta de consideração ou de esmero? Não é culpa dela? Não existem, para as pessoas comme il faut, sinais maçônicos pelos quais elas devem se reconhecer? Recebendo em sua intimidade apenas seus iguais, o homem elegante já não tem acidentes a temer: se ocorrer algum, são desses golpes do destino que ninguém está isento de sofrer. A antecâmara é uma instituição. Na Inglaterra, onde a aristocracia fez progressos tão grandes, há poucas casas que não tenham um parlatório. Esse aposento é destinado a dar audiência a todos os inferiores. A distância maior ou menor que separa nossos ociosos e os homens ocupados é representada pela etiqueta. Os filósofos, os contestatários, os galhofeiros que zombam das cerimônias não receberiam seu quitandeiro, ainda que fosse eleitor do grande colégio, com as atenções com que cercariam um marquês. Disso não se deduz que os *fashionables* desprezam os trabalhadores. Bem longe disso, têm para eles uma admirável fórmula de respeito social:

— São *pessoas estimáveis...*

É tão inábil para um elegante zombar da classe industriosa como atormentar abelhas, como atrapalhar um artista que trabalha: é de mau tom.

Os salões pertencem, pois, aos que têm o *pé elegante*, assim como as fragatas aos que têm o *pé marinho*. Se vocês não recusaram nossos prolegômenos, é preciso aceitar todas as suas consequências.

Dessa doutrina deriva um aforismo fundamental:

XXXI
Na vida elegante não existem superioridades: as pessoas tratam de poder a poder.

Um homem de boas maneiras não diz a ninguém: "Tenho a honra etc.". Ele não é o *humilde servidor* de nenhum homem. O sentido das conveniências dita hoje novas fórmulas que as pessoas de bom gosto sabem adequar às circunstâncias. Quanto a isso, aconselhamos aos espíritos estéreis consultar as *Cartas persas* de Montesquieu. Esse ilustre escritor exibiu uma rara flexibilidade de talento na maneira como terminava seus menores bilhetes, tendo horror à absurda monografia do "Tenho a honra de ser...".

A partir do momento em que as pessoas da vida elegante representam as aristocracias naturais de um país, elas se devem mutuamente considerações sobre a igualdade mais completa. Como o talento, o dinheiro e o poder dão os mesmos direitos, o homem de aparência fraca e necessitado, a quem você dirige inabilmente um leve aceno de cabeça, logo estará no apogeu do Estado, e aquele que você cumprimenta obsequiosamente entrará amanhã no nada da fortuna sem poder.

Até aqui o conjunto de nossos dogmas abarcou mais o espírito do que a forma das coisas. De certa maneira apresentamos a *Estética* da vida elegante. Procurando as leis gerais que regem os detalhes, ficamos menos espantados que surpresos ao descobrir uma espécie de semelhança entre os verdadeiros princípios da arquitetura e os que nos resta traçar. Então nos perguntamos se, por acaso, a maioria dos objetos que servem à vida elegante não está no campo da arquitetura. A roupa, a cama, o cupê, são abrigos da pessoa, assim como a casa é a grande roupa que cobre o homem e as coisas para seu uso. Parece que empregamos tudo, até a linguagem, como disse o sr. De Talleyrand, para esconder uma vida, um pensamento que, apesar de nossos esforços, atravessa todos os véus.

Sem querer dar a essa ideia mais importância do que merece, registraremos aqui algumas dessas regras:

XXXII
A elegância exige imperiosamente que os meios sejam apropriados ao fim.

Desse princípio derivam dois outros aforismos, que são sua consequência imediata:

XXXIII
O homem de bom gosto deve sempre saber reduzir a necessidade ao simples.

XXXIV
É preciso que cada coisa pareça o que é.

XXXV
A prodigalidade dos adornos prejudica o efeito.

XXXVI
O adorno deve ser posto no alto.

XXXVII
Em qualquer coisa a multiplicidade das cores será de mau gosto.

Não procuraremos demonstrar aqui, por algumas aplicações, a exatidão desses axiomas; pois nas duas partes seguintes desenvolveremos mais racionalmente suas consequências, assinalando seus efeitos em cada detalhe. Tal observação levou-nos a cortar desta parte os princípios gerais que deviam dominar cada uma das divisões subsidiárias da ciência, pensando que ficariam mais bem colocados, na forma de sumários, no começo dos capítulos cujas matérias eles regem mais especialmente.

Aliás, todos os preceitos que já proclamamos, e aos quais seremos, em seguida, obrigados a recorrer com frequência, poderão parecer vulgares para muita gente.

Se necessário, aceitaríamos essa crítica como um elogio. No entanto, apesar da simplicidade das leis que mais de um *elegantologista* talvez tivesse mais bem redigido, deduzido ou encadeado, não concluiremos sem observar aos neófitos da *fashion* que o bom gosto ainda resulta mais da aplicação dessas regras do que de seu conhecimento. Um homem deve praticar essa ciência com o desembaraço que emprega para falar sua língua materna. No mundo elegante é perigoso balbuciar. Acaso vocês não viram com frequência esses *semifashionables* que se cansam de correr atrás da graça, ficam encabulados se veem uma prega a menos em sua camisa, e suam sangue e água para chegar a uma falsa correção, semelhantes a esses pobres ingleses que a cada palavra puxam seu *Pocket*?* Lembrem-se, pobres cretinos da vida elegante, de

---

* Nome de um dicionário de bolso no século XIX.

que de nosso aforismo XXXIII resulta essencialmente este outro princípio, eterna condenação de vocês:

XXXVIII
A elegância trabalhada está para a elegância assim como a peruca está para os cabelos.

Essa máxima implica, como consequência severa, o seguinte corolário:

XXXIX
O *Dandismo* é uma heresia da vida elegante.

Com efeito, o Dandismo é uma afetação da moda. Tornando-se Dândi, um homem torna-se um móvel de boudoir, um boneco extremamente engenhoso que se pode colocar sobre um cavalo ou sobre um canapé, que morde ou chupa habilmente a ponta de uma bengala; mas um ser pensante?... Nunca. O homem que vê na moda apenas a moda é um bobo. A vida elegante não exclui o pensamento, nem a ciência: consagra-os. Ela não deve ensinar apenas a desfrutar do tempo, mas a empregá-lo numa ordem de ideias extremamente elevada.

Já que, ao começar esta segunda parte de nosso tratado, encontramos alguma semelhança entre nossos dogmas e os do cristianismo, vamos concluí-la tomando os termos escolásticos próprios da teologia para expressar os resultados obtidos por aqueles que sabem aplicar nossos princípios com mais ou menos acerto.

Um homem novo se produz. Suas carruagens e cavalos são de bom gosto, ele recebe maravilhosamente, seus domésticos não são grosseiros, ele dá excelente jantares, está a par da moda, da política, das palavras novas, dos costumes efêmeros, e até os cria; em suma, nele tudo tem um caráter de confortabilismo exato. Ele é, de certa forma, o *metodista* da elegância, e caminha à altura do século. Não é gracioso nem desagradável, e jamais vocês citarão uma palavra inconveniente dele, e nenhum gesto de mau tom lhe escapa... Não precisamos terminar esse retrato, esse homem tem a *graça suficiente*.

Acaso todos nós não conhecemos um afável egoísta que possui o segredo de nos falar de si sem ser muito desagradável? Nele, tudo é gracioso, fresco, requintado, poético até. Ele causa inveja. Associando-nos a suas fruições, a seu luxo, parece temer a nossa falta de fortuna. Sua obsequiosidade, sempre em palavras, é uma polidez aperfeiçoada. Para ele, a amizade não passa de um tema cuja riqueza ele conhece admiravelmente bem e cujas modulações mede pelo diapasão de cada pessoa.

Sua vida é marcada por uma perpétua personalidade que lhe é perdoada graças às suas maneiras: artista com os artistas, velho com um idoso, criança com as crianças, ele seduz sem agradar; pois nos mente em interesse próprio e nos diverte por cálculo. Acolhe-nos e afaga-nos porque se aborrece; e se hoje nos damos conta de que fomos tapeados, amanhã iremos de novo nos fazer enganar... Esse homem possui a *graça essencial*.

Mas existe uma pessoa cuja voz harmoniosa imprime ao discurso um encanto igualmente disseminado em suas maneiras. Ela sabe tanto falar como se calar; cuida de nós com delicadeza; só maneja assuntos de conversa convenientes; suas palavras são escolhidas de modo feliz; sua linguagem é pura, suas brincadeiras afagam e sua crítica não fere. Longe de contradizer com a ignorante segurança de um parvo, ela parece buscar, na nossa companhia, o bom senso ou a verdade. Não disserta, assim como tampouco discute, compraz-se em conduzir uma discussão que ela interrompe oportunamente. De humor igual, seu ar é afável e risonho, sua polidez nada tem de forçada, sua solicitude não é servil; reduz o respeito até transformá-lo numa suave sombra; jamais nos cansa e deixa-nos satisfeitos com ela e conosco. Arrastados para sua esfera por uma força inexplicável, encontraremos seu espírito de muito gosto impregnado nas coisas de que se cerca: ali, tudo deleita a vista, e respiramos como que o ar de uma pátria. Na intimidade, essa pessoa nos seduz com um tom ingênuo. Ela é natural. Nunca um esforço, um luxo, uma ostentação. Seus sentimentos se expressam de modo simples porque são verdadeiros. É franca sem ofender nenhum amor-próprio. Aceita os homens como Deus os fez; desculpando os defeitos e os ridículos; compreendendo todas as idades e não se irritando com coisa nenhuma, porque tem o tato de tudo prever. Deixa-nos agradecidos, antes de consolar; é meiga e alegre, assim a amaremos irresistivelmente. Nós a tomamos como modelo e lhe dedicamos um culto.

Essa pessoa tem a *graça divina e concomitante*.

Charles Nodier soube personificar esse ser ideal em seu *Oudet*,* graciosa figura a qual a magia do pincel não prejudicou; mas ler a nota não é nada, é preciso ouvir o próprio Nodier contando certas particularidades que estão ligadas demais à vida privada para serem escritas; e então imaginaríamos a força prestigiosa dessas criaturas privilegiadas...

Esse poder magnético é a grande meta da vida elegante. Todos devemos tentar nos apoderarmos dele; mas o êxito é sempre difícil, pois a causa do sucesso reside numa bela alma. Feliz dos que o exercem, pois é tão belo ver tudo nos sorrir, tanto a natureza como os homens...

Agora que as sumidades foram inteiramente percorridas, vamos tratar dos detalhes.

---

* Charles Nodier (1780-1844), escritor do início do romantismo, publicou anonimamente, em 1815, a obra *Histoire des sociétés sécrètes dans l'armée sous Napoléon*, em que retrata o coronel Jacques Joseph Oudet (1773-1809) como o fundador da sociedade secreta maçônica "Philadelphes", que conspirou contra Napoleão.

TERCEIRA PARTE: SOBRE AS COISAS QUE PROCEDEM IMEDIATAMENTE DA PESSOA

— *Acredita que é possível ser homem de talento sem todas essas bobagens?*
— *Sim, mas o senhor será um homem de talento mais ou menos agradável, bem ou mal-educado — ela respondeu.*

Desconhecidos conversando num salão

V. SOBRE A TOALETE EM TODAS AS SUAS PARTES

Devemos ao sr. Auger,* jovem escritor cujo espírito filosófico deu graves aspectos às questões mais frívolas da Moda, um pensamento que transformaremos em axioma:

XL
A toalete é a expressão da sociedade.

Essa máxima resume todas as nossas doutrinas e as contêm tão virtualmente que nada mais pode ser dito que não seja um desenvolvimento mais ou menos feliz desse sábio aforismo.

O erudito ou o homem mundano elegante que quisesse pesquisar, em cada época, as roupas de um povo, faria a história mais pitoresca e a mais nacionalmente verdadeira. Explicar a longa cabeleira dos francos, a tonsura dos monges, os cabelos raspados do servo, as perucas de Popocambou,** o pó aristocrático, e os

---

* Hyppolyte Auger (1796-1881), dramaturgo e jornalista que trabalhou em vários jornais para os quais Balzac colaborava.
** Popocambou era um personagem caricatural da obra *Les*

Titos* de 1790 não seria contar as principais revoluções de nosso país? Perguntar a origem dos sapatos de bico revirado, das escarcelas, dos capuzes, das insígnias, das saias-balão, das anquinhas, das luvas, das máscaras, do veludo, é arrastar um *modílogo* para o assustador dédalo das leis suntuárias, e para todos os campos de batalha em que a civilização triunfou contra os costumes grosseiros importados para a Europa pela barbárie da Idade Média. Se a Igreja excomungou sucessivamente os padres que adotaram calções e os que os trocaram pelas calças; se a peruca dos cônegos de Beauvais foi usada outrora no Parlamento de Paris por meio século, é porque essas coisas, fúteis na aparência, representavam ideias ou interesses. Seja o pé, seja o busto, seja a cabeça, sempre veremos um progresso social, um sistema retrógrado ou alguma luta renhida formulando-se com o auxílio de uma parte qualquer da roupa. Ora o calçado anuncia um privilégio; ora o capuz, o gorro ou o chapéu assinalam uma revolução; ali, um bordado ou uma echarpe; aqui, fitas ou algum adorno de palha expressam um partido: e então você pertence aos Cruzados, aos Protestantes, aos Guises, à Liga, ao Béarn ou à Fronda.**

Sept Châteaux du roi de Bohème, de Charles Nodier. Como terceiro-milésimo rei do reino de Tombuctu, consultava suas perucas para governar.
* O penteado Tito, dos anos 1790, também chamado de corte à romana, deixava o cabelo curto e a nuca visível, como os condenados à guilhotina. Dispensando a peruca, era associado à virilidade republicana.
** A Liga era a facção católica, durante as guerras de religião do século XVI, que lutava contra os protestantes. Dois de seus grandes líderes foram o duque de Guise e seu irmão. A Liga perdeu força com a ascensão de Henrique IV, protestante e originário do Béarn. Henrique IV acabou abjurando sua religião e foi sagrado rei. A Fronda foi a série de revoltas contra o absolutismo durante a minoridade de Luís XIV.

O senhor usa um gorro verde?... É um homem sem honra.
O senhor porta uma rodela amarela no seu sobretudo, à guisa de condecoração? Ande, pária da cristandade!... Judeu, retorne para a sua toca na hora do toque de recolher, ou será castigado com uma multa.

Ah! Moça que tem *annels* de ouro, colares miríficos e brincos que brilham como os seus olhos de fogo?... Cuidado! Se o guarda avistá-la, vai agarrá-la e você irá para a cadeia por ter assim *baixado* na cidade, correndo, louca por seu corpo, pelas ruas onde faz cintilar os olhos dos velhos cujas bolsas você arruína!...

O senhor tem mãos brancas?... É degolado aos gritos de: "Viva Jacques Bonhomme, morte aos patrões!...".

O senhor usa uma cruz de santo André?... Entre sem receio em Paris: aqui reina João Sem Medo.*

O senhor porta a insígnia tricolor?... Fuja!... Marseille o assassinaria; pois os últimos canhões de Waterloo nos cuspiram a morte e os velhos Bourbon.

Assim, por que a toalete seria sempre o mais eloquente dos estilos, se não fosse realmente o homem por inteiro, o homem com suas opiniões políticas, o homem com o texto de sua existência, o homem hieroglifado? Hoje mesmo a *vestignomia* tornou-se quase um ramo da arte criada por Gall e Lavater.** Conquanto agora estejamos todos mais

---

* A cruz de santo André foi o emblema do santo padroeiro da Borgonha a partir de João Sem Medo (1371-1419), duque de Borgonha.
** Johann Kaspar Lavater (1740-1801) é autor de uma obra sobre a fisiognomonia, *L'Art de connaître les hommes par la physionomie*. Ele e Franz Joseph Gall (1758-1828), neuroanatomista, escreveram juntos *Physiognomonie et Phrénologie rendus intelligibles pour tout le monde*, obra que teve grande sucesso na época e atribuía aos traços fisionômicos e à forma e tamanho da cabeça as faculdades intelectuais e certas tendências humanas. Balzac faz muitas referências a esses cientistas.

ou menos vestidos da mesma maneira, é fácil para o observador encontrar, numa multidão, numa assembleia, no teatro, no passeio, o homem do Marais, do Faubourg Saint-Germain, do Quartier Latin, da Chaussée d'Antin, o proletário, o proprietário, o consumidor e o produtor, o advogado e o militar, o homem que fala e o homem que age.

Os intendentes de nossos exércitos não reconhecem os uniformes de nossos regimentos com mais prontidão do que o fisiologista distingue as librés impostas ao homem pelo luxo, pelo trabalho ou pela miséria?

Coloque aí um cabideiro e pendure roupas!... Bem. A menos que tenha passeado como um bobo que não sabe ver nada, você adivinhará o burocrata pelo amarrotado das mangas, pela larga risca horizontalmente impressa nas costas por conta da cadeira em que ele se encosta tão frequentemente, enrolando sua pitada de rapé ou repousando dos cansaços da vadiagem. Você admirará o homem de negócios pelo recheado bolso das cadernetas; o flâneur, pelos bolsos deformados, onde costuma meter as mãos; o comerciante, pela abertura extraordinária dos bolsos que vivem desbeiçados, como para se queixar de estarem privados dos pacotes habituais. Por fim, um colarinho mais ou menos limpo, empoeirado, gordurento, surrado, botoeiras mais ou menos gastas, uma aba caindo, a firmeza de uma nova entretela são os diagnósticos infalíveis das profissões, dos costumes ou dos hábitos. Eis o traje novo em folha do Dândi, o tecido fino do rentista, a sobrecasaca curta do corretor ilegal, o fraque de botões de ouro fosco de um lionês antiquado, ou o *spencer* ensebado de um avaro!...

Brummell tinha, pois, razão em olhar a TOALETE como o ponto culminante da vida elegante; pois ela domina as opiniões, ela as determina, ela reina!... Talvez seja uma desgraça, mas assim caminha o mundo. Ali onde há muitos tolos, as tolices se perpetuam; e, com certeza, é preciso então reconhecer como axioma este pensamento:

XLI
O descuido da toalete é um suicídio moral.

Mas se a toalete é o homem por inteiro, é ainda bem mais toda a mulher. A menor incorreção num enfeite pode relegar uma duquesa desconhecida aos últimos níveis da sociedade. Meditando sobre o conjunto das questões graves de que se compõe a ciência do vestir-se, chocou-nos a generalidade de certos princípios que regem de alguma maneira todos os países, tanto a toalete dos homens como a das mulheres; depois, pensamos que era preciso, para estabelecer as leis da roupa, seguir a própria ordem em que nos vestimos; e então, certos fatos predominam o conjunto; pois assim como o homem se veste antes de falar, de agir, assim também ele toma banho antes de se vestir. As divisões deste capítulo resultam, portanto, de observações conscienciosas, que assim ditaram o decreto da matéria indumentária:

1. Princípios ecumênicos da toalete.
2. Sobre a limpeza e suas relações com a toalete.
3. Sobre a toalete dos homens.
4. Sobre a toalete das mulheres.
5. Sobre as variações da roupa, e resumo do capítulo.

1. PRINCÍPIOS ECUMÊNICOS DA TOALETE

As pessoas que se vestem à maneira do operário cujo corpo enverga diariamente, e com desleixo, o mesmo invólucro, sempre seboso e fedorento, são tão numerosas como esses parvos que andam pela sociedade sem ver nada, morrendo sem ter vivido, não conhecendo nem o valor de uma iguaria, nem o poder das mulheres, não dizendo nem uma frase espirituosa nem uma tolice; mas, *meu Deus, perdoai-lhes, eles não sabem o que fazem!*...

Caso se trate de convertê-los à elegância, poderão um

dia entender esses axiomas fundamentais de todos os nossos conhecimentos?

XLII
O rude se cobre, o rico ou o tolo se enfeitam, o homem elegante se veste.

XLIII
A toalete é, ao mesmo tempo, uma ciência, uma arte, um hábito, um sentimento.

De fato, qual é a mulher de quarenta anos que não reconhecerá na toalete uma ciência profunda? Não deveríamos admitir que não existirá graça na roupa se não estivermos acostumados a usá-la? Há algo mais ridículo do que a costureirinha num vestido a rigor? E quanto ao sentido da toalete!... Quantos, sociedade afora, você contará em matéria de devotos, mulheres e homens a quem são prodigalizados ouro, tecidos, sedas, as criações mais maravilhosas do luxo, e que disso se servem para ficar com ares de um boneco japonês? Daí resulta um aforismo igualmente verdadeiro, que mesmo as coquetes eméritas e os professores de sedução devem sempre estudar:

XLIV
A toalete não consiste tanto na roupa como numa certa maneira de usá-la.

Assim, não é tanto o tecido em si mesmo, mas o espírito do tecido que é preciso captar. Existe no fundo das províncias, e mesmo em Paris, um bom número de pessoas capazes de cometer, em matéria de modas novas, o erro daquela duquesa espanhola que, recebendo uma bacia de estrutura desconhecida, acreditou, depois de muitas meditações, adivinhar que sua forma a destinava a aparecer sobre a mesa, e a ofereceu aos olhares dos convivas contendo um estufado de trufas, sem associar a ideia de limpeza com a porcelana dourada daquele indispensável utensílio.

Hoje, nossos costumes modificaram tanto o traje que não há mais traje propriamente dito. Todas as famílias europeias adotaram a lã, porque os grandes senhores, assim como o povo, compreenderam instintivamente esta grande verdade: é muito melhor usar tecidos finos e ter cavalos do que salpicar sobre um traje as pedrarias da Idade Média e da monarquia absoluta. Então, reduzida à toalete, a elegância consiste em um extremo requinte nos detalhes do vestuário: é menos a simplicidade do luxo do que um luxo de simplicidade. Mas há uma outra elegância... que é apenas a vaidade na toalete. Ela arrasta certas mulheres a usarem tecidos esquisitos para se fazer notar, a se servirem de broches de diamantes para prender um nó, a colocarem uma fivela brilhante no laço de uma fita, assim como certos mártires da moda, gente de cem luíses de renda, morando numa mansarda e querendo *se pôr no último figurino*, penduram pedras em suas camisas de manhã, apertam as calças com botões de ouro, prendem seus faustuosos lornhões com correntes, e vão jantar no Tabar!*... Quantos desses Tântalos parisienses ignoram, talvez voluntariamente, este axioma:

XLV
A roupa jamais deve ser um luxo.

Muitas pessoas, mesmo aquelas em quem reconhecemos alguma distinção nas ideias, instrução e superioridade de sentimentos, dificilmente conseguem conhecer o ponto de interseção que separa a toalete de andar a pé e a toalete de andar de coche!...

Que prazer inefável para o observador, para o enten-

---

* Restaurante barateiro perto da Rue Saint-Honoré, frequentado por estudantes, soldados e pequenos comerciantes.

dido, encontrar pelas ruas de Paris, pelos bulevares, essas mulheres de gênio que, depois de terem assinado com seu nome, sua posição e sua fortuna o sentido de sua toalete, nada inspiram aos olhos do vulgo e são todo um poema para os artistas, para as pessoas da sociedade ocupadas em flanar. É uma combinação perfeita entre a cor da roupa e os desenhos, é um acabamento nos complementos que revela a mão industriosa de uma hábil camareira. Essas altas potências femininas sabem maravilhosamente bem se adaptar ao humilde papel do pedestre, porque experimentaram muitas vezes as temeridades autorizadas por uma carruagem, já que só as pessoas acostumadas com o luxo do coche é que sabem se vestir para andar a pé.

É a uma dessas encantadoras deusas parisienses que devemos as duas fórmulas seguintes:

XLVI
A carruagem é um passaporte para tudo o que uma mulher quer ousar.

XLVII
O infante* sempre tem de lutar contra um preconceito.

Daí resulta que o axioma seguinte deve, antes de mais nada, regulamentar as toaletes dos prosaicos pedestres:

XLVIII
Tudo o que visa o efeito é de mau gosto, como tudo o que é confuso.

Aliás, Brummell deixou a máxima mais admirável sobre esse assunto, e o assentimento da Inglaterra a consagrou:

---

* No original: *le fantassin*, o soldado de infantaria, aquele que nos combates anda a pé.

XLIX
Se o povo o olha com atenção, você não está bem vestido, está demasiado vestido, engomado, ou afetado.

De acordo com tal sentença imortal, todo pedestre deve passar despercebido. Seu triunfo é ser a um só tempo vulgar e distinto, reconhecido pelos seus e ignorado pela massa. Se Murat se fez chamar de *Rei Franconi*,* imaginem a severidade com que a sociedade persegue um fátuo! Ele cai mais baixo que o ridículo. O requinte exagerado talvez seja um vício maior que a falta de cuidado, e o axioma seguinte certamente fará tremerem as mulheres pretensiosas:

L
Ir além da moda é tornar-se uma caricatura.

Agora, resta-nos destruir o mais grave de todos os erros que uma falsa experiência torna plausível para os espíritos pouco habituados a refletir ou a observar; mas daremos despoticamente e sem comentários nossa sentença soberana, deixando às mulheres de bom gosto e aos filósofos de salão o cuidado de discuti-la:

LI
A roupa é como um reboco, põe tudo em relevo, e a toalete foi inventada bem mais para fazer sobressair atrativos corporais do que para esconder imperfeições.

Donde se deduz este corolário natural:

---

* Joachim Murat (1767-1815), marechal do Império, vestia-se de forma extravagante, daí o apelido, posto por seu cunhado Napoleão Bonaparte, de Rei Franconi, em referência a uma famosa figura de circo do início do século XIX.

LII

Tudo o que uma toalete tenta esconder, dissimular, aumentar e ampliar mais que a natureza ou a moda ordena ou quer, é sempre considerado vicioso.

Assim, toda moda que tem por objetivo uma mentira é essencialmente passageira e de mau gosto.

De acordo com esses princípios derivados de uma jurisprudência exata, baseados na observação e decorrentes do mais severo cálculo do amor-próprio humano ou feminino, está claro que uma mulher malfeita, deformada, corcunda ou coxa deve tentar, por cortesia, diminuir os defeitos de sua silhueta; mas ela seria menos que uma mulher se imaginasse produzir a mais leve ilusão. A srta. de La Vallière* mancava com graça, e mais de uma corcunda sabe ter sua desforra pelos encantos do espírito, ou pelas deslumbrantes riquezas de um coração apaixonado. Nunca saberemos quando as mulheres compreenderão que um defeito lhes dá imensas vantagens!... O homem ou a mulher perfeitos são os seres mais nulos.

Terminaremos estas reflexões preliminares, aplicáveis a todos os países, com um axioma que dispensa comentários:

LIII

Um rasgão é uma desgraça, uma mancha é um vício.

---

* Françoise Louise de La Baume Le Blanc, duquesa de La Vallière (1644-1710), foi amante de Luís XIV, de quem teve quatro filhos. Segundo Sainte-Beuve, uma das favoritas mais interessantes. Mancava ligeiramente por causa de um problema no joelho que vinha da infância.

Fisiologia da toalete*

I. SOBRE A GRAVATA, CONSIDERADA EM SI MESMA E SUAS RELAÇÕES COM A SOCIEDADE E OS INDIVÍDUOS

Uma gravata bem-posta espalha-se como um perfume requintado por toda a roupa; ela é para a toalete o que a trufa é para um jantar.

A Revolução foi para a toalete, assim como para a ordem civil e política, um tempo de crise e anarquia; trouxe, para a gravata em particular, uma dessas mudanças orgânicas que vêm, com séculos de intervalo, renovar a face das coisas. Sob o Antigo Regime, cada classe da sociedade tinha sua roupa; reconhecia-se pelo traje o senhor, o burguês, o artesão. Então, a gravata (se podemos dar esse nome à gola de musselina e ao pedaço de renda com que nossos pais enrolavam o pescoço) não era nada além de um complemento necessário, de tecido mais ou menos luxuoso, mas sem relevância, como que sem importância pessoal. Por fim, os franceses tornaram-se todos iguais, em seus direitos e também em suas roupas, e a diferença no tecido ou no corte dos trajes deixou de diferenciar as condições. Como, então, reconhecer-se no meio da uniformidade? Por qual sinal exterior distinguir a

---

* Publicado em *La Silhouette*, 3 jun., 8 e 15 jul. 1830.

condição de cada indivíduo? A partir de então, um novo destino estava reservado à gravata: a partir desse dia, ela nasceu para a vida pública, adquiriu importância social; pois foi chamada a restabelecer os matizes inteiramente extintos da toalete, e tornou-se o critério pelo qual se reconheceriam o homem comme il faut e o homem sem educação.

De fato, de todos os elementos da toalete a gravata é o único que pertence ao homem, o único em que está a individualidade. De seu chapéu, de sua casaca, de suas botas, todo o mérito cabe ao chapeleiro, ao alfaiate, ao sapateiro, que os entregaram em todo o seu esplendor; você não pôs nada de seu nessas peças. Mas para a gravata, você não tem ajuda nem apoio; está entregue a si mesmo; é em você mesmo que deve encontrar todos os recursos. A passadeira lhe entrega um batista engomado; dependendo do que você souber fazer, tirará partido do pano: é o bloco de mármore nas mãos de Fídias ou de um talhador de pedras. O mesmo que vale para o homem vale também para a gravata. E, a bem da verdade, a gravata é o homem; é por ela que o homem se revela e se manifesta.

Portanto, algo hoje reconhecido por todos os espíritos que refletem é o fato de que pela gravata é possível julgar quem a usa, e de que, para conhecer um homem, basta dar uma olhadela naquela parte dele mesmo que une a cabeça ao peito.

Assim, a gravata engomada, dura, reta, sem uma prega, com o nó achatado, quadrado, simétrico, como se o compasso do geômetra tivesse passado por ali, nos anuncia um homem exato, seco, egoísta.

A gravata de musselina clara, sem goma, ondulada, com um laço bufante e pretensioso... É um tagarela elegante, difuso, enfadonho; um pequeno jornalista.

A gravata de batista, nem muito alta nem muito baixa, bastante frouxa para deixar ao pescoço e à cabeça toda a liberdade de movimentos, com um nó gracioso, mas ingênuo e simples... É um poeta elegíaco.

Paro por aqui, a fim de não deflorar em poucas linhas um assunto digno de inspirar volumes, tamanho o seu interesse, a sua extensão e a sua importância.

Considerados em relação à gravata, os homens se dividem naturalmente em três grandes categorias.

Primeiramente, para começar pela que merece menos de nossa atenção, apresenta-se a classe numerosa de homens que usam gravata sem senti-la nem compreendê-la, que toda manhã enrolam no pescoço um pedaço de pano, como se faz com uma corda; depois, durante o dia inteiro, passeiam, comem, cuidam de seus negócios, e de noite deitam-se e dormem, sem escrúpulo, sem remorsos, perfeitamente satisfeitos consigo mesmo, como se sua gravata tivesse sido posta da melhor maneira do mundo. Pessoas sem atualidade, continuando o século XVIII no meio do XIX; anacronismos vivos, numerosos demais, infelizmente!, para vergonha do século das luzes, e que só mencionamos aqui à guisa de memória; pois, em relação à gravata, são seres negativos.

Imediatamente acima deles estão os que entreveem o que há de bom na gravata e no que se pode fazer com ela, mas que, por si próprios, não conseguindo tirar nenhum partido da gravata, estão reduzidos a copiar os outros. Espíritos estreitos, estéreis, sem imaginação, sem uma só ideia própria, eles estudam todo dia o nó que reproduzirão no dia seguinte. Que avaliação fazer desse *servum pecus**
da gravata? Vou compará-los com aqueles homens frívolos que procuram toda manhã, nas gazetas, as ideias que terão durante o dia inteiro, ou com os mendigos que vivem das caridades alheias.

No primeiro nível, enfim, colocam-se os homens fortes e sólidos, que sentem e compreendem a gravata, que a compreendem no que ela tem de essencial e íntima, com tal energia de inteligência, a força de gênio, atribuídas a esses

---

* "Rebanho servil", em latim, no original.

mortais privilegiados *quos aequus amavit Jupiter.** Estes não têm mestres nem modelos, encontram em si mesmos grandes e nobres recursos; só ouvem a si mesmos, e são verdadeiramente criadores.

Pois a gravata vive apenas de originalidade e ingenuidade; a imitação, a submissão às regras desbotam-na, congelam-na, matam-na. Não é nem pelo estudo nem pelo trabalho que se chega a algo bom; é espontaneamente, é por instinto, é por inspiração que se põe a gravata. Uma gravata bem-posta é um desses traços de gênio que se sentem, se admiram, mas não se analisam nem se ensinam. Assim, ouso dizer com toda a força da convicção, a gravata é romântica em sua essência; a partir do dia em que sofrer regras gerais, princípios físicos, terá deixado de existir.

E no entanto, existiu neste mundo um barão de L'Empesé** que publicou *A arte de pôr a gravata*! *Arte* e *gravata*, aí estão palavras que gritam ao se verem lado a lado. Que confusão de ideias, e como se julga um homem por um traço desses! Assim, é preciso vê-lo, esse barão de L'Empesé, com seu colarinho pontudo, sua gravata dura como um papelão, o nó seco e achatado, as pontas trazidas para a frente e presas com um alfinete; em suma, tudo o que se pode imaginar de mais rococó. E seu livro! É de provocar um riso inextinguível. Divisões, separações de gêneros, classificações, proibições, toda uma legislação aristotélica, um verdadeiro código à la Boileau... Eis como se preparam empecilhos ao gênio; como o enfaixam com os panos da rotina; como se fornecem argumentos e textos à mediocri-

---

* O verso de Virgílio "*Pauci quos aequus amavit Jupiter*": "Os raros que o justo Júpiter amou", refere-se às pessoas competentes e felizes. *Eneida*, 6, 129.
** O autor refere-se ao livro *L'Art de mettre sa cravate*, de Émile Marco de Saint-Hilaire, cujo pseudônimo era barão de L'Empesé, e que Balzac prefaciou [ver sua "Introdução" à p. 97], editou e publicou, em 1827.

dade; como se perverteria o gosto público se não existissem espíritos firmes para enfrentar ridículos obstáculos, para ir em frente com passo firme, e manter a gravata em sua liberdade inata e em seu brilho!

Citaremos, entre os exemplos, um só, que é dos mais ilustres, e sempre será honorável seguir. O sr. príncipe de R..., hoje arcebispo e cardeal, foi por muito tempo a glória da gravata. Ninguém o teria visto desfazer, experimentar, recomeçar várias vezes o nó de uma mesma gravata. Conferia a essa parte da toalete uma amplidão, uma grandiosidade que um espírito tacanho seria incapaz de entender. Vinte gravatas estavam preparadas diante dele; pegava uma, punha-a em torno do pescoço e a amarrava com a mão segura que não conhecia hesitação. O nó lhe desagradava, então ele descartava a primeira gravata, pegava outra. Às vezes, experimentava até dez, quinze, antes de ficar satisfeito com sua obra; pois a gravata, expressão do pensamento, assim como o estilo, costuma ser rebelde como ele. Mas quando ele conseguia reproduzir na gravata aquele tipo inigualável que era no espírito, todos o admiravam, se extasiavam. Sua alma passara para o tecido leve, no qual se manifestava por inteiro. Via-se ali tal desembaraço, uma liberdade de espírito sem a qual não existe originalidade, e, sobretudo, um calor da alma, o fogo escaldante que mais tarde se desenvolveu num zelo religioso e tornou-se uma vocação para o cardinalato.

II. ROUPAS ACOLCHOADAS

Os melhores espíritos de nossos dias exigem uma reforma na toalete; mas, que eu saiba, até aqui ninguém indicou o abuso de onde nascem todos os outros, o vício fundamental que é preciso corrigir antes de esperar alguma melhora: quero dizer a ignorância completa em que se encontra o alfaiate sobre a importância de sua profissão. Bem poucos, nesse quesito, elevam-se acima do artesão: todos, ou praticamente todos, fazem um traje, como outros fazem caixotes e mesas. E no entanto, desde que o homem saiu do estado selvagem para viver em sociedade, de que grave função é encarregado o alfaiate! Que se imagine hoje um homem nu; seus semelhantes fogem dele, a sociedade o rejeita, ele está condenado a viver isolado, a retornar ao estado selvagem. Pois quem diz *homem*, na civilização, diz *homem vestido*; o homem saído nu das mãos da natureza está inacabado, pela ordem das coisas em que vivemos; o alfaiate é quem é chamado a completá-lo. Só podemos entrar na sociedade e cumprir nosso destino com a condição de passar pelas mãos dele; assim, mal somos atirados na vida, ele nos agarra, nos segue sempre, nos retém e nos prende por todos os lados; só escapamos dele para entrar em nosso leito de morte. E que alfaiate algum dia refletiu sobre a importância de funções semelhantes? Qual jamais pensou como o destino de um homem estava estreitamente ligado a seu vestuário?

Vejam-nos nas ruas, quando se dirigem à casa de seus fregueses; teriam eles tão pouca nobreza e dignidade se compreendessem que, embrulhado num pano, sob seus braços, carregam um dos elementos mais essenciais de um destino de homem? Ora, se não sentem a importância de sua profissão, que estudos, que cuidados, que progressos podemos esperar deles? Que perfeição esperar um dia de seus trabalhos?

Assim, pois, para qualquer um que deseje sinceramente a regeneração da toalete, a primeira coisa é fazer os alfaiates sentirem toda a gravidade de sua função; que compreendam que, forçados a recorrer o tempo todo à sua arte, temos grandes obrigações a exigir deles; que, convocados pela sociedade a vestir o corpo humano, todos os seus trabalhos, todos os seus esforços devem tender a ressaltar sua graça e sua beleza. Só então eles se elevarão até os grandes princípios que dominam sua arte, e estudarão com ardor todos os seus recursos, e se tornarão homens de consciência; e em breve veremos desaparecer as roupas sem gosto que deixam o homem disforme e ridículo, e a toalete caminhará a passos largos rumo à reforma que ela aspira.

Talvez algum dia trataremos *ex professo* de tal reforma; hoje, tocaremos apenas numa parte, atacaremos um só abuso, mas grosseiro, e cuja persistência é sempre sério motivo de espanto para nós. Essas roupas de gola e lapela acolchoadas, tecido por fora, papelão por dentro, não são o produto da mais estranha aberração de espírito? Que alfaiate jamais teria imaginado enfarpelar um homem com um apetrecho tão pesado, tão pouco gracioso, se tivesse algum sentido do belo? Que alguém o aconselhe a renunciar a tudo o que você tem de graça e de desembaraço, para assumir ares de rigidez e desconforto, e você pensará que aquele ali perdeu a cabeça; afinal, sem o desembaraço e a graça, o que resta da beleza? Pois bem, o que esse homem lhe aconselharia, você faz por si mesmo, você, que veste uma roupa cheia de tecido grosso e de lã. Com efeito, ponha em volta do pescoço uma gola tão grossa, tão compacta, tão dura como o cangote de um cavalo; na frente, no peito, duas espécies de fortificações avançadas, estufadas em hemisférios, firmes, sólidas, e que seriam incapazes de vergar, a não ser com um soco; depois, com tudo isso, tente dar alguma flexibilidade a seus braços, alguma graça a seu corpo: você continuará com a aparência rígida, afetada e pesada como a roupa que o cobre.

Quanto a mim, ainda estou imaginando como dois homens assim vestidos conseguem se olhar sem rir. Um traje macio e flexível, ao contrário, gracioso por si mesmo, não pode deixar de conferir nova graça ao corpo; disso decorrem todos os movimentos; ele assume todas as formas que queremos lhe dar. Não quero agitar aqui a importante e difícil questão de saber se a casaca deve ser usada aberta ou fechada no peito, nem decidir entre o estilo solto e o estilo abotoado; seja qual for o mérito desses dois gêneros, é incontestável que a casaca sem enchimento não tem compromisso exclusivo com nenhum dos dois, e que convém, em todos os pontos, a um e a outro. Você gosta de exibir o peito? Jogue sobre os ombros suas lapelas sem acolchoado, e ali elas ficarão, viradas. Quer que a camisa e o colete fiquem inteiramente escondidos? Sua casaca macia e flexível abotoa-se com facilidade, e você não ficará com o peito amarrado numa couraça pespontada e acolchoada como o plastrom de um mestre de armas.

Se o sistema que defendo precisasse do apoio de alguma autoridade, eu poderia citar o exemplo de uma nação inteira, a Inglaterra, essa terra clássica de roupas soltas e sem enchimento. Talvez alguns espíritos estreitos vão me acusar aqui de cometer um desrespeito à nacionalidade, porque vou procurar meus modelos fora de meu país. Mas rejeito os tolos preconceitos de ódios nacionais que não nos permitiriam imitar o que é bom em qualquer lugar que seja. Todos os povos são irmãos, como a filosofia proclamou, e, se ainda estão separados por barreiras falsas, a toalete talvez seja chamada a derrubar essas barreiras; será talvez por aproximações na roupa que começará a fusão; os povos talvez se tratarão como irmãos quando a indumentária deixar de diferenciá-los. O sultão Mahmoud,* por um instinto de gênio, parece ter sentido essa verdade, ele que, querendo incorporar seu povo à Europa, começou por vesti-lo com o fraque europeu.

Aliás, não seria preciso ir muito longe em nossa história para encontrar a casaca sem enchimento em todo o seu esplendor. Quem não conhece a flexibilidade dessa roupa durante o Diretório e o Consulado? Nessa época, as casacas estavam tão afastadas de qualquer rigidez quanto os costumes. Então, como retrocedemos daquilo

---

*Mahmoud II (1785-1839), sultão do Império Otomano, também mencionado várias vezes em *A comédia humana*, promoveu na Turquia uma reforma do vestuário.

que era bom para aquilo que era mau? Como o traje com enchimento conseguiu prevalecer? Consultei sobre tal ponto um homem erudito na matéria; a lhe dar ouvidos, essa moda dataria de 1815: seriam nos peitos acolchoados dos oficiais russos do exército aliado que teríamos nos inspirado para nossos enchimentos; segundo ele, esse teria sido um dos mais funestos efeitos da invasão.*
A falta de originalidade, que faz a vergonha do caráter francês, e nossa falta de gosto e de habilidade na imitação tornam essa origem bastante provável. Todavia, sem contestar sua verdade, quero ver nisso apenas uma causa secundária ou acidental, e penso que é preciso se colocar num ponto de vista mais alto para descobrir a verdadeira causa, a razão filosófica.

Pensando bem, no estado atual das coisas o enchimento das roupas não é um fato isolado, sem analogia; parece-me ter sua causa num fato geral do mesmo gênero, numa certa rigidez que observamos ao redor, por todo lado, nos costumes, nas letras, nas artes. O grande pano engomado que serve para tornar tão firmes nossas lapelas da casaca chama-se, em língua técnica, *entretela*; é a entretela que dá às coisas simples e confortáveis em si mesmas uma rigidez artificial. Pois bem, de todos os lados, sob mil nomes, sob mil formas diferentes, encontramos a entretela.

O respeito às conveniências, a hipocrisia puritana que paramenta o exterior sem melhorar os costumes, é entretela moral.

A marca política que se aplica a tudo que nos cerca, que espalha por todo lado um frio tédio..., entretela constitucional.

Os espíritos conscienciosos, sólidos, judiciosos, mas tendo um vocabulário próprio, falando uma linguagem

---

* Em 1814, o exército de Napoleão sofre uma série de derrotas da coligação liderada por Inglaterra, Rússia e Prússia, que no ano seguinte invadem o território francês.

científica, volta e meia obscura, pronunciada com arrogância e num tom categórico..., entretela filosófica.

A tragédia clássica com seus heróis, todos eles uniformes, e suas tiradas de efeito..., entretela dramática.

Os escritores corretos e puros, mas pesados e engomados..., entretela acadêmica.

Os quadros de personagens tão bem talhados, tão bem delineados, tão bem-postos..., entretela da pintura.

A dança nobre com suas poses pesadas, seus movimentos afetados, seus ritornelos de piruetas..., entretela coreográfica. Ponha um pouco de entretela nos membros de Mademoiselle Taglioni,* e foi-se seu divino talento.

Eu me deixaria arrastar muito longe se quisesse prosseguir essa enumeração. Disse o suficiente para mostrar que os enchimentos das roupas têm a ver com um fato geral e perecerão junto com ele. Uma guerra já lhe é universalmente declarada; a entretela está sendo atacada por todos os lados. Na literatura, na pintura, uma nova escola combate ardorosamente em favor da reforma. A regeneração da toalete tem também fervorosos apóstolos. Todos os bons espíritos rejeitaram as roupas acolchoadas; não sei se posso me felicitar por ter convertido alguns retardatários. Em tudo o que diz respeito ao sentido do belo, como convencer? Muitos talvez exclamarão, depois de terem me lido: "O que é que isso prova?". A isso não tenho o que responder. Por quais argumentos estabelecer que determinada coisa é cheia de graça, que outra é pesada e deselegante? Não pude senão dizer: "Abram os olhos e olhem". Quem não viu é porque lhe falta um sexto sentido. Tenho pena dele, mas nada posso fazer.

Felizmente, é uma lei da ordem moral o fato de que os espíritos inteligentes e esclarecidos caminham para a frente e indicam a estrada: a massa os segue, de bom ou mau gra-

---

* Marie Taglioni (1804-84), bailarina famosa em toda a Europa na época, considerada a expoente do balé romântico.

do, mais ou menos depressa; adota o que é bom e em geral o pratica sem saber, sem entendê-lo. Portanto, confiemos no tempo e na marcha necessária das coisas para estabelecer e acabar o edifício das ideias novas em matéria de toaletes. Mãos hábeis já preparam e juntam os materiais: feliz de mim, se posso dizer, eu, um mísero, que levei uma pedra já bem talhada à soleira do templo!

A arte de pôr a gravata*

INTRODUÇÃO DO EDITOR,
OU PLANO DA OBRA

Nenhum habitué das clássicas Tuileries, do almiscarado Boulevard de Gand,** e até mesmo do douto Luxemburgo colocará em dúvida a utilidade de *A arte de pôr a gravata*. Nenhuma senhora de bom-tom negará que essa teoria, racional e demonstrada, responde a uma necessidade geralmente sentida, já que seu objetivo é fazer distinguir o homem *comme il faut* daquele que não o é.

"A arte de pôr a gravata é para o homem mundano o que a arte de oferecer um jantar é para o homem de Estado", disse o autor — na epígrafe que escolheu; a gravata não é apenas um útil preservativo contra os resfriados, torcicolos, fluxões, dores de dente e outras gentilezas naturais do mesmo gênero; é também uma parte essencial e obrigatória da indumentária, que, em suas formas variadas, quem usa aprende a conhecer. A gravata do homem de gênio não se parece com a do homem de espírito tacanho, e estamos certos de que o autor de *Le Pied de Mouton* não dará o nó

---

* *L'Art de mettre sa cravate*, de Émile Marco de Saint-Hilaire. Paris: Imprimerie de H. Balzac, 1827. A "Introdução" é de Balzac.
** Atual Boulevard des Italiens, que Balzac considerava o mais *fashionable* de Paris.

de sua gravata como o autor de *Les Martyrs*.* Comparem a aparência do sr. Auguste Hus com a do sr. De Lamartine, e verão que existem notáveis diferenças entre a gravata *clássica* e a gravata *romântica*. Se, como disse Bouffon, "o estilo é todo o homem", podemos dizer, por nossa vez, que *a gravata é o próprio homem*. É o termômetro de seu grau de bom gosto em matéria de modo de vestir e de educação.

Assim como a variedade das personalidades e dos espíritos é infinita, as gravatas devem ser igualmente muito variadas.

O autor apresentou em sua obra 32 maneiras diferentes de pôr a gravata. Ofereceu-as a todas as fortunas, para todas as épocas, para todos os temperamentos, em suma, para todas as condições e circunstâncias da vida.

Para o espírito exato, ele propôs a *gravata matemática*; o homem de boas fortunas deve adotar a *gravata oriental*; a *gravata Byron* só pode ser usada por um número ínfimo de nossos poetas. Quer avançar rapidamente na carreira dos suspirantes? Adote a *gravata à Bergami* (com a precaução, porém, de usar suíças combinando e galões em harmonia); o orador, o publicista da oposição preferirão a *americana* (é a predileta de alguns de nossos deputados, enquanto a maioria parece ter adotado a *gastrônoma*). O jovem frequentador do boudoir se embelezará com a *gravata sentimental*. A *gravata de baile* está reservada aos zéfiros dos salões; o *colarinho de cavalo*, aos auxiliares de tesoureiros, na província; a *gravata de caça*, aos fidalgos do campo; a *marate*, a alguns de nossos advogados; a *fidelidade*, ao ex-guarda nacional de Paris, por fim, o *nó górdio* a todos os nossos agentes diplomáticos.

* *Le Pied de Mouton* é uma "comédia-loucura" de Ribié e Martainville, estreada no Théâtre de la Gaité, em Paris, em 1809. *Les Martyrs* é um poema de Alphonse de Lamartine (1790-1869). Auguste Rus, referido na frase seguinte, era um coreógrafo e bailarino, que provavelmente encenou *Le Pied de Mouton*.

As gravatas não devem apenas variar em suas formas; também têm uma cor que é própria a cada uma.

Enganar-se-ia quem só visse, em "A arte de pôr a gravata", uma obra sobre a moda; é um tratado de história, filosofia e moral, é por si só uma pequena enciclopédia cheia de erudição, pois aí observamos várias dissertações eruditas.

A questão de saber se os antigos usavam gravatas ou não usavam é discutida com rara sagacidade. O autor garante, e faz mais, prova, em sua história geral da gravata publicada no início da obra, que os romanos usavam *mentonnières** muito semelhantes com nossas gravatas. Prova também (no capítulo que trata especialmente dos colarinhos) que os persas, os gregos, os egípcios e uma multidão de outros povos da Antiguidade usavam, com o nome de *colares*, verdadeiros colarinhos. Em suas *considerações* sobre o uso da *gravata preta* e o emprego dos lenços de pescoço demonstra que essa primeira gravata nunca teve tanta fama como nos dez primeiros anos do século XVIII e nos dez primeiros do XIX. No total, vinte anos de glória imortal. Seja como for, as dissertações de nosso autor figurarão sempre vantajosamente ao lado dos tratados eruditos (não sabemos de que monges ou de que reverendos padres jesuítas), em que é aprofundada a útil questão de saber se os judeus usavam óculos e se os pagãos usavam peruca.

Ele classificou sua obra por lições, mais ou menos longas; cada lição indica uma maneira especial de usar a gravata. A segunda dá a demonstração e a solução do famoso problema conhecido de todos os nossos inovadores em matéria de nós de gravata, sob o nome de *nó górdio*. É a chave de todos os outros nós. A penúltima lição (isto é, a *décima quinta*) trará, só ela, dezoito maneiras de usar gravata; mas acrescentemos, para não assustar o leitor, que essas dezoito maneiras não passam, de certa forma, de derivadas das ca-

---

* Fitas largas de chapéu que passam sob o queixo.

torze, que são as únicas *clássicas* que o autor reconheceu, ao passo que as outras são catalogadas por ele na classe das *românticas*, isto é, *ad libitum*.

A primeira e a última lição (as nos 1 e 16) são, incontestavelmente, duas das mais importantes a se conhecer bem, por causa dos preceitos, das opiniões e das verdades incontestáveis que contêm. Num último capítulo, chamado "Conclusão", o autor pensou dever demonstrar como tem importância, na sociedade de nossa época, o nó, bem ou malfeito, de uma gravata.

Para coroar sua obra, juntou imagens desenhadas com exatidão, e explicativas do texto, a fim de que, caso só conseguisse imperfeitamente falar ao espírito de seus inúmeros leitores (pois não duvidamos que haja muitos), pudesse pelo menos falar, a seus olhos, geometricamente; e, por fim, uma lista alfabética, *elaborada com endereços* (diz ele) de todos os vendedores de gravatas, lenços e colarinhos, os mais renomados da capital.

Quanto ao retrato na abertura do volume,* podemos certificar a identidade e sua semelhança com o original, conhecido fartamente pelos conselhos que dá diariamente no exterior, e gratuitamente na casa dele, a todos os que sabem usar a gravata. Todos ouviram falar do finado barão de L'Empesé, que serviu sua pátria com tanta honra no famoso regimento *Royal-Cravate*, onde tinha a vantagem de ser *corneta*, antes da Revolução?... Pois bem! Não é ele, mas era o senhor seu pai!...

Observemos (para terminar esta introdução um pouco longa, no entanto necessária) que nossos elegantes não podem dispensar a aquisição da obra do sr. barão de L'Empesé, pois não é coisa para ser estudada em um dia, é todo dia o trabalho de várias horas.

De que multidão de concorrentes obscuros e de indignos rivais as pessoas comme il faut não se livrarão só por

---

* Trata-se de um retrato do barão de L'Empesé.

causa disso? O pedreiro que o trabalho convoca para a execução do Arco do Triunfo; o sobrenumerário obrigado a chegar às nove em ponto na Recebedoria Geral; o comerciante da galeria Colbert que o comprador importuna tanto tempo para não *comprar* nada; seu vizinho, o dono do bar ao lado do Perron, a quem toda manhã os inúmeros consumidores mal dão tempo de vestir as calças para atender decentemente a seus pedidos; o magistrado escravizado a deveres cujos resultados não são agradáveis para todos; o homem de letras empalidecendo sobre seu manuscrito e a exiguidade de seu almoço... E uma profusão de outros honestos cidadãos que não podem entrar em competição com esses *fashionables*, e todas as criaturas privilegiadas a quem essa caprichosa fortuna permite dispor livre e largamente de seus dons.

Em meio a um nivelamento geral que ameaça a sociedade, em meio à fusão de todos os níveis, de todas as condições, em meio à enchente universal de todas as pequenas pretensões, as subalternas contra as grandes pretensões superiores, pensamos que era prestar um assinalado serviço à alta classe da sociedade, e estender-lhe por assim dizer uma verdadeira tábua de salvação, oferecer-lhe *A arte de pôr a gravata*.

O EDITOR

Estudo dos costumes pelas luvas*

No dia seguinte ao baile dado pela marquesa de C., estávamos reunidos num pequeno grupo no salão da espirituosa condessa de S. Vários rapazes e algumas moças tinham vindo se informar sobre a saúde da condessa, que não comparecera àquela brilhante festa.

A conversa estava pouco animada; ainda sentiam-se os cansaços da noite. Uma frase banal, lançada ao acaso para interromper um silêncio monótono, levou à picante conversação que vou lhes contar.

— A baronesa de Sp. chegou da Suécia —, disse uma dama. — Trouxe-me um par de luvas que são o que há de mais mimoso e confortável ao mesmo tempo.

— A respeito de luvas — comentou outra senhora —, não é espantoso que, num tempo tão maçante, num inverno tão rigoroso, os jovens usem apenas cores claras? É uma observação que faço há alguns dias.

— Qual o quê! Minha querida Émilie — disse a dona da casa —, você não adivinha o motivo? Pergunte ao nosso jovem tenente; ele lhe dirá: "É que queremos aproveitar as luvas que usamos nos encontros da véspera".

— A senhora tem razão! — exclamaram todos os homens.

A condessa prosseguiu.

*Publicado em *La Silhouette*, 9 jan. 1830.

— Apresentaram-nos os costumes e a personalidade dos indivíduos pelos traços do rosto ou pela maneira de pôr a gravata; seria um estudo curioso o da personalidade e dos atos por meio da inspeção das luvas, no dia seguinte a um baile ou a uma reunião mundana.

Vivas solicitações foram feitas à bela condessa. Pediram-lhe que ela mesma tentasse fazer esse estudo. Nós todos garantimos que, de fato, estávamos com as luvas que tínhamos usado na véspera.

— Pois bem — recomeçou a condessa —, não lhes prometo matizes tão variados, retratos tão delicados como os de Lavater,* mas...

— Pelo menos serão mais indulgentes.

— Não se fie, coronel! Serei severa, prometo-lhes. Bem, pois é, comecemos por si. Vejamos as suas luvas.

— Ei-las — disse o coronel esticando as mãos.

— O coronel as poupou muito — disse uma jovem —, pois não estão nem um pouco sujas.

— É uma crítica por não tê-la tirado para dançar, minha linda prima? Na minha idade, trinta e cinco anos, não se dança mais.

— Vá lá — interrompeu a condessa —, mas é possível jogar.

— Como poderia acreditar que preferi isso a...?

— Coronel, não se defenda, não sou eu quem acusa, são as suas luvas amassadas, amarrotadas, as duas, enquanto um adversário de seu gabarito virava um rei ou apanhava todas as vazas. O senhor perdeu muito, coronel! Veja, um pedacinho de sua luva esquerda foi arrancado.

— Mas, condessa, é que estavam muito apertadas.

— Seria uma boa desculpa se o senhor não tivesse a mão direita mais forte.

— Dou-me por vencido — disse o coronel.

— Quanto a mim, senhora — ponderou o jovem Char-

---

* Ver nota à p. 76.

les de M., filho de um par de França, estudante de direito, e de primeiro ano —, não temo suas críticas.

Apresentou as mãos.

As luvas, na parte superior, apresentavam apenas a marca do uso, mas na palma da mão estavam manchadas de suor em vários lugares; alguns dedos estavam *cor de burro quando foge*, como dizem certas damas.

— O senhor dançou muito — disse a condessa — e isso é muito bom!... mas quase sempre com a mesma pessoa.

— Senhora... — disse Charles, enrubescendo e balbuciando —, o que a faz pensar nisso?

— Essa cor de rolinha, que se mistura nos dedos da mão direita, e que já não reaparece na luva esquerda...

Charles de M. ficou mais vermelho ainda; a vermelhidão se comunicou à linda prima do coronel, que tratou de esconder as mãos sob as pregas da echarpe.

Naquele instante, o conde de S. entrou no salão com o sr. De V., jovem poeta da nova escola. O conde de S. tem uma bela estampa e muito espírito. Gosta muito de sua mulher... Mas tem um temperamento leviano.

Informaram aos recém-chegados o assunto da conversa.

O conde de S. logo se aproximou.

— A senhora não me diria também meus pecados, hábil profetiza?

A condessa pegou suas mãos, examinou-as muito tempo, atentamente, e aos poucos o sorriso desapareceu de seus lábios.

— O senhor não jogou — disse ela.
— Isso é verdade.
— O senhor não dançou.
— Isso é verdade.
— O senhor conversou... Muito tempo.
— Isso é verdade...
— Com uma mulher.
— Isso é... Mas, bela feiticeira, isto é uma verdadeira confissão.

— Uma confissão, conde? Decerto que não, pois o senhor já não confessa, e eu, eu acuso.

— Então, cabe-lhe provar.

— A prova é muito fácil. Veja este círculo preto que rodeia o dedo de sua luva esquerda... O senhor ficou brincando com o incensório que pertence à duquesa... Eu poderia designá-la, mas devo me calar. Ao passo que a sua mão direita apertava a dela...

— Mas e minha luva direita?

— Sua luva direita foi amarfanhada, talvez enquanto apertava aquela mão que lhe era oferecida. Veja, a parte de cima conservou as marcas.

— Por que acusá-lo? — perguntou o sr. De V. — Ele teria sujado a luva ao levar a irmã até a sua carruagem.

— Ah! não era ele — disse o jovem tenente.

Deixou escapar essa frase, mas gostaria de tê-la segurado.

Aqui, houve um silêncio de alguns instantes, que se tornou constrangedor para todos.

Finalmente, o conde o quebrou.

— Confesso meus erros — disse ele —, mas juro...

— Não jure, meu amigo — retrucou a condessa com um sorriso encantador —; conheço o seu amor, e... Façamos a paz. Quanto ao senhor, cavalheiro — continuou, virando-se para o jovem oficial —, não preciso ver suas luvas. Parece que o campo de Lunéville e os bailes do duque De Chartres não o fizeram esquecer uma paixão que não é compartilhada!

O tenente ia responder... Mas se conteve, em respeito ao irmão daquela a quem amava. Contudo, um sorriso de incredulidade aflorou em seus lábios.

— É a sua vez, sr. De V.

Era o jovem poeta romântico.

— Oh! O sr. De V. não dança — disse uma senhora. — Está atacado por uma gastrite.

— Vocês verão que será mais uma conversa sentimental.

— Meu Deus! — exclamou a condessa, olhando para

as luvas do poeta. — A gastrite exige que se comam tantas balas, que se tomem tantos sorvetes, *punch*...?

— Mas, senhora...

— Mas, senhor, veja os dedos de sua luva direita. Acaso acreditaremos que são as luvas dessas damas que sujaram esse objeto amarelo que cobria a sua mão, impregnaram essa pelica com um licor amarelo e deixaram estas manchas verdes, estas manchas amarelas, que cheiram a baunilha e pistache?

O pobre poeta foi obrigado a rir, junto com todo mundo, e admitir o fato.

— A senhora é implacável, condessa — interrompeu o coronel. — Mas poupe nosso sexo. Afinal, não acabará forçando estas senhoras a alguma confissão?

— Coronel, o senhor sabe que na guerra não se atira contra os aliados.

Sobre as palavras na moda*

SOBRE A CONVERSAÇÃO

A moda tem seus preconceitos, como todas as outras áreas do conhecimento humano. Assim, muitas pessoas acreditam estar na moda porque estão vestidas segundo as prescrições de jornais vulgares que combatemos com todo nosso poder. Tal crença é um erro. Dela decorrem todos os desapontamentos que mortificam o amor-próprio de certas pessoas bastante indiferentes para não pensarem em todas as obrigações impostas pelo bom gosto e pelo savoir-vivre. Não basta ter a verdadeira roupagem nova, vestir-se com Blain, mandar fazer seus vestidos com Victorine; suas carruagens, com Thomas-Baptiste; suas luvas, com Bodier; trazer seus *tigres* da Inglaterra; para estar na moda ainda é preciso cumprimentar, andar, dançar como quer e como ordena a moda. Ora, até agora esses detalhes importantes, essas transições bruscas, essas mutações atmosféricas foram desprezadas; mas, falemos francamente, o desprezo era ignorância dos nossos antecessores, assim como é impotência dos nossos rivais.

Hoje tais nuances adquiriram uma verdadeira importância; pois agora que nossos costumes tendem a tudo nivelar, agora que o empregado que ganha 1200 francos

* Publicado em *La Mode*, 22 maio 1830.

pode se impor a um marquês pela graça das maneiras, pela elegância do traje, e pode às vezes esmagá-lo pela força da palavra, só as nuances permitem às pessoas comme il faut reconhecerem-se no meio da massa.

Este artigo será especialmente destinado às palavras na moda; pois a linguagem é o que trai mais rapidamente a ignorância. Se o macaco não tivesse dito uma palavra, o golfinho o teria posto no chão.*

As palavras novas criadas pelos acontecimentos, ou aquelas que o capricho põe na moda, conferem inicialmente à conversação dos que as utilizam um não sei quê de anfigúrico e de obscuro que lhes dá uma súbita superioridade. Parecem profundas para aqueles que não as compreendem. Na França, quase todos nós somos desprovidos dessa espécie de coragem que consiste em dizer: "Cavalheiro, não conheço a expressão que o senhor acabou de empregar...".

Assim, um homem bem informado sobre a *moda das palavras* acha-se armado de um imenso poder.

Tem o direito de olhar de cima a baixo, impertinente, o bobo que lhe pergunta o significado de uma palavra;

Ou de rir na sua cara;

De exclamar: "O quê? Não conhece esta palavra?";

De explicá-la com uma condescendência cruel;

De fazê-lo aguentar uma dissertação a respeito;

De provar a todos que aquele cavalheiro é um atrasado;

De falar grego, árabe, sânscrito, ou latim etc. etc.

Mas em geral, na França sempre fingimos entender o enigma, e ficamos com ótima impressão daquele que o propõe.

Prossigamos.

O homem que possui o segredo da linguagem na moda, ao não falar como qualquer outro tem a felicidade de ouvir

---

* Alusão à fábula de La Fontaine "O macaco e o golfinho", em que o macaco, depois de ser salvo pelo golfinho, lhe diz ser cidadão ateniense mas acha que o porto do Pireu é um homem.

dizerem dele: "Fulano tem um jeito de se expressar... Não sei, mas a conversação dele tem algo de *distinto*...".

Examinemos algumas dessas palavras novas e provemos, com exemplos, a imensa vantagem que um homem na moda pode tirar delas. Você chega a um castelo, e à noite leem um artigo de jornal, um livro, um romance ou, em suma, tudo o que você quiser... Terminada a leitura, cada um dá sua opinião. Chega a sua vez, e você acha, assim como a dona da casa, que o livro é mal escrito, assim como o marido, que ele é bem pensado, assim como outra pessoa, que no livro há quadros, assim como outra, que há personagens. "Mas", você acrescenta, "não é isso!... Hoje..."

E todo mundo olha para você.

"Hoje, os livros precisam ter, além de tudo, como todas as coisas, *atualidade*..."

Depois você pega as pinças e atiça o fogo da lareira sem dar nem uma olhada para a roda. No dia seguinte, quase todo mundo empregará a palavra "atualidade", mas a torto e a direito; e então você distinguirá facilmente uma pessoa inteligente de um idiota, um homem ou uma mulher de fato na moda.

Um figurão da vizinhança vem fazer uma visita; é um novo-rico do Império do gênero categórico, do gênero que contradiz. Pedem-lhe a sua opinião.

"É um *homem cansativo*..."

Pois sim!...

Alguns dias depois, uma senhora usa essa expressão mas em sentido contrário, então você proclama que ela é — uma mulher *notavelmente* divertida.

Você fala de política na casa de um grande proprietário, onde vê em torno da mesa o senhor prefeito, o monsenhor bispo, funcionários de ministérios, absolutistas e uma dezena de liberais. Na sobremesa, a discussão esquenta. Você se dá conta de que o jogo é desigual, de que todos atiram na cara um do outro raciocínios sem consistência, e de que as palavras "revolução", "anarquia", "liberalismo", "absolutismo" servem de estandarte para as paixões.

"Ei, senhores", diz você, "onde estão com a cabeça?... Por que estão falando de liberalismo? Pois o liberalismo morreu, já teve sua época."

Todos se calam.

"Há alguma coisa mais forte e mais completa vindo pela frente. Absolutismo e liberalismo são velhas ideias."

Ninguém quer ser velho.

"O século marcha sob a conduta de um pensamento *providencial*."

Essa palavra é como *abracadabra*. E todos o cortejarão para saber o que você quis dizer.

Você chega a um desses salões parisienses onde se fazem e desfazem as reputações, onde se discute tudo o que há de mais sério em matéria de moda e frivolidade, e alguém lhe fala de Madame Devrient,* e a dona da casa lhe pergunta o que pensa dela, você, burguês do Marais,** e então você diz: "Minha senhora, ontem ela estava sublime...".

Duas ou três elegantes que tinham algum respeito pelo corte de sua casaca, pelo bom gosto de sua bengala, pelo *arranjo* de sua gravata, dão-lhe as costas e você pressente que acaba de dizer uma bobagem.

"Ah! ela estava *assombrosa*!...", responde-lhe a dona da casa.

Está entendendo?... A palavra "assombrosa" era o elo que deveria ligar todas as partes do seu ser e da sua toalete.

---

* Wilhelmine Scrhoeder (1805-60), atriz e cantora lírica alemã, casou-se com Charles Devrient e atuou em diversos teatros em Paris.
** O "burguês do Marais" era uma expressão quase proverbial para designar um rentista da pequena burguesia, sossegado e simplório, sem pretensões à elegância nem a frequentar a alta sociedade.

"Você é um homem incompleto, *uma beldade que só tem um olho*", diria Savarin.

Hoje, todas as admirações, todas as impressões, tudo se resume, tudo se resolve por — *assombroso! Divino, adorável, maravilhoso...* Ora! velho estilo! Um homem nada expressou se não disser: "Li *La Confession*, o prefácio é *assombroso*".

Um homem que não emprega essa palavra, quem é ele?... Nada, não é um ser, assemelha-se aos que leem *Le Constitutionnel* tomando uma bebidinha e que usam chapéu de palha.

Assombroso é o ponto *culminante* da linguagem; mas no outro extremo do sistema encontramos a palavra "tórpido".* Certas viúvas ricas do Faubourg Saint-Germain dizem com mais elegância: "É afrontosamente ruim".

Há uma expressão que começa a pegar, e que luta contra esse terrível ASSOMBROSO; é: "Ela foi apenas encantadora". Não juraríamos que, devido à delicadeza dessa graciosa lisonja, "assombroso" fosse derrubado.

O famoso "velho estúpido!" desclassificou o "estúpido!" que reinava havia muito tempo.

Mas ocupemo-nos de tais palavras que respondem a tudo, que resumem tudo, que nos salvam de uma discussão e são como uma moeda com que se paga à vista.

Hoje, que a poesia morreu e não está mais nos livros, a moda quer que se veja poesia em toda parte. "Há poesia!..." é uma frase que se tornou como que neutra. Aplica-se a tudo. Você está falando de Taglioni: "Há poesia em sua dança".

No entanto, existe uma expressão muito mais poderosa: "Há drama". Com essa frase você esquarteja sem piedade uma disputa crítica. Com ela, você joga na cara de

---

* De todas as palavras introduzidas na época e ironizadas por Balzac neste texto, "tórpido" teria sido a única a não se tornar corrente. O dicionário *Robert* a considera um arcaísmo.

seus ouvintes todo um século e seu pensamento. Assim: "Bonaparte, que *drama*!", "Que *drama* este livro!". O que você quer que digam, depois disso?

Se estiver à beira de um repuxo bem tranquilo, bem claro, numa noite bem calma, ao lado de uma moça, diga-lhe: "Há drama nisso!...".

Ao ver passar um carro fúnebre, diga a seu vizinho: "Há drama nisso!". O tribunal do júri, Frilay, Bouquet:* *Há drama*. A corte, *drama*. A prisão para forçados, *drama*. Ele está em toda parte, menos no teatro.

"Há poesia." "Há drama." Com essas duas frases você possui todo o segredo das pessoas que empalidecem para conseguir uma reputação; está à altura delas; vai entendê-las, e haverá homogeneidade entre a sua linguagem e a sua toalete; em suma, você *é de sua época*.

A respeito de todas as grandes crianças precoces que se agitam no mundo literário, seria uma falta de gosto não dizer delas, ainda que seja a respeito de um cinquentão: "É um homem que surgiu", um homem cercado de grande esperança.**

Por fim, que se trate de pintura, de versos, de prosa, de Oriente, da Espanha, da Grécia, do povo, do rei, do século xv, do Faubourg Saint-Antoine, de *Scènes de la vie privée*, de *Mauvais Garçons*, de *La Confession*, de *Deux Fous*, temos a honra de preveni-lo que você pareceria chegar do Monomotapa se não dissesse: "É tão natural".

"Oh, é tão natural!..." é a expressão de uma estátua absorta que, sentada, com os braços balançando, boca entreaberta e olhos arregalados, e esmagada pelas sensações, admira... O sentimento deve supostamente petrificar o *fashionable*.

---

* Bouquet e Frilay: dois assassinos famosos da época.
** Esse "homem que surgiu" era Victor Cousin (1792-1867), espiritualista chamado "rei dos filósofos" e em quem Balzac dá várias estocadas.

Quando você diz: "É tão natural!", é preciso assumir um ar aparvalhado que contrasta com a *linha harmoniosa* espiritual de sua fisionomia costumeira; pois tal *linha harmoniosa* é mais uma expressão na moda, uma dessas que o fazem ser olhado como um membro da Sociedade dos Antiquários ou da Academia das Inscrições e Belas--Letras.

O homem de talento que cria essas palavras ou as põe na moda, o que é a mesma coisa, joga-as desdenhosamente em circulação: emprega-as sem lhes dar importância. Então, a palavra voa de boca em boca; faz fortuna; serve de marca pessoal ao espírito, à toalete; é o verniz que dá ao quadro toda a sua beleza. O mundo elegante a adota; mas o mundo elegante também sente admiravelmente a hora, o dia, o minuto em que a palavra morre ou se torna ridícula; e precisa-se de imenso tato para adivinhar a duração de uma palavra. Aí está a dificuldade. Há tanto perigo em se servir de uma palavra gasta quanto não pronunciá-la como convém e quando convém. Um jovem atrasado que acreditasse produzir efeito com "piramidal" seria tão ridículo como um dândi que usasse um chapéu alto de abas largas, ou como um rentista levando para a filha um caleidoscópio como algo surpreendente. Portanto, pensamos em prevenir os futuros deputados que logo assumirão suas cadeiras em Paris que há uma frase legislativa bem antiquada e da qual se abusou prodigiosamente: "Senhores, *submetemos às vossas investigações...*".

"Homem positivo" e "mulher positiva" começam a envelhecer. "Rapazes" tornou-se grotesco. Homens "graves" ainda se diz.

Homens de "fronte alta", de "ombros largos", não pegou.

"Isso é vulgar!" torna-se comum; mas "vulgaridade" se sustenta.

"Minha vida é sem cor", "Ele se desencantou com a vida", "Peça à vida o que ela não tem..." são expressões que já perderam a validade. Mas "estragar sua vida" ainda está na moda.

Atualmente existe certa maneira de empregar as palavras que confere a você efeitos pitorescos no discurso; você esmaga o *não conformista* com uma eloquência *barbarísmica* que o deixa pasmo.

— Victor Hugo?... Pois é, sim, ele quis fazer ALGO COMO *drama*.

— O ministério tentou fazer ALGO COMO *governo absoluto*.

— O jornalista *se faz poder*.

Ou então você salpicará a sua fala com uma *fraseologia tecnológica*:

— Há nessa obra uma *psicologia* particular.

— Mas se este romance tivesse uma *fabulação* mais bem montada!

— Ah! senhor, a admirável *trilogia* de Beaumarchais...

Fala-se de filosofia? Ah! Seja você quem for, pense que, se não seguir atentamente a moda, pode estar perdido para sempre ao empregar palavras terminadas em "dade", como "objetividade", "subjetividade", "identidade", "variedade", "simultaneidade", "espontaneidade", "fugacidade", quando o mestre falou em "ismo", usando as palavras "sensualismo", "idealismo", "dogmatismo", "criticismo", "budismo" etc.; e se você pegar os "ismos" quando ele põe na moda o "ção", como "afeição", "sensação", "inspiração", "argumentação", pode passar por bobo. Por exemplo, durante os equinócios, é permitido envolver seu pensamento em frases como esta: "A potência de reprodução da reflexão não se estende até certos fenômenos; porque se a reflexão é uma totalidade, é uma totalidade confusa". Mas nos dias de lua cheia você deverá adotar uma linguagem mais clara e dizer: "O sensualismo se afunda pela sensação no mundo sensível".

Todas as vezes que discutir e seu adversário parecer estar levando a melhor, peça a palavra e diga: "O senhor não está sendo *lógico*, mas se quiser voltar a um *ritmo mais racional*...".

É uma maneira decente de lhe dizer que ele está delirando.

Caso se fale de Lamartine, ah!, como todos o escutarão se você disser friamente: "Ele é da escola dos *Lakistas*...".*

Conforme pensamos ter provado o suficiente com este preâmbulo... — mas eis que começamos a falar tão *naturalmente*! —, quer dizer, com este *pródromo*, é da mais alta importância para todos os que se gabam de não se fazer entender que sejam informados das inovações da moda nesse setor, e tentaremos terminar esse ramo importante da educação *fashionable* passando em revista os idiomas de alguns salões parisienses. Acreditamos, sem contudo afirmá-lo, que esses elegantes dialetos em que o francês tem grande participação receberam o nome de *lero-lero*. Tomaremos o cuidado de distinguir as seitas, as doutrinas e os bairros.

---

* Alphonse de Lamartine, autor do famoso poema *Le Lac*, era apresentado como próximo dos poetas românticos ingleses Wordsworth (1770-1850) e Coleridge (1771-1834), conhecidos como "The Lake Poets".

Teoria do andar*

A que, senão a uma substância elétrica, pode-se atribuir a magia com que a vontade se entroniza tão majestosamente no olhar, para fulminar os obstáculos aos mandamentos do gênio, ou filtra, apesar de nossas hipocrisias, por meio do invólucro humano?

História Intelectual de Louis Lambert

No estado atual dos conhecimentos humanos, esta teoria é, a meu ver, a ciência mais nova, e portanto a mais curiosa, que se tem para expor. Ela é quase virgem. Espero poder demonstrar a razão coeficiente dessa preciosa virgindade científica por observações úteis à história do espírito humano. Encontrar alguma curiosidade desse gênero, no que quer que seja, já era coisa muito difícil no tempo de Rabelais; mas, talvez, seja ainda mais difícil explicar sua existência hoje: será que tudo que havia em torno dela, como vícios e virtudes, adormeceu? Desse ponto de vista, mesmo sem ser o sr. Ballanche,** Perrault teria involuntariamente

---

* Publicado em *L'Europe Littéraire*, em 15, 18 e 25 ago. e 5 set. 1833.
** Pierre-Simon Ballanche (1776-1847) foi um filósofo de relativo prestígio, autor da obra inacabada *Essais de Palingénésie*, tema em moda no início do século XIX.

criado um mito sobre essa eventualidade, em *A bela adormecida no bosque*. Admirável privilégio dos homens cujo gênio é total ingenuidade! Suas obras são diamantes talhados em facetas, que refletem e irradiam as ideias de todas as épocas. Lautour-Mézeray, homem de espírito, que sabe melhor que ninguém puxar pelo pensamento, não descobriu em *Gato de botas* o mito do *Anúncio*, o mito das potências modernas que fazem render algo cujo valor é impossível encontrar no Banco da França, isto é, tudo o que há de mais espirituoso no público mais bobo do mundo, tudo o que há de credulidade na época mais incrédula, tudo o que há de simpatia nas entranhas do século mais egoísta?

Ora, numa época em que toda manhã se levanta um número incomensurável de cérebros famintos por ideias, porque sabem avaliar o que há de dinheiro numa ideia, e se apressam em ir à cata de ideias, porque cada nova circunstância sublunar cria uma ideia que lhe é própria, acaso não há um pouco de mérito ao encontrar em Paris, num terreno já tão explorado, uma ganga de onde ainda se possa extrair uma pepita de ouro?

Isso é pretensioso; mas desculpem ao autor seu orgulho; façam melhor, confessem que ele é legítimo. Afinal, não é realmente extraordinário ver que, desde o tempo em que o homem anda, ninguém tenha indagado por que ele anda, como ele anda, se ele anda, se pode andar melhor, o que faz ao andar, se não haveria um meio de impor, de mudar, de analisar sua marcha — questões que dizem respeito a todos os sistemas filosóficos, psicológicos e políticos de que se ocupou o mundo?

E ora! O finado sr. Mariette, da Academia de Ciências, calculou a quantidade de água que passava, em cada mínima fração de tempo, debaixo de cada um dos arcos do Pont-Royal, observando as diferenças introduzidas pela lentidão das águas, pela abertura do arco, pelas variações atmosféricas das estações do ano! E não passou pela cabeça de nenhum sábio ir procurar, medir, avaliar, analisar, formular, com a ajuda do binômio, qual era a quantidade fluida que o homem, por meio de uma marcha mais ou menos rápida, podia perder, ou o quanto podia economizar em força, vida, ação, em matéria de sei lá o que dispendemos em ódio, em amor, em conversas e em digressão?...

Infelizmente, uma massa de homens, todos distinguidos pela amplidão de sua caixa craniana e pelo peso, pelas circunvoluções de seu cérebro; mecânicos, geômetras, enfim, deduziram milhares de teoremas, proposições, lemas, corolários sobre o movimento aplicado às coisas, revelaram as leis do movimento celeste, captaram as marés em todos os seus caprichos e as acorrentaram em certas fórmulas de incontestável segurança marinha, mas ninguém, nem fisiologista nem médico sem doentes, nem sábio desocupado, nem louco do hospício Bicêtre, nem estatístico cansado de contar seus grãos de trigo, nem quem quer que seja de humano, quis pensar nas leis do movimento aplicado ao homem!

Qual! Vocês encontrariam mais facilmente o *De pantoufles veterum* mencionado por Charles Nodier no seu escárnio totalmente pantagruélico de *História do rei da Boêmia*, do que o menor volume *De re ambulatoria*!...

E, no entanto, há duzentos anos o conde Oxenstiern exclamara: "São as marchas que consomem os soldados e os cortesãos!".

Champollion, um homem já quase esquecido, tragado no oceano desses 30 mil nomes célebres acima dos quais boiam a muito custo uma centena de nomes, consumiu sua vida lendo os hieróglifos, passagem das ideias humanas ingenuamente configuradas para o alfabeto caldeu encontrado por um pastor e aperfeiçoado por mercadores — outra transição da vocalização escrita à imprensa, que consagrou definitivamente a palavra; e ninguém quis fornecer a chave dos hieróglifos perpétuos do modo de caminhar humano!

Diante desse pensamento, e imitando Sterne, que de fato copiou um pouco Arquimedes, estalei meus dedos... Joguei meu gorro para os ares e exclamei: *Eureka* (encontrei)!

Mas por que, então, essa ciência recebeu as honras do esquecimento? Acaso não é tão profunda, tão frívola e tão irrisória como são as outras ciências? Acaso não há, pois, uma linda e leve insensatez, a careta dos demônios impotentes, no fundo desses raciocínios? Aqui, o homem acaso não será sempre tão nobremente bufão quanto pode ser em outro lugar?

Aqui, acaso não será sempre o Monsieur Jourdain* fazendo prosa sem saber, andando sem conhecer tudo o que seu andar suscita em matéria de altas indagações? Por que a marcha do homem levou a pior e por que todos se ocuparam preferivelmente da marcha dos astros? Aqui, como em qualquer outro lugar, não seremos nós da mesma maneira felizes ou infelizes (a não ser pelas doses individuais do fluido chamado tão impropriamente de imaginação), seja conhecendo, seja ignorando tudo dessa nova ciência?

Pobre homem do século XIX! De fato, que fruições você tirou definitivamente da certeza que tem de ser, segundo Cuvier, o último das espécies a ter chegado, ou a certeza de ser uma criatura progressiva, segundo Nodier? E da certeza que lhe deram de que o mar por muito tempo cobriu as mais altas montanhas? E do conhecimento irrefragável que destruiu o princípio de todas as religiões asiáticas, a felicidade passada de tudo o que existiu, negando ao sol, por meio do instrumento de Herschell, seu calor e sua luz? Que tranquilidade política você destilou das torrentes de sangue vertidas por quarenta anos de revoluções? Pobre homem! Você perdeu as marquesas, as pequenas ceias, a Academia Francesa; já não pode bater nos seus domésticos, mas recebeu a cólera-morbo. Sem Rossini, sem Taglioni, sem Paganini, você não mais se divertiria; e no entanto você pensa, caso não possua o espí-

---

* Referência ao personagem de Molière em *Le Bourgeois gentilhomme*, que "fazia prosa sem saber" e é o modelo de quem faz algo sem a menor ideia do que está fazendo.

rito frio das novas instituições, em cortar as mãos de Rossini, as pernas de Taglioni, o arco de Paganini. Bertrand Barrère, depois de quarenta anos de revoluções, publicou há pouco, como único aforismo, este:

Não interrompa uma mulher que dança para lhe dar um conselho.

Tal sentença me foi roubada. Acaso não pertencia essencialmente aos axiomas de minha teoria?

Você perguntará por que tanta ênfase nessa ciência prosaica, por que anunciar com tanto alarde, aos quatro ventos, a arte de levantar o pé? Mas não sabe que em qualquer coisa a dignidade é sempre inversamente proporcional à utilidade?

Portanto, essa ciência é minha! Sou o primeiro a fincar a haste de meu pendão, como Pizarro ao exclamar, quando pôs o pé na América: "Isto é do rei da Espanha!". Porém ele deveria ter acrescentado uma pequena proclamação de investidura em favor dos médicos.

No entanto, Lavater bem disse, antes de mim, que, como tudo é homogêneo no homem, seu andar devia ser pelo menos tão eloquente como sua fisionomia: o andar é a fisionomia do corpo. Mas era uma dedução natural de sua primeira proposição: *Tudo em nós corresponde a uma causa interna.* Levado pela vasta correnteza de uma ciência que erige como arte distinta as observações relativas a cada uma das manifestações particulares do pensamento humano, para ele era impossível desenvolver a teoria do andar, que ocupa pouco espaço em sua obra magnífica e prolixa. Portanto, os problemas a resolver nessa matéria ainda permanecem inteiramente abertos, assim como os laços que unem a parte de nossa vitalidade ao conjunto de nossa vida individual, social e nacional.

... Et vera incessu
Patuit dea...

[... A deusa se revelou
por seu andar...]

Esses fragmentos de versos de Virgílio, aliás análogos a um verso de Homero, que não quero citar temendo ser acusado de pedantismo, são dois testemunhos que atestam a importância atribuída pelos antigos ao caminhar. Mas quem de nós, pobres alunos fustigados pelo ensino do grego, não sabe que Demóstenes criticava Nicobulo por andar *à maneira do diabo*, comparando esse tipo de andar com falta de traquejo e de bom-tom, e com um linguajar insolente?

La Bruyère escreveu umas linhas curiosas sobre o assunto: mas essas poucas linhas não têm nada de científico e só revelam um dos aspectos que abundam aos milhares nessa arte.

"Há", diz ele, "em certas mulheres uma grandeza artificial ligada ao movimento dos olhos, a um meneio de cabeça, aos modos de andar etc."

Dito isso, para demonstrar meu cuidado em fazer justiça ao passado, folheie as bibliografias, devore os catálogos, os manuscritos das bibliotecas: excetuando um palimpsesto recém-escrito, você nada encontrará além desses fragmentos, despreocupados com a ciência em si mesma. Há tratados sobre a dança, sobre a mímica; há também o *Tratado sobre os movimentos dos animais*, de Borelli; além disso, existem alguns artigos especiais feitos por médicos recentemente assustados com o mutismo científico a respeito dos nossos atos mais importantes; mas, a exemplo desse tratado, eles procuraram menos as causas do que constataram os efeitos: nessa matéria, a menos de ser o próprio Deus, é muito difícil não retornar a Borelli. Portanto, nada de fisiológico, de psicológico, de transcendente, de peripateticamente filosófico, nada! No entanto, eu poderia dar tudo o que eu disse e escrevi em troca do caurim mais gasto, desfalcado, mas não venderia nem pelo preço de um globo de ouro essa teoria nova em folha, bela como tudo o que é novo. Uma ideia nova é mais que um mundo: ela fornece um mundo, sem contar o resto. Um pensamento novo! Quantas riquezas para o pintor, o músico, o poeta! *Meu prefácio acaba aqui. Vou começar.*

Um pensamento de três idades. Se você o expressa em pleno calor prolífico do momento de sua concepção, você o produz rapidamente, por um jato mais ou menos feliz, mas com toda certeza marcado por uma verve pindárica. É como Daguerre se trancando vinte dias para pintar seu admirável quadro da ilha de Santa Helena, uma inspiração perfeitamente dantesca.

Mas se você não agarrar essa primeira felicidade gerada mentalmente e não deixar que se produza esse paroxismo sublime da inteligência fustigada durante o qual as angústias do parto desaparecem sob os prazeres da sobre-excitação cerebral, você cai de súbito no pântano das dificuldades: tudo se rebaixa, tudo desmorona; você fica embotado, o tema perde vigor, suas ideias o esgotam. O chicote de Luís XIV, que outrora você manejava para conduzir seu tema até uma estalagem, passou às mãos dessas fantasiosas criaturas; então, são as suas ideias que o quebram, o cansam, o vergastam com golpes sibilantes nos ouvidos, e contra os quais você dá coices. Ali estão o poeta, o pintor, o músico que passeiam, flanam pelos bulevares, discutem o preço das bengalas, compram velhos baús, são agarrados por mil paixões fugazes, deixando de lado suas ideias, como quem abandona a amante mais amorosa ou mais ciumenta do que lhe é permitido ser.

Chega a última fase do pensamento. Ele se implantou, criou raiz na sua alma, onde amadureceu; depois, numa noite ou numa manhã, quando o poeta tira seu lenço, quando o pintor ainda boceja, quando o músico vai apagar a lamparina, lembrando-se de um delicioso trinado, revendo um pezinho de mulher ou um desses não sei quê no qual pensamos ao dormir ou acordar, eles reveem sua ideia, em toda a graça de suas folhas, a ideia maliciosa, luxuriante, luxuosa, bela como mulher magnificamente bela, bela como um cavalo sem defeitos!

E então o pintor dá um pontapé em seu edredom, se tiver um edredom, e exclama:

— Pronto! Farei meu quadro!

O poeta tinha só uma ideia, e vê-se à frente de uma obra.

— Maldito século!... — ele diz lançando uma bota pelo quarto.

Isto é a teoria do jeito de andar de nossas ideias.

Sem me comprometer a justificar a ambição desse programa patológico, cujo sistema remeto aos Dubois e Maygrier* do cérebro, declaro que a *Teoria do andar* me cobriu com todas as delícias dessa concepção inicial, ato de amor do pensamento; depois, com todas as tristezas de uma criança mimada cuja educação custa caro e apenas aperfeiçoa seus vícios.

Quando um homem encontra um tesouro, seu segundo pensamento é perguntar-se por qual acaso o encontrou. Eis, pois, onde encontrei a *Teoria do andar*, e eis por que ninguém antes de mim a havia percebido...

Um homem enlouqueceu por ter refletido muito profundamente sobre o gesto de abrir ou fechar uma porta. Começou a comparar tal movimento, que nos dois casos é absolutamente o mesmo, embora de resultados tão diversos, com a conclusão das discussões humanas. Ao lado de seu quartinho havia um outro louco que tentava adivinhar se o ovo tinha vindo antes da galinha ou se a galinha tinha

---

* Jacques-Pierre Maygrier (1771-1835), médico, considerado um dos melhores obstetras da época e professor da faculdade de medicina de Paris. Foi aluno de Antoine Dubois (1756-1837), um grande cirurgião, conhecido por ter feito os partos da imperatriz Maria Luísa de Áustria, segunda esposa de Napoleão.

vindo antes do ovo. Ambos falavam, um de sua porta, o outro de sua galinha, para interrogar Deus, sem sucesso.

Um louco é um homem que vê um abismo e cai dentro dele. O sábio o ouve cair, pega sua toesa, mede a distância, constrói uma escada, desce, sobe, e esfrega as mãos, depois de ter dito ao universo: "Este abismo tem 1802 pés de profundidade, a temperatura do fundo é dois graus mais quente que a de nossa atmosfera". Depois, vai para perto de sua família. O louco permanece em seu cubículo. Os dois morrem. Só Deus sabe quem, entre o louco e o sábio, esteve mais perto da verdade. Empédocles foi o primeiro sábio que acumulou essas duas figuras em si mesmo.

Não há um só de nossos movimentos, uma só de nossas ações que não sejam um abismo, no qual o homem mais sábio não possa perder a razão, e que não possa fornecer ao sábio a ocasião de pegar sua toesa para tentar medir o infinito. Há infinito no menor *gramen*.

Aqui, estarei sempre entre a toesa do sábio e o delírio do louco. Devo prevenir lealmente a quem quiser me ler: é preciso intrepidez para permanecer entre essas duas assimptotas. Esta *Teoria* não poderia ser feita senão por um homem bastante ousado para roçar a loucura sem temor e a ciência sem medo.

Depois, devo ainda admitir, antecipadamente, a vulgaridade do primeiro fato que me levou, de induções em induções, a essa brincadeira licofrônica. Os que sabem que a terra está coberta de abismos, é pisoteada por loucos e medida por sábios, serão os únicos a me perdoar a aparente tolice de minhas observações. Falo para as pessoas acostumadas a encontrar sabedoria na folha que cai, problemas gigantescos na fumaça que se eleva, teorias nas vibrações da luz, pensamento nos mármores, e o mais terrível movimento na imobilidade. Coloco-me no ponto exato em que a ciência toca na loucura, e não posso ter a ajuda de parapeitos. Continuemos.

Em 1830, eu voltava dessa deliciosa Touraine, onde as

mulheres não envelhecem tão depressa como nas outras terras. Estava no meio da Cour des Messageries, na Rue Notre-Dame-des-Victoires, esperando um carro, e não desconfiava que estivesse diante da alternativa de escrever tolices ou de fazer descobertas imortais. De todas as cortesãs, a faculdade de pensar é a mais imperiosamente caprichosa: faz sua cama com uma audácia sem par, à beira de uma trilha; dorme na esquina de uma rua; suspende seu ninho, assim como a andorinha, na cornija de uma janela; e antes que o amor tenha cravado sua flecha, ela concebeu, pariu e alimentou um gigante. Papin* ia ver se o caldo formava bolhas quando mudou o mundo industrial, ao ver voltear um papel bamboleando, impulsionado pelo vapor que saía de sua panela. Fausto descobriu a imprensa ao olhar no chão a marca das ferraduras de seu cavalo, antes de montá-lo. Os tolos chamam de acaso essas fulminações do pensamento, mas não pensam que o acaso jamais visita os tolos.

Portanto, eu estava no meio daquele pátio, onde impera o movimento, e olhava despreocupado para as diversas cenas que ali se passavam quando um viajante pulou da plataforma de uma diligência para o chão, qual uma rã assustada se lança na água. Mas, ao pular, esse homem foi forçado, para não cair, a estender as mãos para a parede do edifício perto do qual estava o carro e se apoiar ligeiramente. Ao ver isso, perguntei-me por quê. Sem dúvida, um sábio teria respondido: "Porque ele ia perder seu centro de gravidade". Mas por que o homem tem em comum com as diligências o privilégio de perder o centro de gravidade? Um ser dotado de inteligência não é sumamente ridículo quando está no chão, qualquer que seja a causa? Assim, o povo, que se interessa pela queda de um cavalo, sempre ri de um homem que cai.

* Denis Papin (1647-1712) se interessou pelo vácuo como força motora e em 1679 apresentou a chamada Marmita de Papin, antecessora distante das panelas de pressão.

Aquele homem era um simples operário, um desses alegres moradores dos arrabaldes, espécie de Fígaro sem mandolina e sem touca, um homem alegre, mesmo ao sair de diligência, quando todo mundo resmunga. Pensou reconhecer um de seus amigos no grupo dos desocupados que sempre ficam olhando a chegada das diligências e avançou para lhe dar um tapa no ombro, à maneira desses gentis-homens do campo que têm pouca educação e que, enquanto você está sonhando com seus queridos amores, lhe batem na coxa dizendo:

— Indo para a caça?...

Nessa conjuntura, por uma dessas determinações que permanecem um segredo entre o homem e Deus, aquele amigo do viajante deu um ou dois passos. Meu homem dos arrabaldes caiu, com a mão para a frente, até o muro em que se apoiou; mas depois de ter percorrido toda a distância que havia entre o muro e a altura de sua cabeça quando ele estava em pé, espaço que eu representaria cientificamente por um ângulo de noventa graus, o operário, levado pelo peso da mão, dobrou-se, por assim dizer, em dois.

Levantou-se, com a face túrgida e vermelha, menos pela raiva que por um esforço inesperado. "Aí está", pensei, "um fenômeno em que ninguém pensa e que faria dois sábios rosnarem."

Lembrei-me nesse momento de outro fato, tão vulgar em sua eventualidade que jamais investigamos a causa, embora esta revele sublimes maravilhas. Esse fato corroborou a ideia que então me impressionava tão profundamente, ideia à qual a ciência dos nadas deve hoje a *Teoria do andar*.

Essa lembrança pertence aos dias felizes de minha adolescência, tempo de deliciosas bobagens, durante o qual todas as mulheres são Virgínias, a quem amamos virtuosamente, como Paulo amava. Mais tarde percebemos uma infinidade de naufrágios em que nossas ilusões se afogam; e arrastamos para a praia apenas um cadáver, como na obra de Bernardin de Saint-Pierre.

Nessa época, o casto e puro sentimento que eu tinha por minha irmã não era perturbado por nenhum outro, e levávamos a vida a dois, rindo. Eu tinha posto trezentos ou quatrocentos francos em moedas de cem vinténs dentro do estojo onde ela guardava suas linhas, agulhas e todos os pequenos utensílios necessários a seu ofício de moça essencialmente bordadeira, tecelã, costureira e festoneira. Nada sabendo, ela quis pegar sua caixinha de trabalhos manuais, sempre tão leve; mas lhe foi impossível levantá--la na primeira vez, e teve de lançar uma segunda dose de força e de vontade para pegar a caixa. Não é comprometê-la contar a precipitação que demonstrou em abri-la, de tal maneira estava curiosa para ver o que a havia tornado pesada. Então pedi-lhe que me guardasse aquele dinheiro. Meu comportamento escondia um segredo, que, não preciso acrescentar, fui obrigado a lhe contar. Um tanto involuntariamente peguei de volta o dinheiro, sem avisá-la; e duas horas depois, ao segurar de novo sua caixa, ela a levantou quase até acima dos cabelos, num gesto de ingenuidade que nos fez tanto rir, que essa boa risada serviu justamente para gravar em minha memória tal observação fisiológica.

Aproximando esses dois fatos tão diferentes, mas resultantes da mesma causa, mergulhei numa perplexidade semelhante à do filósofo de camisa de força que meditou tão profundamente sobre sua porta.

Comparei o viajante com a moça curiosa que traz de uma fonte a bilha cheia d'água. Ela se distrai olhando para uma janela, um passante lhe dá um esbarrão e parte da água se perde. Essa comparação vaga expressava grosseiramente a perda de fluido vital que aquele homem me pareceu ter sofrido de modo totalmente inútil. Depois, dali brotaram mil questões que me foram dirigidas, nas trevas da inteligência, por um ser perfeitamente fantástico, ou seja, pela minha *Teoria do andar* que já havia nascido.

De fato, de repente mil pequenos fenômenos diários de

nossa natureza vieram se reunir em torno de minha reflexão primeira e elevaram-se em massa na minha memória como um desses enxames de moscas que, ao ouvirem o barulho de nossos passos, levantam voo da fruta onde chupam os sucos à beira do caminho.

Assim, lembrei-me de relance, e com uma força singular de visão intelectual, do seguinte:

Dos estalos de dedos, e alongamentos de músculos, e pulos de carpa que eu e meus colegas, pobres estudantes, nos permitíamos como todos os que ficam muito tempo estudando, seja o pintor em seu ateliê, seja o poeta em suas contemplações, seja a mulher afundada em sua poltrona;

E das corridas rápidas subitamente paradas, semelhantes ao rodopio de um sol extinto, às quais são submetidos os homens que saem de casa ou da casa *delas*, às voltas com uma imensa felicidade;

E das exaltações produzidas por gestos excessivos, e tão ativos como os que levaram Henrique III a ser a vida toda apaixonado por Maria de Clèves, desde que entrou no quartinho onde ela mudara de roupa, no meio de um baile dado por Catarina de Médici;

E dos gritos ferozes que certas pessoas, levadas por uma inexplicável necessidade de movimento, soltam para talvez controlar uma força inocupada;

E dos desejos súbitos de quebrar, de romper o que quer que seja, sobretudo em momentos de alegria, e que tornam Odry tão ingenuamente belo em seu papel de ferreiro em *L'Éginhard de campagne*, quando, em meio a um paroxismo de risos, ele bate em seu amigo Vernet dizendo-lhe: "Some daqui, ou te mato".

Enfim, várias observações que eu fizera anteriormente me iluminaram e me atazanaram a mente com tanto vigor que, já não pensando em meus embrulhos e em meu carro, fiquei tão distraído como o sr. Ampère e voltei para casa, apaixonado pelo princípio lúcido e vivificante de minha *Teoria do andar*. Lá ia eu, admirando uma ciência, incapaz de dizer qual era essa ciência, nadando em tal ciência, como um homem no mar que vê a água e só consegue apanhar uma gota na palma da mão.

Meu pensamento petulante desfrutava de sua primeira etapa.

Sem outro auxílio além da intuição, que nos valeu mais conquistas do que todos os senos e cossenos da ciência, e sem me preocupar com provas nem com *o que dirão*, decidi que o homem podia projetar para fora de si, por todos os atos decorrentes de seu movimento, uma quantidade de força capaz de produzir um efeito qualquer em sua esfera de atividade.

Quantos vislumbres luminosos nessa simples fórmula!

Teria o homem o poder de dirigir a ação desse constante fenômeno em que ele não pensa? Poderia ele economizar, acumular o invisível fluido de que dispõe sem nem saber, assim como a sépia aspira e destila, por um aparelho desconhecido, a nuvem de tinta dentro da qual desaparece? Mesmer, que a França tratou como empírico, está certo, está errado?

Para mim, a partir daí, o MOVIMENTO abarcou o Pensamento, ação mais pura do ser humano; o Verbo, isto é, a tradução de seus pensamentos; e depois, o Andar e o Gesto, realização mais ou menos apaixonada do Verbo. Dessa efusão de vida mais ou menos abundante, e dependendo de como o homem a dirige, procedem as maravilhas do tato, às quais devemos Paganini, Rafael, Michelangelo, Huerta, o guitarrista, Taglioni, Liszt, artistas que, todos, transfundem suas almas por movimentos cujo segredo só eles possuem. É das transformações do pensamento em voz, que é o *tato* pelo qual a alma age mais espontaneamente, que derivam os milagres da eloquência e os celestiais encantamentos da música vocal. Não é a palavra, de certo modo, o andar do coração e do cérebro?

Então, sendo o Andar visto como e expressão dos movimentos corporais, e a Voz como a dos movimentos intelectuais, pareceu-me impossível que o movimento pudesse mentir. Desse ponto de vista, o conhecimento aprofundado do andar tornava-se uma ciência completa.

Acaso não havia fórmulas algébricas a encontrar para determinar o que uma cantora lírica gasta em alma durante seus gorjeios e o que dissipamos de energia em nossos movimentos? Que glória poder mostrar à Europa erudita uma aritmética moral com as soluções de problemas psicológicos tão importantes a resolver, que são os que se seguem:

A cavatina *Di tanti palpiti* ESTÁ para a vida de Pasta* ASSIM COMO I ESTÁ PARA X?

Os pés de Vestris** ESTÃO para sua cabeça ASSIM COMO 100 ESTÁ PARA 2?

O movimento digestivo de Luís XVIII esteve, para a duração de seu reinado, ASSIM COMO 1814 ESTÁ PARA 93?***

Se meu sistema tivesse existido mais cedo, e caso tivessem se procurado proporções mais iguais entre 1814 e 1793, Luís XVIII talvez ainda reinasse.

Quantas lágrimas derramei sobre o caos de meus conhecimentos, dos quais eu só extraíra histórias miseráveis, enquanto poderia tirar daí uma fisiologia humana! Estava eu em condições de procurar as leis pelas quais enviamos mais ou menos força do centro para as extremidades? De adivinhar onde Deus pôs, dentro de nós, o centro desse po-

---

* Giuditta Pasta (1797-1865), lendária cantora lírica da época, conhecida por seus improvisos.
** Gaetan Vestris (1729-1808), famoso bailarino italiano que fez carreira em Paris. Foi mestre de dança de Luís XVI.
*** Em 1º de janeiro de 1814 o futuro Luís XVIII, então no exílio, conclama os franceses a darem uma boa acolhida aos invasores da coligação contra Napoleão. Em maio, Napoleão é banido para a ilha de Elba e Luís XVIII entra em Paris e torna-se rei. O ano de 1793 remete à execução, em 21 de janeiro, de Luís XVI, irmão mais velho de Luís XVIII e último rei do Antigo Regime.

der? De determinar os fenômenos que tal faculdade devia produzir na atmosfera de cada criatura?

Com efeito, se, como disse o mais belo gênio analítico, o geômetra que mais escutou Deus nas portas do santuário, uma bala de revólver lançada à beira do Mediterrâneo causa um movimento que se faz sentir até as costas da China, não é provável que, se projetamos para fora de nós um fluxo de força, devemos mudar ao nosso redor as condições da atmosfera, ou necessariamente influir, pelos efeitos dessa força viva que busca seu lugar, sobre os seres e as coisas que nos cercam?

O que, então, projeta no ar o artista ao sacudir os braços, depois de gerar um nobre pensamento que o imobilizou por tanto tempo? Para onde vai essa força dissipada pela mulher nervosa que estala as delicadas e poderosas articulações de seu pescoço, que torce as mãos agitando-as, depois de ter inutilmente esperado o que ela não gosta de esperar demais?

Por fim, de que morreu o fortão do Mercado que, no porto, num desafio da embriaguez, levantou um tonel de vinho? E que depois, graciosamente aberto, sondado, rasgado pedaço por pedaço pelos senhores médicos do Hôtel-Dieu, frustrou completamente a ciência deles, ludibriou-lhes o bisturi, enganou-lhes a curiosidade, não deixando aparecer a menor lesão, nem nos músculos nem nos órgãos, nem nas fibras nem no cérebro? Pela primeira vez, talvez, o sr. Dupuytren, que sempre sabe por que a morte chegou, perguntou-se por que a vida estava ausente daquele corpo. A bilha estava vazia.

Então, ficou-me provado que o homem ocupado em serrar mármore não era idiota de nascença, mas idiota porque serrava mármore. Fez passar sua vida para o movimento dos braços, como o poeta faz passar a sua para o movimento do cérebro. Todo movimento tem suas leis. Kepler, Newton, Laplace e Legendre estão por inteiro nesse axioma. Por que então a ciência desdenhou buscar as leis de um movimento que escolhe transmitir a seu bel-prazer a vida para essa ou aquela parte do mecanismo humano, e que pode igualmente projetá-la para fora do homem?

Então, ficou-me provado que os que vão à cata de autógrafos, e os que pretendem julgar o caráter dos homens a partir de sua grafia, eram pessoas superiores.

Aqui, minha *Teoria do andar* foi adquirindo proporções tão discordantes em relação ao modesto espaço que eu ocupo na grande manjedoura de onde meus ilustres companheiros do século XIX tiram seu sustento, que ali deixei essa grande ideia, como um homem assustado ao ver um abismo. Entrava eu na segunda etapa do pensamento.

Contudo, fiquei tão curiosamente atraído pela visão daquele abismo que, de vez em quando, ia saborear todas as alegrias do medo, contemplando-o da beira, e me segurando firme em algumas ideias bem plantadas, bem enterradas. Então, comecei trabalhos imensos que teriam, segundo a expressão de meu elegante amigo Eugène Sue, descornado um boi menos acostumado que eu estou a caminhar dentro de meus sulcos, noite e dia, quaisquer que sejam as condições atmosféricas, despreocupado com o vento que sopra, com os golpes e com a chuva de injúrias que o jornalismo nos distribui.

Como todos esses pobres sábios predestinados, contabilizei alegrias puras. Entre as flores do estudo, a mais bela, por ser a primeira, e a mais enganadora, por ser a mais bela, foi a de aprender, com o sr. Savary, do Observatório, que o italiano Borelli já tinha escrito um grande livro, *De actu animalium*.

Como fiquei feliz ao encontrar um exemplar do livro de Borelli à beira do Sena! Como me pesa pouco o in-quarto a trazer sob os braços! Com que fervor o abri! Com que pressa o traduzi! Eu seria incapaz de lhes dizer essas coisas. Havia amor naquele estudo, Borelli era para mim o que Baruch foi para La Fontaine. Como um jovem rapaz iludido com seu primeiro amor, eu não sentia em Borelli nem a poeira acumulada em suas páginas pelos temporais parisienses, nem o cheiro equívoco de sua capa, nem os fiapos de fumo que ali deixara o velho médico a quem ele pertenceu outrora e de quem tive ciúme ao ler aquelas palavras escritas por uma mão trêmula: *Ex libris Angard.*

Brst! Depois de ter lido Borelli, joguei fora, amaldiçoei e desprezei o velho Borelli, que nada me dizia *de actu*, como um rapaz baixa a cabeça ao reconhecer sua primeira namorada, o ingrato! O sábio italiano, dotado da paciência de Malpighi, passara anos a experimentar, a determinar a força dos diversos dispositivos postos pela natureza em nosso sistema muscular. Evidentemente, provou que o mecanismo interior de forças reais, constituído por nossos músculos, tinha sido preparado para esforços que eram o dobro daqueles que queríamos fazer.

Sem dúvida, esse italiano é o maquinista mais hábil dessa ópera cambiante chamada homem. Ao seguirmos, em sua obra, o movimento de nossas alavancas e de nossos contrapesos, ao vermos com que prudência o Criador nos deu pêndulos naturais para nos sustentar em qualquer espécie de pose, é impossível não nos considerarmos malabaristas incansáveis. Ora, eu pouco me preocupava com os meios, queria conhecer as causas. Elas são tão importantes! Julguem: Borelli diz por que o homem, arrastado para fora do centro de gravidade, cai; mas não diz por que o homem costuma não cair, quando ele sabe usar uma força oculta, transmitindo a seus pés uma inacreditável força de *retração*.

Passada minha primeira raiva, fiz justiça a Borelli. Devemos a ele o conhecimento do *ar* humano: em outras palavras, do espaço ambiente em que podemos nos mover sem perder o centro da gravidade. Sem dúvida, a dignidade do andar humano deve depender singularmente da maneira como um homem se balança na esfera além da qual ele cai. Devemos igualmente ao ilustre italiano curiosas pesquisas sobre o dinamismo interno do homem. Ele contou os canos pelos quais passa o fluido motor, essa inatingível vontade, desespero dos pensadores e dos fisiologistas; mediu sua força; constatou seu jogo; informou generosamente aos que subirão em seus ombros para ver mais longe que ele, nessas trevas luminosas, o valor material e corrente dos efeitos produzidos pela nossa vontade; pesou o pensamento, mostrando que a máquina muscular está em desproporção com os resultados obtidos pelo homem, e que existem nele forças que levam tal máquina a uma potência incomparavelmente maior que seu poder intrínseco.

Desde então abandonei Borelli, certo de não ter tido um conhecimento inútil ao conversar com esse belo gênio; e fui atraído pelos sábios que se ocuparam recentemente das forças vitais. Mas, infelizmente! Todos pareciam o geômetra que pega sua toesa e calcula o abismo; eu, eu queria ver o abismo e penetrar em todos os seus segredos.

Quantas reflexões não joguei nesse abismo, como uma criança que lança pedras num poço para ouvir os ecos! Quantas noites passadas em cima de um travesseiro mole, contemplando as nuvens fantasticamente iluminadas pelo sol se pondo! Quantas noites inutilmente empregadas em pedir inspirações ao silêncio! A vida mais bela, a mais repleta, a menos sujeita às decepções, é sem dúvida a do louco sublime que tenta determinar o desconhecido com uma equação de raízes imaginárias.

Quando eu aprendia tudo, não sabia nada, e caminhava!... Um homem que não tivesse meu tórax, meu pescoço, minha caixa craniana, teria perdido a razão, em desespero de causa. Felizmente, essa segunda fase de minha ideia terminou. Ouvindo o dueto de Tamburini e de Rubini, no primeiro ato do *Mosè* minha teoria me pareceu elegante, alegre, buliçosa, linda, e foi se deitar a meus pés, condescendente, como uma cortesã amuada que teme ter matado o amor por ter abusado da coqueteria.

Resolvi, simplesmente, testar os efeitos produzidos fora do homem por seus movimentos, de qualquer natureza que fossem, anotá-los, classificá-los; depois, terminada a análise, procurar as leis do belo ideal em matéria de movimento e redigir um código para as pessoas curiosas darem uma boa ideia de si, de seus costumes, de seus hábitos, pois o andar é, a meu ver, o pródromo exato do pensamento e da vida.

Portanto, no dia seguinte resolvi me sentar numa cadeira do Boulevard de Gand, a fim de estudar o modo de andar de todos os parisienses que, para sua desgraça, passassem na minha frente durante o dia.

E naquele dia recolhi as observações mais profundamente curiosas que fiz em minha vida. Voltei carregado como um botânico que, ao sair pelo campo colhendo ervas, pega tantas plantas que é obrigado a dá-las à primeira vaca que aparece. Só que a *Teoria do andar* me pareceu impossível de ser publicada sem 1700 pranchas gravadas, sem dez ou doze volumes de texto, e notas de assustar o falecido abade Barthélemy ou meu sábio amigo Parisot.

Descobrir em que pecavam os andares viciosos;

Encontrar as leis a cuja exata observância se deviam os belos andares;

Encontrar os meios de mentir através do andar, assim como os cortesãos, os ambiciosos, as pessoas vingativas, os atores, as cortesãs, as esposas legítimas, os espiões mentem através de suas feições, seus olhos, sua voz;

Pesquisar se os antigos andavam bem, qual povo anda melhor entre todos os povos; se o solo, o clima têm algo a ver com o andar.

Brrr! As perguntas brotavam como gafanhotos! Maravilhoso tema! O gastrônomo, seja que agarre sua colher de peixe para levantar a pele de um salmão do lago de Aix, a de um salmonete de Cherbourg, ou de uma perca do Indre, seja que afunde sua faca num filé de cabrito, como às vezes se prepara tal carne nas florestas e se aperfeiçoa nas cozinhas, esse supracitado gastrônomo não sentiria fruição comparável à que senti ao possuir meu tema. A gula intelectual é a paixão mais voluptuosa, mais desdenhosa, mais intratável; comporta a crítica, expressão do amor-próprio zeloso das fruições que sentimos.

Devo à arte explicar aqui as verdadeiras causas da deliciosa virgindade literária e filosófica que a *Teoria do andar* recomenda a todos os bons espíritos; além disso, a franqueza de minha personalidade obriga-me a dizer que eu não gostaria de ser responsável por minhas tagarelices sem desculpá-las graças a observações úteis.

Um monge de Praga, chamado Reuchlin, cuja história foi recolhida por Marcomarci, tinha um olfato tão fino, tão treinado, que distinguia uma moça de uma mulher, e uma mãe de uma mulher estéril. Relato esses resultados, entre os muitos que sua faculdade sensitiva lhe permitia conseguir, porque são muito curiosos para dar uma ideia de todos os outros.

O cego a quem devemos a bela carta de Diderot, escrita, entre parênteses, em doze horas noturnas, possuía um conhecimento tão aprofundado da voz humana, que apreciava os caracteres, não pelo sentido da vista, mas pelos diagnósticos feitos a partir das entonações de voz.

Nesses dois homens, a fineza das percepções correspondia a uma idêntica fineza de espírito, a um talento particular. A ciência de observação absolutamente excepcional de que eram dotados me servirá de exemplo para explicar por que certas partes da psicologia não são suficientemente estudadas e por que os homens são obrigados a desertá-las.

O observador é incontestavelmente, antes de mais nada, um homem de gênio. Todas as invenções humanas decorrem de uma observação analítica em que o espírito procede com inacreditável rapidez de intuições. Gall, Lavater, Mesmer, Cuvier, Lagrange, o dr. Méreaux, que perdemos recentemente, Bernard Palissy, o precursor de Buffon, o marquês de Worcester, Newton, enfim, o grande pintor e o grande músico, todos são observadores. Todos vão do efeito à causa, ao passo que os outros homens não veem causa nem efeito.

Mas as sublimes aves de rapina que, embora se elevando às altas regiões, possuem o dom de ver claro as coisas cá embaixo, e que podem a um só tempo se abstrair e se especializar, fazer análises exatas e sínteses justas, têm, por assim dizer, uma missão puramente metafísica. A natureza e a força de seu gênio obriga-os a reproduzir em suas obras as próprias qualidades. Pelo voo audacioso de seu gênio, e por sua ardente busca do verdadeiro, são levados para as fórmulas mais simples. Observam, julgam e deixam princípios que os homens minuciosos provam, explicam e comentam.

A observação dos fenômenos relativos ao homem, a arte que deve captar seus movimentos mais ocultos, o estudo do pouco que esse ser privilegiado deixa adivinhar de modo involuntário sobre sua consciência, exigem tanto uma soma como um retraimento do gênio, que se excluem mutuamente. É preciso a um só tempo ser paciente como eram outrora Musschenbrock e Spallanzani, como são hoje os srs. Nobili, Magendie, Flourens, Dutrochet e tantos outros; além disso, também é preciso possuir o golpe de vista que faz convergir os fenômenos para um centro, a lógica que os dispõe em raios, a perspicácia que vê e deduz, a lentidão que serve para jamais descobrir um dos pontos do círculo sem observar os outros, e a presteza que leva, num só pulo, do início ao fim.

Tal gênio múltiplo, possuído por algumas cabeças heroicas justamente célebres nos anais das ciências naturais, é muito mais raro no observador da natureza moral. O escritor, encarregado de espalhar as luzes que brilham nos santuários, deve dar à sua obra um corpo literário e fazer com que sejam lidas, com interesse, as doutrinas mais árduas, e além disso deve enfeitar a ciência. Portanto, acha-se permanentemente dominado pela forma, pela poesia e pelos acessórios da arte. Ser um grande escritor e um grande observador, Jean-Jacques e o Bureau des Longitudes,* esse

---

* Referência a Jean-Jacques Rousseau. O Bureau des Longitu-

é o problema, problema insolúvel. Além disso, o gênio que preside às descobertas exatas e físicas exige apenas a visão moral; mas o espírito da observação psicológica exige imperiosamente tanto o olfato do monge como a audição do cego. Não há observação possível sem uma eminente perfeição de sentido e sem uma memória quase divina.

Portanto, pondo à parte a raridade particular dos observadores que examinam a natureza humana sem bisturi e querem apanhá-la ao vivo, via de regra o homem dotado desse microscópio moral, indispensável a esse gênero de estudo, não tem a força de se expressar, assim como aquele que saberia se expressar não tem a força de ver bem. Os que souberam explicar a natureza, como fez Molière, adivinharam a verdade a partir de uma simples amostra; além disso, roubavam seus contemporâneos e assassinavam os que, entre eles, gritavam alto demais. Há em todos os tempos um homem de gênio que se torna o secretário de sua época: Homero, Aristóteles, Tácito, Shakespeare, Aretino, Maquiavel, Rabelais, Bacon, Molière, Voltaire, todos empunharam a pena para fazer o ditado de seus séculos.

Os mais hábeis observadores estão na boa sociedade; porém, preguiçosos ou despreocupados com a glória, morrem tendo tido dessa ciência o que lhes era necessário para seu uso e para rir nas noitadas, à meia-noite, quando não há mais que três pessoas num salão. Nesse gênero, Gérard teria sido o literato mais espirituoso se não tivesse sido um grande pintor; sua pincelada é tão fina quando traça um retrato com palavras como quando o pinta.

Em suma, em geral são homens grosseiros, operários em contato com a boa sociedade e forçados a observá-la,

---

des, instituição científica criada em 1795, era responsável pela navegação, por observações astronômicas e pela sincronização mundial dos relógios.

assim como uma mulher fraca é obrigada a estudar o marido para tapeá-lo, aqueles que, possuidores de observações prodigiosas, quando morrem levam suas descobertas e deixam na falência o mundo intelectual. Também em geral a mulher mais artista, que numa conversa familiar espanta pela profundidade de suas opiniões, despreza escrever, ri dos homens, os desdenha e deles se serve.

Assim, o tema mais delicado de todos os temas psicológicos permaneceu virgem, sem ser intacto. Exigia tanto muita ciência como muita frivolidade talvez.

Eu, levado pela crença em nossos talentos, a única que nos resta no grande naufrágio da Fé, levado talvez mais por um primeiro amor a um tema novo, obedeci, pois, a essa paixão: vim me instalar numa cadeira; olhei os passantes; mas, depois de ter admirado os tesouros, fui embora para me divertir com eles levando o segredo do *Abre-te Sésamo*.

Pois não se tratava de ver e de rir; não era preciso analisar, abstrair e classificar?

Classificar para poder codificar?

Codificar, fazer o código do andar; em outras palavras, redigir uma série de axiomas para o repouso das inteligências fracas ou preguiçosas, a fim de poupar-lhes o sofrimento de refletir e levá-las, pela observação de alguns princípios claros, a regular seus movimentos. Ao estudarem esse código, os homens progressistas e os que se atêm ao sistema da perfeição poderiam parecer agradáveis, graciosos, distintos, bem educados, *fashionables*, amados, instruídos, duques, marqueses ou condes, em vez de parecerem vulgares, estúpidos, maçantes, pedantes, ignóbeis, pedreiros do rei Luís Filipe ou barões do Império. E acaso não é o que existe de mais importante numa nação cuja divisa é *Tudo pelo reclame*?*

---

* *Tout pour l'enseigne, ou La Manie du jour* era uma peça de teatro de vaudeville muito popular. Encenada em 1813, e de autoria de La Fortelle e Brazier, explorava a nova moda das tabuletas

Se me fosse permitido descer ao fundo da consciência do incorruptível jornalista, do filósofo eclético, do virtuoso quitandeiro, do delicioso professor, do velho vendedor de musselina, do ilustre papeleiro, que pela graça zombeteira de Luís Filipe são os últimos a chegarem entre os pares de França, estaria convencido de encontrar aí esse desejo escrito em letras de ouro: "Eu gostaria muito de ter o ar nobre!".

Eles se defenderão, eles negarão, eles lhe dirão:

— Não faço questão! Para mim é igual! Sou jornalista, filósofo, quitandeiro, professor, vendedor de tecido ou de papel!

Não acredite. Forçados a serem pares de França, querem ser pares de França. Mas se são pares de França na cama, na mesa, no quarto, no *Bulletin des Lois*, nas Tuileries, em seus retratos de família, para eles é impossível serem tomados por pares de França quando passeiam pelo bulevar. Ali, esses senhores voltam a ser o joão-ninguém de antes. O observador nem sequer procura saber o que podem ser, ao passo que se o senhor duque de Laval, se o sr. De Lamartine, se o senhor duque de Rohan chegarem um dia a passear por ali, sua condição não será uma dúvida para ninguém; e eu não aconselharia aqueles a imitarem estes.

Gostaria muito de não ofender nenhum amor-próprio. Se feri involuntariamente o amor-próprio de um dos últimos que se tornaram pares, cuja entronização patrícia eu desaprovo, mas em quem estimo a ciência, o talento, as virtudes privadas e a probidade comercial, sabendo muito bem que o primeiro e o último tiveram o direito de vender, um seu jornal, o outro seu papel, mais caro do que lhes custavam, creio poder jogar algum bálsamo sobre esse ferimento explicando que, para convencer os bons espíritos sobre a importância dessa teoria, sou obrigado a pegar meus exemplos nas altas esferas.

---

com reclames, afixadas nas portas das lojas.

E, de fato, por algum tempo fiquei estupefato com as observações que fizera a respeito do Boulevard de Gand e surpreso por encontrar nos movimentos cores tão marcadas.

Donde este primeiro aforismo:

I
O andar é a fisionomia do corpo.

Não é assustador pensar que um observador agudo pode descobrir um vício, um arrependimento, uma doença ao ver um homem em movimento? Que riqueza de linguagem pode se encontrar nesses efeitos imediatos de uma vontade traduzida com inocência! A inclinação mais ou menos acentuada de um de nossos membros; a forma telegráfica à qual ele se habituou, involuntariamente; o ângulo ou o contorno que o fazemos descrever estão impregnados de nosso desejo e têm um surpreendente significado. É mais que a palavra, é o pensamento em ação. Um simples gesto, um tremor involuntário de lábios pode se tornar o terrível desfecho de um drama escondido por muito tempo entre dois corações.

Assim, daí este outro aforismo:

II
O olhar, a voz, a respiração, o andar são idênticos; mas como não foi dado ao homem poder vigiar ao mesmo tempo essas quatro expressões diferentes e simultâneas de seu pensamento, procure aquela que expressa a verdade: e reconhecerá o homem por inteiro.

Exemplo: O sr. S. não é apenas químico e capitalista, ele é profundo observador e grande filósofo.

O sr. O. não é apenas um especulador, ele é homem de Estado. Tem algo a ver tanto com a ave de rapina como com a serpente; acumula tesouros e sabe encantar os guardiões.

Esses dois homens, postos um em frente ao outro, não

devem oferecer um admirável combate, lutando astúcia contra astúcia, a palavra de um contra a do outro, mentindo ao extremo, jogando especulações na cara, números na cabeça?

Ora, certa noite encontraram-se, ao pé de uma lareira, sob o fogo das velas, e a mentira era visível nos lábios, entre os dentes, na fronte, nos olhos, na mão; estavam armados dos pés à cabeça. Tratava-se de dinheiro. Esse duelo ocorreu durante o Império.

O sr. O., que precisava de 500 mil francos para o dia seguinte, encontrava-se, à meia-noite, de pé ao lado de S.

Estão vendo o sr. S., homem de aço, verdadeiro Shylock que, mais astuto que seu predecessor, pegaria meio quilo de carne antes do empréstimo? Estão vendo-o ao ser abordado por O., o Alcibíades dos bancos, o homem capaz de tomar emprestados três reinos sem restituí-los, e capaz de persuadir a todos que os enriqueceu? Sigam-nos: o sr. O. pede ao sr. S. 500 mil francos por 24 horas, prometendo devolvê-los com tais e quais títulos.

— Senhor — contou o sr. S. à pessoa que me contou essa preciosa história —, quando O. me detalhou os títulos, a ponta de seu nariz embranqueceu somente do lado esquerdo, no leve círculo descrito por um imperceptível achatadinho que existe ali. Eu já tivera a ocasião de observar que quando O. mentia, aquele achatadinho ficava branco. Assim, não demorei a entender que meus 500 mil francos estariam comprometidos por certo tempo.

— E então? — perguntaram-lhe.

— E então... — ele retrucou.

E deixou escapar um suspiro.

— E então, aquela serpente me assediou por meia hora, prometi-lhe os 500 mil francos, e ele os conseguiu.

— Ele os devolveu?...

S. tinha a chance de caluniar O. Seu ódio bem conhecido dava-lhe esse direito, numa época em que se matam inimigos a golpes de língua. Devo dizer, em louvor a esse homem estranho, que ele respondeu: "Sim". Mas disse-o de um jeito lastimável. Gostaria de ter podido acusar o inimigo de mais uma falcatrua.

Certas pessoas dizem que, em matéria de dissimulação, o sr. O. é ainda melhor que o senhor príncipe de Bénévent.* Acredito, de bom grado. O diplomata mente por conta do outro, o banqueiro mente por si próprio. Pois bem, esse moderno Bourvalais,** que pegara o costume de treinar uma admirável imobilidade de feições, uma completa insignificância no olhar, uma imperturbável igualdade na voz, um hábil andar, não soube domar a ponta de seu nariz. Cada um de nós tem algum achatadinho no qual a alma triunfa, uma cartilagem de orelha que enrubesce, um nervo que estremece, uma maneira muito significativa de arregalar as pálpebras, uma ruga que se forma intempestivamente, uma significativa pressão dos lábios, um eloquente tremor na voz, uma respiração que se comprime. Que se há de fazer!, o vício não é perfeito.

Portanto, meu axioma subsiste. Ele domina toda esta teoria; prova sua importância. O pensamento é como o vapor. O que quer que a gente faça, e por mais sutil que ele possa ser, o pensamento precisa de seu lugar, deseja esse lugar, ocupa-o e até permanece no rosto de um homem morto. O primeiro esqueleto que vi era o de uma jovem morta aos 22 anos.

---

* Um dos títulos de Charles-Maurice de Talleyrand (1754-1838), diplomata e ministro famoso por sua sobrevivência política, tendo sido muito atuante durante a Revolução Francesa, no Império de Napoleão, na Restauração da monarquia dos Bourbon, e no reino de Luís Filipe.
** Pierre Poisson de Bourvalais (?-1716) foi um homem de negócios que se destacou por comprar dezenas de propriedades em Paris, senhorias, priorados, quadros e joias, e chegou a ser o homem mais rico da França. Foi preso por fraudes e golpes diversos.

— Tinha a cintura fina e devia ser graciosa — eu disse ao médico.

Ele pareceu surpreso. A forma dos quadris e não sei qual graça singular do esqueleto ainda traíam os hábitos do andar. Existe uma *anatomia comparada* moral, assim como uma *anatomia comparada* física. Para a alma, tanto quanto para o corpo, um detalhe leva, pela lógica, ao conjunto. Sem dúvida, não há dois esqueletos iguais; e assim como os venenos vegetais se encontram em estado natural, por determinado tempo, no homem envenenado, assim também os hábitos da vida reaparecem aos olhos do químico moral, seja nos sínus do crânio, seja nas *ligaduras* dos ossos dos que não vivem mais.

Mas os homens são muito mais ingênuos do que pensam, e os que se gabam de dissimular sua vida íntima são uns patifes. Se você quiser ocultar o conhecimento de seus pensamentos, imite a criança ou o selvagem, são eles os seus mestres.

De fato, para conseguir esconder seu pensamento é preciso ter somente um. Todo homem complexo deixa-se facilmente adivinhar. Assim, todos os grandes homens são ludibriados por uma criatura que lhes é inferior.

A alma perde em força centrípeta o que ganha em força centrífuga.

Ora, o selvagem e a criança fazem convergir numa só ideia, num só desejo, todos os raios da esfera na qual vivem; a vida deles é monófila, e a força deles está na unidade prodigiosa de suas ações.

O homem social é obrigado a ir continuamente do centro a todos os pontos da circunferência; tem mil paixões, mil ideias, e existe tão pouca proporção entre sua base e a extensão de suas operações que, a todo instante, ele é pego em flagrante de fraqueza.

Daí a grande frase de William Pitt: "Se fiz tantas coisas foi porque jamais quis apenas uma de cada vez".

Da inobservância desse preceito ministerial procede a

linguagem involuntária do andar. Quem de nós pensa em caminhar caminhando? Ninguém. Bem mais, cada um de nós se gaba de caminhar pensando.

Mas leiam as relações escritas pelos viajantes, que foram os que melhor observaram os povos impropriamente chamados de selvagens; leiam o barão de La Hontan, que escreveu *Les Mohicans* antes que Cooper pensasse no assunto, e verão, para vergonha das pessoas civilizadas, que importância os selvagens atribuem ao andar. O selvagem, em presença de seus semelhantes, tem apenas movimentos lentos e graves; sabe por experiência que, quanto mais as manifestações exteriores se aproximam do repouso, mais impenetrável é o pensamento. Daí este axioma:

III
O repouso é o silêncio do corpo.

IV
O movimento lento é essencialmente majestoso.

Acaso vocês pensam que o homem de quem fala Virgílio, e cuja aparição acalmava o povo em fúria, chegava saltitando diante da sedição?

Portanto, podemos estabelecer como princípio que a economia do movimento é um meio de tornar o andar nobre e gracioso. Um homem que anda depressa já não conta a metade de seu segredo? Ele está apressado. O dr. Gall observou que o peso do cérebro, o número de suas circunvoluções, estavam, em todos os seres organizados, relacionados à lentidão de seu movimento vital. Os pássaros têm poucas ideias. Os homens que de costume andam depressa devem ter, geralmente, a cabeça pontuda e a fronte achatada. Aliás, pela lógica o homem que anda muito chega necessariamente ao nível intelectual do bailarino da Opéra.

Continuemos.

Como a lentidão bem estudada do andar prenuncia um homem que tem tempo para si, tem lazer, por conseguinte é um rico, um nobre, um pensador, um sábio, os seus detalhes devem necessariamente ser coordenados com o princípio; portanto, os gestos serão raros e lentos. Daí este outro aforismo:

V

Todo movimento brusco trai um vício, uma má educação.

Vocês não costumam rir das pessoas que *virvouchent*?

Virvoucher é uma admirável palavra do francês arcaico, que foi novamente trazida à tona por Lautour-Mézeray. *Virvoucher* expressa a ação de ir e vir, de rodar em torno de alguém, de tocar em tudo, de se levantar, sentar-se de novo, de zunir, de remexer; *virvourcher* é fazer certa quantidade de movimentos que não têm objetivo, é imitar as moscas. É sempre necessário dar liberdade de movimentos aos *virvoucheurs*: eles quebram a sua cabeça ou algum móvel precioso.

Vocês não riem de uma mulher de quem todos os movimentos de braço, cabeça, pé ou corpo produzem ângulos agudos?

Mulheres que nos estendem a mão como se alguma mola a fizesse dobrar o cotovelo?

Que se sentam todo empertigadas ou se levantam como o soldado de uma caixinha de surpresas?

As mulheres dessa espécie muito frequentemente são virtuosas. A virtude das mulheres está intimamente ligada ao ângulo reto. Todas as mulheres que cometeram o que se chamam faltas são notáveis por seus movimentos deliciosamente redondos. Se eu fosse mãe de família, as palavras sacramentais do professor de dança: "Arredondem os cotovelos", me fariam tremer por minhas filhas. Daí este axioma:

VI

A graça exige formas redondas.

Vejam a alegria de uma mulher que pode dizer de sua rival: "Ela é um bocado angulosa!".

Mas observando os diferentes modos de andar, elevou-se em minha alma uma dúvida cruel e que me provou que em ciências de toda espécie, mesmo na mais frívola, o homem é detido por inextricáveis dificuldades; para ele é tão impossível conhecer a causa e o fim de seus movimentos como saber os de um grão-de-bico.

Assim, em primeiro lugar perguntei-me de onde devia proceder o movimento. Pois bem, é tão difícil determinar onde ele começa e onde termina dentro de nós, quanto dizer onde começa e onde termina o sistema do *grande simpático*, esse órgão interno que, até agora, cansou a paciência de tantos observadores. O próprio Borelli, o grande Borelli, não abordou essa imensa questão. Não é assustador encontrar tantos problemas insolúveis num gesto vulgar, num *movimento* que 800 mil parisienses fazem todos os dias?

Resultou de minhas profundas reflexões sobre tal dificuldade o aforismo seguinte, no qual lhes peço para meditar:

VII

Tudo em nós participa do movimento, mas ele não deve predominar em nenhuma parte.

Com efeito, a natureza construiu o aparelho de nossa mobilidade de um jeito tão engenhoso e tão simples que dele resulta, como em todas as suas criações, uma admirável harmonia; e se a atrapalhamos por um hábito qualquer, aparecem a feiura e o ridículo, porque jamais caçoamos senão das feiuras de que o homem é culpado: somos implacáveis com os gestos desarmônicos, assim como o somos com a ignorância ou a estupidez.

Portanto, dos que passaram à minha frente e me ensinaram os primeiros princípios dessa arte até agora desprezada, o primeiro de todos foi um cavalheiro gordo.

Aqui, observarei que um escritor eminentemente espirituoso favoreceu vários erros, apoiando-os com seu sufrágio. Brillat-Savarin disse que era possível para um homem gordo *conter seu abdome diante do majestoso*. Não. É verdade que não existe majestade sem certa amplidão da carne, mas é impossível pretender andar de um jeito correto quando o abdome rompeu o equilíbrio entre as partes do corpo. O jeito de andar cessa com a obesidade. Um obeso é necessariamente obrigado a se entregar ao movimento desarmônico introduzido pelo funcionamento de seu abdome, que domina.

Exemplo: Henry Monnier* teria certamente feito a caricatura desse gordo cavalheiro, pondo a cabeça em cima de um tambor e, embaixo, as baquetas em X. Esse desconhecido parecia, ao andar, ter medo de esmagar alguns ovos. Seguramente, em tal homem o caráter especial do caminhar fora completamente abolido. Já não andava, tanto quanto os velhos canhoneiros já não ouvem. No passado, tivera o sentido da *locomoção*, talvez até tivesse saltitado; mas hoje, o pobre homem já não sabia como andar. Ele me fez o obséquio de conceder toda a sua vida e um mundo de reflexões. Quem havia amolecido suas pernas? De onde vinham a sua gota, o seu excesso de peso? Seriam os vícios ou o trabalho que o haviam deformado? Triste reflexão! O trabalho que edifica e o vício que destrói produzem no homem os mesmos resultados. Obedecendo a seu abdome, aquele pobre rico parecia torto. Carregava a duras penas suas pernas, uma depois da outra, com um movimento arrastado e doen-

---

* Henry Monnier (1799-1877), escritor e caricaturista, criou o personagem Joseph Prudhomme, o típico burguês com pretensões ridículas. Era o caricaturista mais admirado por Balzac nessa época.

tio, como um moribundo que resiste à morte e se deixa levar à força por ela, na beira da cova.

Por um singular contraste, depois dele vinha um homem que ia andando com as mãos cruzadas nas costas, os ombros encolhidos, tensos, as omoplatas quase juntas; era semelhante a uma perdiz servida em cima de uma fatia de pão torrado. Parecia avançar apenas pelo pescoço, e o impulso era dado a todo o corpo pelo tórax.

Depois, chegou uma jovem senhorita, seguida por um lacaio, pulando sobre si mesma, a exemplo das inglesas. Parecia uma galinha cujas asas foram cortadas e que continua tentando voar. O princípio de seu movimento parecia estar na queda de seus quadris. Olhando para o lacaio, armado de um guarda-chuva, diríamos que ela temia receber uma guarda-chuvada no local de onde partia seu quase voo. Era uma moça de boa família, mas muito desastrada, indecente no seu jeito mais inocente do mundo.

Em seguida vi um homem que tinha um jeito de ser formado por dois compartimentos. Só arriscava a perna esquerda, e tudo o que dependia dela, depois de ter se assegurado da direita e de todo o seu sistema. Pertencia à facção dos binários. Era evidente que seu corpo devia ter sido primitivamente fendido em dois por um tumulto qualquer, e se soldara de novo, milagrosa, mas imperfeitamente. Tinha dois eixos, sem ter mais que um único cérebro.

Logo chegou a vez de um diplomata, personagem esquelético, caminhando todo empertigado, como essas marionetes cujas cordinhas Joly se esqueceu de puxar; pensaríamos que estava apertado como uma múmia dentro de suas faixas. Estava preso em sua gravata como uma maçã num riacho em tempos de geada. Era óbvio que estava fixado num eixo e que teria se virado sozinho se um transeunte lhe desse um empurrão.

Esse desconhecido me provou a necessidade de formular o seguinte axioma:

VIII

O movimento humano decompõe-se em *tempos* bem distintos; se você os confundir, produzirá a rigidez da mecânica.

Uma linda mulher, desconfiando da proeminência de suas barbatanas, ou incomodada por não sei quê, transformara-se em Vênus Calipígia e ia andando como uma galinha-d'angola, esticando o pescoço, encolhendo a barriga e estufando a parte oposta àquela sobre a qual o espartilho se apoiava.

De fato, a inteligência deve brilhar nos atos imperceptíveis e sucessivos de nosso movimento, assim como a luz e as cores se refletem nos losangos cambiantes dos anéis da serpente. Todo o segredo dos belos modos de andar está na decomposição do movimento.

Depois vinha uma senhora que igualmente se encolhia, como a anterior. De fato, se houvesse uma terceira, e se vocês as tivessem observado, não poderiam deixar de rir diante das meias-luas certinhas formadas por aquelas protuberâncias exorbitantes.

A proeminência prodigiosa dessas coisas, que não sou capaz de chamar pelo nome e que dominam singularmente a questão do andar feminino, sobretudo em Paris, por muito tempo me preocupou. Consultei mulheres inteligentes, mulheres de bom gosto, devotas. Depois de várias conversas em que discutimos o ponto forte e o ponto fraco, conciliando as atenções devidas à beleza e à desgraça de certas conformações diabolicamente redondas, redigimos este admirável aforismo:

IX

Ao caminhar, as mulheres podem mostrar tudo, mas nada deixar ver.

— Mas certamente! — exclamou uma dessas damas

consultadas. — E os vestidos foram feitos somente para isso!

Essa mulher disse uma grande verdade. Toda a nossa sociedade está na saia. Tirem a saia de uma mulher, e adeus coqueteria; acabam-se as paixões. No vestido está toda a sua força: ali onde existem panos, não existe amor. Assim, um bom número de comentaristas, os massoretas sobretudo, pretendem que a folha de parreira de nossa mãe Eva fosse um vestido de caxemira. Eu também penso.

Não abandonarei essa questão secundária sem dizer duas palavras sobre uma dissertação verdadeiramente nova que surgiu durante essas conversações:

UMA MULHER DEVE LEVANTAR A BARRA DO VESTIDO QUANDO ANDA?

Imenso problema, se vocês se lembrarem quantas mulheres apanham, sem a menor graça, a barra nas costas do vestido, um monte de pano, e vão andando assim, descrevendo com suas saias, na parte de baixo, um imenso hiato; quantas pobres moças caminham inocentes segurando o vestido transversalmente levantado, de modo a traçar um ângulo cujo vértice está no pé direito, e cuja abertura chega acima da barriga da perna esquerda, e que deixam assim que se vejam suas meias bem brancas, bem esticadas, suas botinas e outras coisas mais. Ao ver as saias de mulheres assim levantadas, parece-me que alguém levantou num canto a cortina de um teatro e nos permite entrever os pés das bailarinas.

E, primeiro, impôs-se com a força de uma sentença o fato de que as mulheres de bom gosto jamais saíam a pé num dia de chuva ou quando as ruas estavam enlameadas; depois, decidiu-se soberanamente que uma mulher nunca devia tocar na saia em público e nunca devia levantá-la, sob nenhum pretexto.

— Mas — disse eu —, e se tivesse de pular uma valeta?

— Pois bem, senhor, uma mulher comme il faut dobra ligeiramente o vestido, do lado esquerdo, levanta-o, ergue-se com um pequeno gesto e solta imediatamente o vestido. *Ecco.*

Então me lembrei da magnificência dos drapeados de certos vestidos; então me lembrei das admiráveis ondulações de certas mulheres, da graça das sinuosidades, das flexuosidades moventes de suas saias, e não consegui resistir a consignar aqui meu pensamento:

x

Há movimentos de saia que valem um prêmio Montyon.*

Está provado que as mulheres não devem levantar o vestido, a não ser muito secretamente. Esse princípio será, na França, incontestável.

E para concluir sobre a importância do andar no que diz respeito aos diagnósticos, peço-lhes que me perdoem uma citação diplomática.

A princesa de Hesse-Darmstadt levou suas três filhas à presença da imperatriz, a fim de que ela escolhesse entre todas uma esposa para o grão-duque, disse um embaixador do século passado, o sr. Mercy d'Argenteau. Sem ter falado com nenhuma delas, a imperatriz se decidiu pela segunda. A princesa, espantada, perguntou-lhe a razão desse breve julgamento.

---

* O barão de Jean-Baptiste de Montyon (1733-1829), filantropo, instituiu em 1792 três prêmios com seu nome: um prêmio de virtude, que recompensava uma pessoa meritória, um prêmio para a obra literária mais útil aos bons costumes e um prêmio científico. Balzac fez várias referências aos prêmios de virtude Montyon, atribuídos, por exemplo, a um policial exemplar, à fundadora de um asilo para órfãos etc.

— Olhei todas as três de minha janela, enquanto desciam da carruagem — respondeu a imperatriz. — A mais velha deu um passo em falso; a segunda desceu naturalmente; a terceira pulou o estribo. A mais velha deve ser desajeitada; a mais jovem, uma tonta.

Era verdade.

Se o movimento trai o caráter, os hábitos da vida, os costumes mais secretos, o que vocês diriam do modo de andar dessas mulheres bem apertadas dentro de seus corpetes, que, tendo quadris um pouco fortes, os sobem e descem, alternadamente, a intervalos regulares, como as alavancas de uma máquina a vapor, e que põem nesse movimento sistemático uma espécie de presunção? Não devem escandir o amor com admirável precisão?

Para minha felicidade, um agente de câmbio não deixou de passar pelo bulevar, onde reina a Especulação. Era um homem gordo, encantado consigo mesmo, e tentando dar-se ares desenvoltos e graciosos. Imprimia a seu corpo um movimento de rotação que fazia periodicamente enrolarem-se e desenrolarem-se sobre suas coxas as abas da sobrecasaca, tal como a voluptuosa jaqueta de Taglioni quando, depois de terminar sua pirueta, ela se vira para receber os bravos da plateia. Era um movimento circular que estava em relação com seus hábitos. Ele circulava como seu dinheiro.

Era seguido por uma senhorita alta que, com os pés apertados, boca contraída, tudo apertado, descrevia uma leve curva, e ia andando aos pequenos solavancos, como se, mecânica imperfeita, suas molas estivessem emperradas e suas apófises já soldadas. Seus movimentos tinham rigidez, ela desrespeitava meu oitavo axioma.

Passaram alguns homens, andando de um jeito agradável. Verdadeiros modelos para uma cena teatral de reencontros, todos pareciam descobrir um colega de escola no cidadão tranquilo e despreocupado que ia ao encontro deles.

Nada direi a respeito de tais palhaços involuntários que representam dramas na rua; mas peço-lhes que reflitam sobre este memorável axioma:

XI
Quando o corpo está em movimento, o rosto deve estar imóvel.

Assim, dificilmente eu pintaria para vocês meu desprezo pelo homem atarefado, andando depressa, fugindo como uma enguia no limo, pelas fileiras cerradas dos ociosos. Entrega-se à marcha assim como um soldado que tem de voltar para o acampamento. Em geral, é conversador, fala alto, fica absorto em seus discursos, indigna-se, interpela um adversário ausente, submete-lhe argumentos irreplicáveis, gesticula, se entristece, se alegra. Adeus, delicioso mímico, distinto orador!

O que vocês diriam de um desconhecido que comunicasse transversalmente a seu ombro esquerdo o movimento da perna direita, e de modo recíproco o da perna esquerda ao ombro direito, com um movimento de fluxo e refluxo tão regular que, ao vê-lo caminhar, vocês o comparariam com duas grandes varas cruzadas que sustentariam uma casaca? Era, sem a menor dúvida, um operário que enriquecera.

Todos os homens condenados a repetir o mesmo movimento pelo trabalho a que estão sujeitos têm o modo de andar fortemente marcado pelo princípio locomotivo; e este se encontra, seja no tórax, seja nos quadris, seja nos ombros. É frequente que o corpo penda por inteiro para um só lado. Via de regra, os homens de estudo inclinam a cabeça. Quem leu a *Fisiologia do gosto* deve se lembrar desta expressão: "O nariz a oeste", como o sr. Villemain. De fato, o célebre professor balança a cabeça da direita para a esquerda, com uma originalidade muito espirituosa.

Com relação ao porte da cabeça, há observações curiosas. O queixo empinado, à la Mirabeau, é uma atitude de orgulho que, a meu ver, geralmente cai mal. Essa pose só é permitida aos homens que travam um duelo com seu século. Pouca gente sabe que Mirabeau imitou essa audácia teatral de seu grande e imortal adversário, Beaumarchais. Eram dois homens igualmente atacados; e a perseguição, tanto moral como física, avulta um homem de gênio. Não esperem nada do pobre coitado que baixa a cabeça, nem do rico que a levanta; um será sempre escravo, o outro o foi; este é um velhaco, o outro o será.

É verdade que todos os homens mais imponentes penderam ligeiramente a cabeça para a esquerda. Alexandre, César, Luís xiv, Newton, Carlos xii, Voltaire, Frederico ii e Byron ostentavam essa atitude. Napoleão mantinha a cabeça reta e avaliava tudo como se fosse um retângulo. Nele havia o costume de ver de frente os homens, os campos de batalha e o mundo moral. Robespierre, homem que ainda não chegou a ter um julgamento definitivo, também olhava de frente para sua assembleia. Danton retomou a atitude de Mirabeau. O sr. de Chateaubriand inclina a cabeça para a esquerda.

Depois de um maduro exame, declaro-me a favor dessa atitude. Encontrei-a em estado normal em todas as mulheres graciosas. A graça (e o gênio comporta a graça) tem horror da linha reta. Tal observação corrobora nosso sexto axioma.

Existem duas naturezas de homens cujo andar é irremediavelmente viciado: são os marinheiros e os militares.

Os marinheiros têm as pernas afastadas, sempre prestes a se dobrar, a se contrair. Obrigados a bambolear no convés para acompanharem o impulso do mar, em terra para eles é impossível caminhar em linha reta. Sempre andam enviesados: por isso começa-se a transformá-los em diplomatas.

Os militares têm um andar perfeitamente reconhecível. Quase todos estão fincados sobre as ancas, como um busto em seu pedestal; as pernas se agitam sob o abdome, como se fossem movidas por uma alma subalterna encarregada de cuidar do perfeito governo das coisas dos membros inferiores. O alto do corpo não parece ter consciência dos movimentos da parte inferior. Ao vê-los caminhar, diríamos que é o torso de Hércules Farnese posto sobre rodinhas e transportado para o meio de um ateliê. Eis por quê: o militar é constantemente obrigado a carregar no tórax a soma total de sua força; ele o apresenta incessantemente e sempre se mantém empertigado. Ora, para tomar de Amyot uma de suas mais belas expressões, todo homem *que se alça em pé* pesa vigorosamente sobre a terra, a fim de tomá-la como ponto de apoio, e necessariamente dá-se na parte superior do corpo um contragolpe da força que ele tira, assim, do seio de nossa mãe comum. Então, nele o aparelho locomotivo se cinde, inevitavelmente. O foco de sua coragem está no peito. As pernas já não são mais que um apêndice de sua constituição.

Portanto, os marinheiros e os militares aplicam as leis do movimento com o objetivo de obter sempre o mesmo resultado, uma emissão de força pelo plexo solar e pelas mãos, dois órgãos que, de bom grado, eu designaria como os segundos cérebros do homem, de tal maneira são intelectualmente sensíveis e fluidamente ativos. Ora, a passagem constante da própria vontade para esses dois agentes deve determinar uma especial atrofia do movimento, de onde resulta a fisionomia de seus corpos.

Os militares de terra e mar são as provas vivas dos problemas fisiológicos que inspiraram esta teoria. Destas últimas observações emergem, é claro, a projeção fluida da vontade, seu aparelho interior, a equivalência entre a sua substância e a de nossas ideias, sua mobilidade flagrante. Mas a aparente futilidade de nossa obra não nos permite construir sobre isso nem sequer o mais leve sistema. Aqui, nosso objetivo é prosseguir o curso das demonstrações físicas do pensamento, provar que é possível julgar um homem a partir de sua roupa pendurada num cabide, tanto quanto a partir do aspecto de sua mobília, de sua carruagem, de seus cavalos, de sua criadagem, e fornecer sábios preceitos às pessoas ricas o suficiente para se dedicarem à vida exterior. O amor, as conversas, os jantares em sociedade, o baile, a elegância do traje, a existência mundana, a frivolidade comportam mais grandeza do que pensam os homens. Daí este axioma:

XII

Todo movimento exorbitante é uma sublime prodigalidade.

Fontenelle* passou de um século a outro graças à estrita economia que empregava na distribuição de seu movimento vital. Preferia ouvir a falar; assim, tinha fama de ser infinitamente amável. Todos acreditavam poder usufruir do espirituoso acadêmico. Dizia umas palavras que resumiam a conversa, da qual jamais participava. Conhecia bem a perda prodigiosa de fluido necessário ao movimento vocal. Jamais alteou a voz, em nenhuma ocasião de sua vida; não falava quando estava na carruagem, para não ser obrigado a elevar o tom. Não se apaixonava. Não gostava de ninguém; todos apenas lhe agradavam. Quando Voltaire se queixou com Fontenelle de seus críticos, o bom homem abriu uma grande mala cheia de livrinhos ainda fechados:

— Aqui está — disse ao jovem Arouet — tudo o que foi escrito contra mim. O primeiro epigrama é do sr. Racine, pai.

E fechou a mala.

Fontenelle andou pouco, fez-se carregar durante toda a sua vida. O presidente Rose lia para ele os elogios na Academia; tinha assim encontrado a maneira de tirar alguma coisa daquele célebre avaro. Quando seu sobrinho, o sr.

---

* Bernard Le Bovier de Fontenelle (1657-1757) morreu quase centenário. É autor de uma vasta obra de vulgarização científica e foi muito influente nas academias de ciências e de literatura da França, onde era conhecido pela extrema calma e por evitar discussões.

D'Aube, cuja raiva e mania de se disputar Rulhière ilustrou, começava a falar, Fontenelle fechava os olhos, afundava-se em sua poltrona e mantinha-se calmo. Diante de qualquer obstáculo, parava. Quando tinha gota, colocava o pé sobre um banquinho e ficava quieto. Não tinha virtudes nem vícios; tinha inteligência. Criou a seita dos *philosophes* mas dela não participou. Jamais chorou, jamais correu, jamais riu. A sra. Du Deffand disse-lhe um dia:

— Por que nunca o vi rir?

— Eu nunca disse *ah! ah! ah!*, como vocês — ele respondeu —, mas rio bem baixinho, dentro de mim.

Essa pequena máquina delicada, por princípio condenada a morrer, viveu assim por mais de cem anos.

Voltaire deveu sua longa vida aos conselhos de Fontenelle.

— Senhor — ele lhe disse —, faça poucas criancices, pois não passam de idiotices.

Voltaire não esqueceu a frase, nem o homem, nem o princípio, nem o resultado. Aos oitenta anos, pretendia não ter feito mais de oitenta idiotices. Assim sendo, Madame du Châtelet substituiu o retrato do sr. De Ferney pelo de Saint-Lambert.*

Estes são avisos aos homens que *virvouchent*, que falam, que correm, e que, no amor, são dados a arroubos pindáricos, sem saber do que se trata.

Porém, o que mais nos consome são nossas convicções. Tenham opiniões, mas não as defendam, guardem-nas. Convicções, meu Deus!, que terrível devassidão! Uma convicção política ou literária é uma amante que acaba nos matando com a espada ou com a língua. Vejam o rosto de

---

*Émilie du Châtelet (1706-49) foi uma cientista francesa com obras sobre física e matemática. Ainda casada, teve uma longa ligação com Voltaire, o sr. De Ferney. Sua última relação amorosa foi, com mais de quarenta anos, com o poeta Jean François de Saint-Lambert.

um homem inspirado por uma forte convicção: ele deve resplandecer. Se até agora os eflúvios de uma cabeça afogueada não se mostraram visíveis a olho nu, não será isso algo admitido na poesia, na pintura? E mesmo se isso ainda não está provado fisiologicamente, com certeza é provável. Vou mais longe, e creio que os movimentos do homem soltam um fluido ligado à alma. Sua transpiração é a fumaça de uma chama desconhecida. Daí vem a eloquência prodigiosa do modo de andar, tomado como *conjunto dos movimentos humanos*.

Vejam.

Há homens que andam de cabeça baixa, como a dos cavalos de fiacre. Jamais um rico anda assim, a não ser que seja miserável; nesse caso, ele tem ouro mas perdeu as fortunas do coração.

Certos homens andam dando à cabeça uma pose acadêmica. Sempre se põem de três quartos, como o senhor conde Molé, ex-ministro das Relações Exteriores; mantêm o busto imóvel e o pescoço esticado. Pensaríamos estar vendo os bustos de Cícero, de Demóstenes, de Cujas, indo pelas ruas. Ora, se o famoso Marcel pretendia justamente que a falta de graça consiste em executar os movimentos com esforço, o que vocês pensam daqueles que veem o esforço como o próprio modelo de suas atitudes?

Outros parecem só avançar à custa dos braços; suas mãos são remos a que recorrem para navegar; são os galeotes do andar.

Há os parvos que afastam demais as pernas e ficam muito surpresos ao verem passar debaixo deles os cães que correm atrás dos donos. Segundo Pluvinel, as pessoas assim conformadas poderiam ser excelentes cavaleiros.

Algumas pessoas andam fazendo, à maneira de Arlequim, a cabeça rodar, como se ela estivesse solta do corpo. Depois, há homens que desabam como turbilhões; fazem o vento se levantar, parafraseando a Bíblia; quando encontramos tal tipo de pessoa, parece que o espírito do Senhor passou diante do nosso rosto. Elas avançam assim como cai a lâmina de guilhotina do carrasco. Alguns passantes levantam uma perna precipitadamente e a outra com calma; nada é mais original. Elegantes transeuntes fazem um parêntese apoiando o punho no quadril e esbarram em tudo com o cotovelo. Por fim, uns são curvados, outros são deformados; estes batem com a cabeça de um lado e de outro, como indecisos papagaios de papel; aqueles levam o corpo para trás ou para a frente. Quase todos, ao se virarem, são muito desajeitados.

Paremos um instante.

São tantos homens quanto são os modos de andar! Tentar descrevê-los por completo seria querer buscar todas as desinências do vício, todos os ridículos da sociedade, percorrer o mundo em suas esferas baixas, médias, elevadas. Desisto.

Das 254,5 (pois conto como metade um cavalheiro sem pernas) pessoas cujo andar analisei, não encontrei uma só que tivesse movimentos graciosos e naturais.

Voltei para casa, desesperado.

— A civilização corrompe tudo! Adultera tudo, até mesmo o movimento! Farei uma viagem de volta ao mundo para examinar o modo de andar dos selvagens?

No momento em que me dizia essas tristes e amargas palavras, estava em minha janela, olhando para o Arco do Triunfo, que nenhum dos sucessivos grandes ministros com pequenas ideias, desde o sr. Montalivet, pai, até o sr. Montalivet, filho, soube até hoje como coroar, ao passo que seria tão simples pôr ali a águia de Napoleão, magnífico símbolo do Império, uma águia colossal de asas estendidas, bico virado para seu dono. Certo de jamais ver tal sublime ideia ser executada, baixei os olhos para meu modesto jardim, como um homem que perde a esperança. Sterne foi o primeiro que observou esse movimento fúnebre entre os homens obrigados a enterrar suas ilusões. Eu pensava na magnificência com que as águias despregam suas asas, atitude cheia de audácia, quando vi uma cabra brincando em companhia de um jovem gato, na grama. Fora do jardim estava um cachorro que, desesperado por não fazer parte do jogo, ia, vinha, latia, pulava. De vez em quando, a cabra e o gato paravam para olhá-lo, com um gesto cheio de comiseração. Penso realmente que vários bichos são cristãos para compensar o número de cristãos que são bichos.

Vocês vão pensar que saí da *Teoria do andar*. Deixem-me agir.

Esses três animais eram tão graciosos que, para retratá-los, seria preciso todo o talento que Charles Nodier demonstrou na encenação de seu lagarto, seu lindo Kardououn, indo e vindo ao sol, arrastando para sua toca as moedinhas de ouro que ele confunde com fatias de cenouras secas. Portanto, sem dúvida, terei de desistir! Fiquei estupefato ao admirar o ardor dos movimentos daquela cabra, a fineza alerta do gato, a delicadeza dos contornos que o cachorro imprimia à cabeça e ao corpo. Quando os examinamos um pouco filosoficamente, todos os animais são mais interessantes que o homem. Neles, nada é falso! Então, voltei atrás, e as observações relativas ao andar que eu acumulava havia vários dias foram iluminadas por um clarão um tanto triste. Um demônio escarnecedor me atirou esta terrível frase de Rousseau: "O homem que medita é um animal depravado!".

Então, pensando mais uma vez no porte sempre audacioso da águia, na fisionomia do andar de cada animal, decidi pegar os verdadeiros preceitos da minha teoria num exame aprofundado *de actu animalium*. Eu tinha descido até as caretas do homem e tornei a subir, para a espontaneidade da natureza.

E eis o resultado de minhas pesquisas anatômicas sobre o movimento:

Todo movimento tem uma expressão que lhe é própria e que vem da alma. Os movimentos falsos estão essencialmente ligados à natureza do caráter; os movimentos desajeitados vêm dos hábitos. A graça foi definida por Montesquieu, que, pensando falar apenas da destreza, disse, rindo: "É a disposição ótima das forças que possuímos".

Os animais são graciosos em seus movimentos, jamais dispendendo, para alcançar seus objetivos, além do total de força necessária. Nunca são falsos nem desajeitados, e expressam sua ideia com ingenuidade. Jamais vocês se enganarão interpretando os gestos de um gato: veem se ele quer brincar, fugir ou pular.

Portanto, para andar corretamente, o homem deve ser reto sem rigidez, esforçar-se para dirigir suas duas pernas sobre uma mesma linha, não pender sensivelmente nem à direita nem à esquerda de seu eixo, fazer todo seu corpo participar imperceptivelmente do movimento geral, introduzir em seu modo de andar um leve balanço que destrua, por sua oscilação regular, o secreto pensamento da vida, inclinar a cabeça, jamais conferir a mesma pose aos braços quando parar. Assim andava Luís XIV. Tais princípios decorrem das observações feitas sobre esse grande modelo da realeza pelos escritores que, felizmente para mim, só viram nele seu aspecto exterior.

Na juventude, a expressão dos gestos, o tom da voz, os esforços da fisionomia, são inúteis. Nessa época nunca somos amáveis, espirituosos, divertidos *incognito*. Mas na velhice é preciso exibir mais atentamente os recursos do movimento; você só pertence à sociedade pela utilidade que o leva a poder frequentá-la. Jovens, somos vistos; velhos, precisamos nos mostrar: é duro, mas é verdade.

O movimento suave está para o modo de andar assim como a simplicidade está para a roupa. O animal sempre se move com suavidade em seu estado normal. Assim, nada é mais ridículo do que os grandes gestos, os solavancos, as vozes altas e esganiçadas, as reverências apressadas. Você olha por um momento as cascatas; mas permanece horas inteiras à beira de um rio profundo ou à beira de um lago.

Assim, um homem que faz muitos gestos é como um grande tagarela: todos fogem dele. A mobilidade exterior não cai bem em ninguém; somente as mães conseguem suportar a agitação de seus filhos.

O movimento humano é como o estilo do corpo: é preciso corrigi-lo sempre para levá-lo a ser simples. Em suas ações, assim como em suas ideias, o homem sempre vai do composto ao simples. A boa educação consiste em deixar às crianças sua naturalidade e em impedi-las de imitar os exageros dos adultos.

Há nos movimentos uma harmonia cujas leis são exatas e invariáveis. Ao contar uma história, se você alteia a voz subitamente, não será como se um violento toque com o arco do violino golpeasse desagradavelmente os ouvintes? Se você faz um gesto brusco, inquieta-os. Em matéria de gestos, assim como em literatura, o segredo do belo está nas transições.

Meditem nesses princípios, apliquem-nos, e agradarão. Por quê? Ninguém sabe. Em todas as coisas, o belo se sente, não se define.

Um belo jeito de caminhar, modos suaves, um falar gracioso, seduzem sempre e dão a um homem medíocre imensas vantagens em relação a um homem superior. A felicidade talvez seja um grande idiota! O talento comporta em todas as coisas movimentos exagerados que desagradam e um abuso prodigioso de inteligência que determina uma vida de exceção. Um abuso, seja do corpo, seja da cabeça, eternas pragas das sociedades, causa tais originalidades físicas, desvios dos quais escarnecemos o tempo todo. Mas a preguiça do turco, sentado à beira do Bósforo e fumando seu cachimbo, talvez seja de uma grande sabedoria. Fontenelle, esse belo gênio da vitalidade, que adivinhou as pequenas doses do movimento, a homeopatia do andar, era essencialmente asiático.

— Para ser feliz — ele disse —, é preciso ocupar pouco espaço, e pouco mudar de lugar.

Portanto, o pensamento, que torce o nosso corpo, que o faz explodir ao obedecer a seus esforços despóticos, é a força que corrompe nosso movimento, é o grande solvente da espécie humana.

Rousseau disse-o, Goethe dramatizou isso em *Fausto*, Byron o poetizou em *Manfred*. Antes deles, o Espírito Santo exclamara profeticamente a respeito dos que se movem o tempo todo: "Que sejam como rodas!".

Prometi a vocês uma verdadeira insensatez no fundo dessa teoria e estou chegando lá.

Desde tempos imemoriais, três fatos foram perfeitamente verificados, e as consequências que resultam da aproximação entre eles foram pressentidas principalmente por Van Helmont, e antes dele por Paracelso, que foi tratado de charlatão. Mais cem anos, e Paracelso se tornará talvez um grande homem!

O alcance do pensamento humano, o gênio, sua grandeza, sua agilidade, sua concretização são incompatíveis:

Com o movimento digestivo,

Com o movimento corporal,

Com o movimento vocal.

Conforme provam, a partir dos resultados, os glutões, os bailarinos e os tagarelas; conforme provam, em princípio, o silêncio ordenado por Pitágoras, a imobilidade quase constante dos mais ilustres geômetras, dos extáticos, dos pensadores, e a sobriedade necessária aos homens com energia intelectual.

O gênio de Alexandre afogou-se, como conta a história, na devassidão. O cidadão que foi anunciar a vitória de Maratona deixou sua vida na praça pública. O laconismo constante dos que meditam não poderia ser contestado.

Dito isso, ouçam uma outra tese.

Abro os livros nos quais estão registrados os grandes trabalhos anatômicos, as provas da paciência médica, os títulos de glória da escola de Paris. Começo pelos reis.

Está provado, pelas diferentes autópsias das pessoas

da realeza, que o hábito das apresentações públicas vicia o corpo dos príncipes; a bacia deles toma um aspecto feminino. Daí o conhecido bamboleio dos Bourbon; daí, dizem os observadores, o abastardamento das raças. Os defeitos do movimento, ou os vícios do movimento, causam lesões que procedem por irradiação. Ora, assim como toda paralisia vem do cérebro, assim também toda atrofia do movimento talvez chegue ao cérebro. Todos os grandes reis foram homens de movimento. Júlio César, Carlos Magno, são Luís, Henrique IV, Napoleão são provas evidentes disso.

Os magistrados, obrigados a passar a vida sentados, são reconhecidos por um não sei quê de embaraço, por um movimento de ombros, por diagnósticos que lhes poupo, pois nada têm de pitoresco e, portanto, seriam maçantes; se quiserem saber por quê, observem-nos! O gênero magistrado é, socialmente falando, aquele em que o espírito se torna obtuso com mais rapidez. Acaso não é esta a parcela da humanidade em que a educação deveria dar seus melhores frutos? Ora, há quinhentos anos ela não deu nem dois grandes homens. Montesquieu e o presidente De Brosses não pertencem à ordem judiciária senão em nível nominal: um pouco participava das sessões, o outro é um homem puramente espiritual. L'Hôpital e D'Aguesseau eram homens superiores, e não homens de gênio. Entre as inteligências, as do magistrado e as do burocrata, duas naturezas de homens privados de ação, tornam-se *máquinas* antes de todas as outras. Descendo mais um pouco na ordem social encontram-se os porteiros, os sacristãos e os operários sentados como o são os alfaiates, todos eles se arrastando num estado vizinho à imbecilidade, por privação de movimento. O gênero de vida que os magistrados levam e os hábitos que o pensamento deles adquire demonstram a excelência de nossos princípios.

As pesquisas dos médicos que se ocuparam da loucura e da imbecilidade provam que o *pensamento humano*, expressão mais alta das forças do homem, é completamente abolido pelo abuso do sono, que é um repouso.

Observações sagazes estabelecem igualmente que, da mesma maneira, a inação causa lesões no organismo moral. São fatos gerais, de ordem corrente. A inércia das faculdades físicas provoca no cérebro as mesmas consequências do sono prolongado demais. Vocês vão me acusar de dizer lugares-comuns. Mas todo órgão perece, seja por abuso, seja por falta de uso. Todo mundo sabe isso.

Se a inteligência, expressão tão viva da alma que muita gente a confunde com a alma, se a *vis humana* não pode estar a um só tempo na cabeça, nos pulmões, no coração, no ventre, nas pernas;

Se a predominância do movimento numa porção qualquer de nossa máquina exclui o movimento em todas as outras;

Se o pensamento, esse não sei quê humano, tão fluido, tão expansível, tão contrátil, cujos reservatórios Gall enumerou, e cujos afluentes Lavater magistralmente traçou, continuando assim o trabalho de Van Helmont, de Boërhaave, Bordeu e Paracelso, que antes deles disseram: "Há três circulações no homem (*tres in homine fluxus*), os humores, o sangue e a substância nervosa", que Gardan chamava de a *nossa seiva*;

Se, portanto, o pensamento prefere um canal de nossa máquina em detrimento dos outros, e a ele aflui tão visivelmente que, seguindo o curso ordinário da vida o encontramos nas pernas da criança, depois, na adolescência, elevando-se e chegando ao coração, e ganhando o coração, dos 25 aos quarenta anos subindo para a cabeça do homem e, mais tarde, caindo no abdome;

Pois bem, se a falta de movimento enfraquece a força intelectual, se todo repouso a mata, por que então o homem que quer energia vai pedi-la ao repouso, ao silêncio e à solidão? Se o próprio Jesus, o Homem-Deus, retirou-se no deserto por quarenta dias para tomar coragem a fim de suportar sua paixão, por que a raça dos reis, o magistrado, o chefe de escritório ou o porteiro se tornam estúpidos?

Como pode o movimento, que deveria dar inteligência ao alfaiate e que teria salvado os carolíngios de seu abastardamento, provocar a idiotice do bailarino, do gastrônomo e do tagarela? Como conciliar duas teses inconciliáveis?

Não é o caso de refletir sobre as condições ainda desconhecidas de nossa natureza interior? Não se deveria pesquisar com ardor as leis exatas que regem tanto nosso aparelho intelectual como nosso aparelho motor, a fim de conhecer o ponto preciso em que o movimento é benéfico e aquele em que é fatal?

Discurso de burguês, de idiota, que acredita ter dito tudo quando citou *est modus in rebus*. Poderiam vocês me descobrir um grande resultado humano obtido sem um movimento exagerado, material ou moral? Entre os grandes homens, Carlos Magno e Voltaire são duas imensas exceções. São os únicos que, mesmo tendo sido condutores de seus séculos, viveram muito tempo. Se escavarem todas as coisas humanas, aí vocês encontrarão o antagonismo assustador de duas forças, o qual produz a vida, mas que à ciência deixa apenas uma negação como única possibilidade. *Nada* será a perpétua epígrafe de nossas tentativas científicas.

Percorremos um longo caminho; ainda estamos como o louco em sua cela, examinando a abertura ou o fechamento da porta: a vida ou a morte, em meu entender. Salomão e Rabelais são dois admiráveis gênios. Um disse: *Omnia vanitas* ("Tudo é vão!"). Teve trezentas mulheres, mas não teve filhos. O outro, depois dar a volta completa em todas as instituições sociais, nos pôs, à guisa de conclusão, diante de uma garrafa, dizendo-nos: "Beba e ria!". Ele não disse: "Ande!".

Aquele que disse: "O primeiro passo que o homem dá na vida é também o primeiro rumo ao túmulo", obtém de mim a admiração profunda que manifesto por aquele delicioso imbecil que Henry Monnier pintou, enquanto dizia esta grande verdade: "Tire o homem da sociedade e você o isolará".

Apêndice de Código da toalete*

COSMÉTICOS

O famoso tradutor de Mathioli, Dumoulin, estava agonizando; virando-se para três de seus confrades que o assistiam, disse:

— "Deixo, depois de mim, três grandes médicos...".
Os doutores se inclinaram com modéstia.
— O *exercício*, a *dieta* e a *água*! — acrescentou o malicioso velhinho.

Essa lição poderia, parece-me, ser aplicada também aos que recorrem aos auxílios da cosmética. Sem dúvida, a atividade, a sobriedade, o cuidado com sua pessoa são os meios mais seguros de conservar a beleza em seu brilho e seu frescor; mas em nenhuma época o desejo imoderado de agradar contentou-se com esses simples recursos; achou-se que era muito pouco cultivar a natureza, quis-se embelezá-la e consertá-la.

A cosmética formava entre os antigos um ramo da medicina, e os gregos, esses povos tão sensíveis à beleza, professavam uma veneração profunda pelos sábios que a cultivavam; uma profusão de volumosos tratados que chegaram até nos comprovam a importância que eles davam aos me-

---

* *Code de la toilette*, de Horace Raisson. Doyen, Paris, 1828. O "Apêndice" é de Balzac. Cf. Pierre-Georges Castex (Org.), op. cit., pp. 1351 ss.

nores segredos da toalete. Perdida durante séculos, junto com as outras ciências, ela reapareceu enfim sob o belo céu da Itália, e logo foi importada entre nós, com o luxo, a civilização e a galanteria, pela brilhante corte dos Médici.

Não tencionamos traçar aqui a história da cosmética e mostrar nossos bons antepassados trocando com frequência suas fortunas, e às vezes sua saúde, pelas drogas de Nostradamus, cujos maravilhosos efeitos restituíam, pelo que ele dizia, "a face limpa, luzidia e polida como um espelho".

A moda dos perfumes e das maquilagens, apesar das proclamações do clero e dos sábios avisos dos homens esclarecidos, fez rápidos progressos; logo se tornou impossível combatê-la, e a levaram a tamanho excesso na época de La Bruyère, que esse moralista escreveu:

> Se as mulheres fossem naturalmente assim como se tornam por seus artifícios; isto é, se perdessem de repente o frescor de sua tez, se tivessem o rosto tão brilhoso e tão plúmbeo como se tornam com o ruge e as pinturas com que se maquilam, seriam inconsoláveis.

Nossa Revolução, ao fazer justiça com os velhos abusos, também fez justiça com as modas ridículas; os penteados de três andares, as crinolinas, o ruge e as pintas postiças desapareceram assim como os abades, as corporações e o dízimo: a partir de então, a mulher pôde ser viçosa e linda impunemente; a coqueteria deixou de ter suas mártires; combinações simples e elegantes substituíram os apetrechos da antiga etiqueta.

Desde esse momento, a ciência da cosmética simplificou-se muito. Aliás, os avanços da química vieram esclarecer a inexperiência a respeito do perigo da maioria de suas preparações; e os charlatães, que continuam a louvar suas preparações nocivas, são ainda mais culpados hoje na medida em que já não precisam alegar sua ignorância como desculpa.

Graças ao céu, a cerusa e o cinábrio já não são empregados a não ser no teatro; no entanto, ainda existem alguns abusos, e mais de uma mulher pode confundir as preparações inocentes, tais como certas águas espirituosas, óleos perfumados, condimentos vegetais, com cosméticos cuja base é o chumbo, tais como o alvaiade, o vinagre de Saturno e o bismuto. Portanto, deve-se rejeitar sem exceção toda preparação em que entrem óxidos metálicos ou ácidos minerais; a toalete encontra recursos bastante poderosos nessas receitas salubres que, simples como a natureza, e destinadas somente a ajudá-la, realçam o brilho da beleza, prolongam seu império e até compensam sua ausência.

Depois de ter posto nossos leitores avisados contra o charlatanismo dos vendedores de cosméticos, resta-nos indicar-lhes algumas composições benéficas, para as quais chamamos sua preferência, tanto devido aos felizes efeitos que delas se retiram, como pela facilidade com que é possível prepará-las.[1]

---

[1] Apresentamos aqui uma série de receitas preciosas, com tanto mais confiança quanto devemos sua comunicação à gentileza dos srs. Dissey e Piver, perfumistas patenteados do rei, fornecedores da senhora duquesa De Berry. Os trabalhos esclarecidos desses dois hábeis associados concorreram bastante para os progressos recentes da arte cosmética. Eles a enriqueceram com um grande número de descobertas e felizes combinações. É só nesse estabelecimento que se podem encontrar o verdadeiro *Serkis du Sérail*, precioso para o cuidado com a pele, a excelente *Pommade des Francs* e o pó *Dentifrice Mao-Tcha*. Mas uma nova invenção, da qual acabam de obter uma patente, merece em especial o sufrágio e a benevolência de todas as nossas leituras; é o *Blanc de Neige*, pó quase impalpável, branco como a neve e derretendo como ela; essa preparação amacia a pele, aumenta seu frescor e seu colorido; a moda tomou o *Blanc de Neige* sob sua proteção, e ele já é encontrado em todas as toaletes.

A Casa Dissey-Piver, perfumistas-destiladores, está instalada na Rue Saint Martin, nos 111 e 115.

Pomada de pepinos

A pomada de pepinos dá à pele maciez e frescor. Seu emprego, sempre agradável, é também salutar para diversas afecções de pele; eis sua receita:

Ralam-se pepinos brancos, que são postos numa quantidade igual de azeite fino; coloca-se em banho-maria o recipiente de porcelana ou de prata contendo essa mistura e mexe-se com uma colher de prata. Retira-se o recipiente quando vai começar a ebulição e passa-se o resíduo por uma peneira fina. Recoloca-se até seis vezes o mesmo azeite sobre outros pepinos ralados, e sempre se retira o recipiente antes que o banho-maria comece a ferver. Obtém-se assim uma pomada untuosa e brilhante de brancura. É preciso cobrir os potes com uma camada de gordura, para impedir o contato com o ar.

Água para eliminar rugas

Há uma profusão de preparações compostas com o objetivo de eliminar as rugas. Não indicaremos suas diversas receitas. A que damos aqui tem pelo menos algo de precioso, que é o fato de que, se não possui toda a virtude que lhe atribuem, pelo menos é inocente, e diferencia-se pelas qualidades de um bom cosmético.

Põe-se para ferver uma pitada de cevadinha em meio litro de água: quando os grãos estiverem perfeitamente cozidos, passa-se a água, à qual se acrescentam umas gotas de bálsamo-de-meca.

Receita para fazer os cabelos crescerem

Volta e meia, depois de uma doença, os cabelos enfraquecidos ameaçam uma queda total; a preparação seguinte é, nesses casos, recomendada pelo autor do *Dictionaire de l'industrie française*, que garante ter visto seus efeitos mais rápidos e mais satisfatórios.

Derretem-se juntos, num potinho de barro, uma onça de tutano fresco de boi e uma onça de gordura retirada do *pot-au-feu* antes que este tenha sido salgado. Em seguida filtra-se essa mistura e joga-se sobre uma onça de óleo de avelã.

Água para os olhos

A verdadeira cosmética não conhece bálsamos, nem pomadas apropriadas para dar brilho e vivacidade aos olhos; a medicina rejeita todos eles, por serem perigosos. A água fresca basta para lavá-los à noite e de manhã, e reparar o cansaço dos músculos. Às vezes, porém, os olhos são afetados por um inchaço causado pelo calor, pela poeira ou pelas insônias. Nesse caso, pode-se substituir vantajosamente a água pura por uma infusão de folhas de hissopo num copo de água fervendo, ou flores de malva no vinho branco. Esses dois remédios tão simples são fortificantes. São empregados em loções; frias no verão, mornas no inverno.

O célebre médico inglês Willich recomenda, quando a visão está momentaneamente enfraquecida, banhar de vez em quando o lábio superior em água morna, por causa de sua estreita ligação com o nervo óptico. Também aconselha fumigar os olhos depois do jantar, com o vapor do café em ebulição.

Cuidados com o ouvido

É importante, ao limpar toda manhã o ouvido com um pequeno instrumento destinado a tal uso, não tornar a operação completa demais; seria perigoso tirar em excesso justamente a secreção destinada a lubrificar o conduto do ouvido: a natureza se propôs um objetivo com essa secreção; o *cerume* (é o nome que a medicina lhe dá) opõe uma muralha aos insetos, aos sons estridentes demais, aos vapores impuros espalhados na atmosfera. Contrariar esses resultados, querendo manter uma limpeza exagerada dos condutos do ouvido, poderia ser nocivo à saúde e afetar o órgão da audição. Todavia, também é preciso evitar o excesso oposto, deixando acumular e endurecer uma quantidade de cerume no fundo do conduto auditivo; pois então ela prejudicaria a fineza da audição. Aliás, basta a sensibilidade das paredes do ouvido para advertir sobre o ponto em que é conveniente parar, a fim de conciliar as exigências da toalete e o cuidado com a saúde.

Pomada para os lábios

A pomada mais simples e a mais usual para restituir aos lábios a maciez que a secura ou o frio os fazem perder tão frequentemente é um cerato composto de óleo de amêndoas doces e cera virgem; deve-se colori-lo com alcana e aromatizá-lo com essência de rosas.

Dentifrícios

"Os cosméticos destinados aos cuidados com a boca", diz o *Dictionnaire des sciences médicales*,

> são o espírito de cocleária e a tintura de guaiaco: os elixires em que se fazem entrar a hortelã, o píretro, o cravo-da-índia, a noz-moscada, são muito salutares; mas devem-se rejeitar os ácidos, tais como a água antiescorbútica de Désirabode, que não passa de ácido sulfúrico colorido, e cuja ação sobre os dentes só pode ser funesta. Também é preciso desconfiar de to-

dos os pretensos *tesouros da boca* cuja composição está oculta.

De fato, todos os ácidos, tais como o sal de azedinha, o limão, o creme de tártaro, e ainda mais especialmente os ácidos minerais, clareiam os dentes; mas seja qual for a forma em que são usados, seja qual for o nome com que venham disfarçados, seu inevitável resultado é, em pouco tempo, corroer, calcinar os dentes, amarelá-los, tirar-lhes o polimento e até mesmo acabar por manchá-los, se não determinarem sua queda antecipada.

Os pós são igualmente perigosos; sua base só pode ser o coral pulverizado, a semente de pérolas, as pedras de lagostim, a pedra-pomes, o osso de sépia, as cascas de ovos calcinadas, o alúmen, a porcelana em pó; seu emprego é mais desastroso ainda porque a fricção imediata que promovem tira o esmalte, descarna os dentes e altera as gengivas.

Os opiatos são compostos por esses mesmos ácidos ou pós corrosivos, e por isso são igualmente perigosos; se, ao contrário, só se compõem de mel e perfumes, são sem efeito.

Portanto, todas essas preparações empíricas devem ser rejeitadas: o melhor dentifrício, e o mais simples ao mesmo tempo, é o pó impalpável de carvão. Como o carvão, porém, só possui uma virtude antipútrida, e como é útil que um dentifrício fortaleça as gengivas clareando os dentes, pode-se misturá-lo assim: uma onça de carvão peneirado, uma meia-onça de açúcar-cândi pulverizado; três oitavos de onça de quina do Peru e uma onça de creme de tártaro.

As propriedades de cada uma dessas substâncias, que crescem e se desenvolvem graças à mistura, devem fazer com que esse dentifrício seja preferível a qualquer outro. De fato, a quina fortalece as gengivas, o ácido do tártaro aumenta o brilho, o carvão embranquece os dentes. Empregadas separadamente, cada uma dessas substâncias teria, porém, seus inconvenientes:

A quina sozinha amarelaria o esmalte, o tártaro poderia alterá-lo, o açúcar seria impotente, o carvão deixaria uma cor desagradável em torno das gengivas. A mistura neutraliza os maus efeitos e desenvolve os bons.

Um costume muito salutar para conservar os dentes saudáveis e a boca fresca é escová-los ligeiramente toda noite, antes de ir para a cama, e bochechar com água aromatizada de aguardente de cereja ou aguardente de guaiaco.

Sabão para a barba

Não é indiferente empregar para a barba todos os sabões de que os perfumistas se gabam. A maioria contém princípios ácidos ou salinos que prejudicam essencialmente a pele. O sabão de amêndoas de Demarson, ou o chamado sabão de Lady Derby, devem ser preferidos a todos os outros, não só para a barba como para todos os outros usos de toalete.

A composição do sabão de Lady Derby é muito simples; eis sua receita:

Duas onças de amêndoas amargas escaldadas, uma onça e um quarto de tintura de benjoim, meio quilo do melhor sabão branco, um pedaço de cânfora do tamanho de uma avelã: triturar as amêndoas e a cânfora num pilão, quando estiverem bem misturadas acrescentar o benjoim e depois o sabão. Quando a mistura estiver perfeitamente pronta, e ainda quente, prepará-la em bolas ou em barras.

Seria supérfluo anotar aqui a necessidade de jamais se servir de navalhas, esponja, escova de barba ou toalhas que pertençam a pessoas estranhas. Os mais graves inconvenientes podem ser o resultado desse simples descuido.

Cosméticos para as mãos

Para preservar as mãos contra as rugas e as rachaduras é preciso lavá-las em água morna e evitar expô-las ao ar imediatamente depois. A pele dos braços e das mãos, embora de um tecido mais compacto que o de outras partes do corpo, está sujeita a uma grande dilatação: o frio lhe é prejudicial, o vento a resseca, o sol a escurece muito depressa, ao passo que um suave calor a incha e amacia; assim, a melhor precaução para conservar a beleza da mão é usar constantemente luvas de couro. As de pele de cachorro têm, mais que todas as outras, a vantagem de amaciar e conservar a epiderme. Algumas pessoas ainda usam luvas gordurosas. A melhor maneira de prepará-las consiste em bater duas gemas de ovos muito frescos, junto com duas colheres de óleo de amêndoas doces: essa mistura é salpicada por uma meia onça de água de rosas, e a ela se acrescentam dois oitavos de onça de tintura de benjoim. Mergulham-se nesse cosmético as luvas viradas do avesso e à noite elas podem ser calçadas.

A pasta de amêndoas não convém a todas as peles, há até mesmo algumas que ficam amareladas e escuras; nesse caso, é preciso substituí-la pelo fruto do *aesculus*, ou castanheiro-da-índia, que não tem o mesmo inconveniente. "O uso frequente dessa farinha, diz a *Encyclopédie de la beauté*, é muito salutar: a pele adquire um brilho admirável; ela limpa perfeitamente e não é sujeita a nenhum dos inconvenientes das substâncias saponáceas."

Entre os cuidados a tomar com as mãos, há um que não se deve negligenciar: é o de sempre se servir de uma escova muito fornida, larga e mole. Se os fios de seda fossem separados ou duros, arranhariam a pele e lhe tirariam seu brilho.

Quanto às unhas, o hábito dos cuidados diários lhes propicia o polimento, a transparência, a própria forma em que consiste sua beleza. É frequente que a leve membrana que envolve seu contorno se estenda exageradamente e esconda esse pequeno arco esbranquiçado que tão bem faz uma bela unha parecer uma pétala de rosa. Tira-se facilmente essa película com a ponta de um limpa-unhas. Para dar uma bela cor às unhas é preciso todo dia, ao terminar a toalete, poli-las com uma esponjinha embebida numa mistura de cinábrio e esmeril; em seguida, depois de enxugá-las bem, umedecê-las com um pouco de óleo de amêndoas amargas.

As unhas são sujeitas a duas doenças: o ressecamento, que as curva ou as quebra, e a fraqueza, que as amolece a ponto de estragá-las ao menor contato. No primeiro caso, aplica-se, à noite, sobre sua superfície um elemento gorduroso qualquer; no segundo, é preciso usar a seguinte pomada fortificante: meia onça de óleo de lentisco, uma pitada de sal, uma pequena porção de colofônia, outra igual de alúmen, um pouco de cera virgem. Com tudo isso forma-se um cerato.

Quanto às manchas esbranquiçadas que às vezes aparecem nas unhas, e que Horácio chama *Os perjúrios de Barine*, elas desaparecem aplicando-lhes piche e mirra bem misturados.

Meios de paliar os efeitos da transpiração

A transpiração cutânea é logo visível quando, fortemente excitada, sai dos poros em gotinhas aquosas; ora invisível, mas observável quando se põe a mão sobre uma superfície plana, e que embaça instantaneamente. Essa ação é chamada de transpiração insensível: é por ela que se soltam continuamente do corpo, na forma líquida ou gasosa, as matérias de que o corpo quer se livrar. Quando saem, essas matérias expelidas são dissolvidas pelo ar, ou absorvidas pelas roupas. Os acidentes mais graves se declaram assim que essa transpiração é retida.

Para que a estrutura do corpo retire da transpiração todas as suas vantagens, esta precisa ser favorecida pelos contínuos cuidados de toalete, por banhos regulares e pela frequente troca de roupa de baixo.

Como a transpiração contém princípios ácidos, dela resultam certos inconvenientes quando, via de regra, é abundante. Ela destrói por completo as cores, as da seda sobretudo, e às vezes exala um cheiro desagradável.

Uma extrema limpeza é o único remédio como auxílio para se combater esse inconveniente. De manhã e à noite é preciso enxugar debaixo do braço com uma toalha muito seca ou uma flanela fina. Os banhos, ao facilitarem a transpiração geral, diminuem a das partes onde ela se fixa de preferência e lhe retiram todas as suas qualidades azedas; também se pode polvilhar, à noite, o pó seco de íris-de-florença nas partes que a transpiração prefere. O pó de alúmen queimado convém ao mesmo uso, mas seu cheiro está longe de ser tão agradável.

Terminando essa nomenclatura, sem dúvida demasiado sucinta, de alguns dos cosméticos que convêm mais geralmente, repetiremos mais uma vez este aforismo do qual todo o nosso livro será apenas o desenvolvimento: "A alma da toalete é uma delicada limpeza". O melhor odor é não ter nenhum; e só devemos usar cosméticos, mesmo os mais simples, quando alguma necessidade obriga.

APLICAÇÕES

Meditações sobre a moda

A moda é a rainha do mundo!

Quem confere à vontade as reputações, a fortuna, o espírito, as honras, a própria honra? A moda.

É ela que, sob vinte nomes diferentes como seus caprichos, cria, destrói, eleva ou derruba os impérios e os penteados, as Constituições e o corte das roupas.

Parece que foi para lhe servir de divisa que se escreveu o *"pro ratione voluntas"*.*

"É a moda!" Essa frase responde a tudo: submetida à sua mágica influência, a França mostrou-se, sucessivamente, teatral na época de Luís XIV, libertina na época do Regente, econômica na de Turgot, passiva na de Bonaparte, paciente na de Luís XVIII, e ei-la que, há alguns meses, toma enfim uma aparência constitucional.

Antigamente os homens na moda formavam uma classe na sociedade. Era-se, então, homem na moda, como hoje se é diletante, romântico, gastrônomo; era uma especialidade, uma espécie de profissão moral.

Brilhantes atributos físicos, uma fortuna considerável, alguma aventura escandalosa era o que punha, em primeiro lugar, um homem na moda. A partir de então ele podia tudo se permitir. O que, em outro, teria sido visto como fatuidade, impudência, nele se jogava na conta do atrevimento, da consciência de seu mérito. Aliás, a inteligência, a elegância e a graça eram indispensáveis ao homem na moda; a ele era permitido ter todos os vícios, contanto que os escondesse sob um verniz encantador de elegância e bom-tom. Hoje, o tipo está perdido: melhor assim, diz a moral; pior assim, responde o prazer.

É frequente confundir-se a moda com a glória; é verdade que nada se parece mais, e poderíamos acreditar que fossem irmãs. Certo general, que jamais comandou sem fazer uma escola,** tem uma grande reputação; certo pro-

---

* A citação de Juvenal é *"Hoc volo, sic jubeo, sit pro ratione voluntas"* ["Eu quero, eu ordeno, eu tenho razão, que minha vontade baste"]. *Sátiras*, livro VI, p. 223.
** *Faire une école* [fazer uma escola] é termo do jogo trique-traque, parecido com o gamão, e significa esquecer de marcar os pontos ganhos, portanto, cometer um erro.

fessor adquire celebridade graças à perseguição, bem mais que a seu talento; vejam-nos entrar num salão, porem-se em evidência por algum gesto inofensivo, e o nome deles explode e retumba. É a moda que os proclama; seus amigos dizem que é a glória.

Em nossos salões quase sempre há um assunto de conversação que está na moda, como uma melodia favorita e uma peça em voga. Depois da Revolução era muito usual, como convém, deplorar os excessos e afirmar ter sido vítima deles. No Império, faziam-se votos por nossas glórias e imprecações contra o leopardo inglês; hoje, é sinal de boa educação, no Faubourg Saint-Germain, dizer umas palavrinhas sobre sua indenização,* gemer sobre a perseguição do clero, ou derrubar o trono do Grão-Turco. Esses prazeres são muito inocentes; só que as conversas, assim como os vestidos e as casacas, parecem todos talhados pelo mesmo molde.

Aliás, como todos os tiranos, a moda só exerce inteiramente seu poder sobre os que são muito fracos para lhe resistirem. Sem se chocar de frente com seus decretos, é possível acomodá-los a seu bel-prazer; antes de ser posto na moda, é preciso estar bem-posto; o homem de gosto enfeita aquilo que usa, bem antes de ser enfeitado; e a moda, curvando-se diante de sua conveniência ou seu capricho, quase sempre adquire mais graça e encanto.

Se procurássemos nos anais da moda todas as esquisitices, as bobagens, os ridículos que ela fez pesar sobre a espécie humana, seríamos atirados num estranho espanto. Fonte das maiores coisas como dos mais miseráveis excessos, desde sempre ela foi a arma mais poderosa nas mãos de pessoas bastante hábeis para dirigi-la. Não há nada tão risível nem tão cruel que não tenha tido seu tempo de

---

* Os nobres cujos bens tinham sido nacionalizados e vendidos pelo Estado, na época da Revolução Francesa, foram indenizados por uma decisão ministerial de 1825.

moda. Sob Luís XIV, a música de Rameau e os envenenamentos estavam na moda.

Nos bons tempos, quando Madame de Pompadour traçava um plano de batalha com ruge e pintas postiças, Paris estava povoada de mulheres na moda; hoje vemos muito poucas. O epíteto de mulher na moda, que era então um galante cumprimento, correria até mesmo um grande risco de ser tomado como uma injúria por uma mulher honesta: não é que o pundonor tenha se tornado mais comum, só que se conferiu outra direção ao sentido das conveniências: temos mulheres célebres e mulheres-poetas.

É em Paris que a moda parece ter instalado a sede de seu império. Os teatros, os passeios, as roupas, os personagens, a política, a literatura, os acontecimentos, tudo aqui é julgado sob sua influência. Todavia, façamos justiça à equidade quase constante de seus decretos: o público parisiense raramente se deixa decepcionar, e as reputações a que dá seu sufrágio são sempre baseadas num grande mérito ou num verdadeiro talento. Aliás, se às vezes a moda comete alguns equívocos, prontamente ela faz justiça: é uma velha coquete que pode ser enganada, mas cuja inconstância logo a faz reparar seu erro.

Sobre os banhos

De todos os cuidados exigidos pela toalete, o mais simples, o mais agradável, o mais natural é o banho, que é também aquele que exerce uma influência mais imediata e mais constante sobre a saúde.

Sem chegarmos, para provar suas virtudes, ao vigor e à longevidade dos povos antigos, devemos nos impressionar com essa verdade de que os povos que, por culto ou por regime, fazem do banho um uso mais frequente vencem os outros em beleza física. É à sua prática cotidiana que as mulheres do Oriente devem, além dessa flexibilidade das formas, a delicadeza de pele que as distingue, a vantagem de se entregarem sem perigo às doçuras de uma vida indolente e ociosa.

No tempo, lamentável talvez, em que legisladores e sábios eram apenas *pastores de homens*, como diz La Fontaine, a prática do banho ocupava a primeira linha entre os deveres religiosos e sociais: daí as águas lustrais, as imersões, as abluções, às quais todos se apressavam em submeter-se: hoje, não são mais as leis e a religião que comandam a prática dos banhos, mas apenas a higiene e o coquetismo; felizmente, quanto a isso sua força é suficiente, e o interesse pessoal manda com bastante vigor conformar-se a seus imperiosos conselhos.

Na verdade, a impressão de bem-estar que o banho provoca basta para se apreciarem suas benéficas virtudes. Ele age imediatamente sobre a pele, tira as pequenas escamas da epiderme e solta o seu humor sebáceo. Desentupindo os poros, acelera a circulação, facilita e aumenta a transpiração e proporciona uma espécie de languidez suave, uma agradável prostração, que, sem dúvida, não deixa de ter seu encanto.

Os efeitos do banho, todavia, são diferentes, dependendo do grau de calor ou do frio do fluido; as precauções a tomar, quando se entra ou se sai dele, também diferem, dependendo da temperatura.

O calor distende e rarefaz todos os corpos; o frio os comprime e os condensa. O banho frio, aquele cuja temperatura não ultrapassa doze a quinze graus acima de zero no termômetro de Réaumur,* primeiro comprime a superfície do corpo, crispa levemente a pele, aperta os vasos sanguíneos e condensa os fluidos que aí circulam. Mas logo o calor interno reage, rejeita a ação do frio, torna a circulação mais intensa, mais forte, e torna a dar a todas as funções uma energia maior.

---

* De doze a dezenove graus Celsius.

O banho frio, portanto, é tônico e aumenta o calor interno, mas é preciso que a imersão seja súbita e completa. É perigoso entrar lentamente na água fria; quando se penetra gradualmente, o frio das extremidades inferiores reflui o calor para os órgãos mais no alto do corpo. Em geral, o banho frio, favorável à juventude cujo temperamento ele fortalece, não convém à velhice, às constituições fracas, nem aos peitos delicados, pois como a reação não pode se operar, o calor dificilmente se restabelece nas partes que tiveram o primeiro contato com o frio.

Em qualquer idade, quando se quer tomar um banho frio o corpo deve estar repousado, a transpiração não deve ser estimulada pela marcha ou pelo trabalho, a digestão deve estar completamente feita.

Quando a água corrente está numa temperatura bastante elevada, pode-se ficar na água, sem inconveniente, por meia hora ou 45 minutos: doze a quinze minutos bastam quando ela está mais fria.

Ao sair do banho, é preciso se enxugar e esfregar o corpo, para tirar a umidade e livrar a pele dos pedacinhos que se soltaram pela ação da água. Se sentirmos o corpo resfriar, convocaremos o calor ao esfregar o corpo, e particularmente o peito, com uma solução alcóolica; e nos vestiremos prontamente, e faremos um exercício moderado para restabelecer a transpiração.

Embora o banho frio afie o apetite, é prudente abster-se de comer imediatamente depois de sair, porque nesse caso o calor, dirigindo-se do centro para as extremidades, deixa os órgãos digestivos desprovidos de parte da força de que precisam para cumprir suas funções.

Os banhos frios convêm pouco às pessoas acostumadas com uma vida indolente e sedentária; elas só os devem tomar na medida em que lhes forem prescritos.

Como cosméticos, esses banhos só convêm às mulheres de temperamento sanguíneo, ou dotadas de umas gordurinhas; em geral são nocivos para as mulheres esbeltas ou com tendência para a magreza; aliás, eles fecham a pele, tornando-a escamosa.

Enquanto dura o verão, os diversos banhos de água corrente, abertos em Paris, são muito frequentados. É até de bom-tom entre os jovens comparecer todo dia à escola de natação instalada na bacia do Pont-Royal. O traje, para os nadadores hábeis, se compõe do calção de cor viva e do barrete grego.

Os banhos quentes relaxam e amolecem as fibras, aumentam a transpiração e até a restabelecem quando ela é suprimida. Sua prática é extremamente salutar, mas é preciso regulá-lo a partir do estado de saúde: a idade, sobretudo, deve determinar seu uso; os banhos muito frequentes enfraquecem, esgotam, predispõem aos resfriados, e a longo prazo alteram o temperamento.

Quando se tomam banhos mornos ou quentes, não são necessárias tantas precauções quanto para mergulhar na água fria; mas as precauções são mais necessárias ao sair de um banho. Depois de se enxugar com panos secos e quentes, e depois de se esfregar, seria preciso ir para a cama, ali ficar ao menos uma hora e só se expor ao ar exterior gradualmente, a fim de evitar a contração súbita dos poros abertos, causa frequente de doenças.

Infelizmente, nossos estabelecimentos de banhos são, desse ponto de vista, muito imperfeitos; o ar das cabines é pesado, quente e úmido; não se encontram camas, nem mesmo um salão onde se possa descansar, acalmar a agitação produzida pelo banho e respirar um ar temperado. Somos obrigados a sair imediatamente e nos expormos ao ar exterior; recomeçamos a andar; transpiramos ou nos resfriamos, e esses dois acidentes são igualmente nocivos para a saúde.

Como regra geral, é preciso repousar antes do banho frio e depois do banho quente.

As mulheres devem recorrer com muita frequência aos banhos quentes; a água, amornada num grau praticamente igual à temperatura do leite recém-ordenhado, penetra no músculo, o distende, o amolece; e dá a todo o corpo, por assim dizer embebido, esse verniz de frescor, esse bom aspecto rosado que acrescenta tanto encanto à própria beleza.

Nossa intenção não é, aqui, entrar nos detalhes das diferentes espécies de banhos cosméticos que cada um prepara de acordo com seu capricho ou seu gosto: umas gotas de água-de-colônia ou de água de cerejas, acrescentadas à água, só podem ter um efeito benéfico. Na Alemanha tem-se o costume de jogar na banheira, na hora em que se despeja a água quente, uns punhados de erva-cidreira, tomilho e lavanda; o vapor que sobe fortifica os órgãos, ao mesmo tempo que as qualidades amargas desses símplices conferem ao banho certas virtudes detergentes; contudo, deve-se recorrer raramente a esses banhos artificiais. A melhor maneira de temperar a água é jogar uma quantidade de pasta de amêndoas suficiente para turvá-la dando-lhe uma aparência leitosa; assim se amacia a pele e se impede a água de macerá-la, como acontece às vezes quando se fica muito tempo na água.

Ao sair do banho, há um cuidado muito negligenciado, e no entanto muito necessário no interesse da conservação da beleza e da saúde: são as fricções. Depois de enxugar as partes que, por sua conformação, poderiam conservar a umidade, o rosto, o pescoço e o peito, com muito cuidado para não alterar o tecido da pele, e depois de tirar, por uma fricção exagerada, o ligeiro aveludado que a recobre; depois de esfregar mais fortemente as articulações, é preciso fazer uso da escova de esfregar. Essa escova é guarnecida de longos pelos de seda brancos, bastante moles para não comprometer a pele, bastante elásticos ao mesmo tempo para que caiam as pequenas películas escamosas que a água soltou. A fim de tirá-las mais completamente, umedece-se um pouco a superfície da escova com uma solução alcoólica perfumada, ou com uma essência oleosa, se a qualidade da pele permite. Assim que terminar a fricção, é preciso, caso não se possa ir deitar, vestir-se prontamente e fazer um pouco de exercício; logo se sentirão os efeitos dessa excelente precaução, e disso a pele tirará apreciáveis vantagens.

Assim como a toalete exige que os cuidados de limpeza levem em conta a idade, o sexo e o temperamento, a higiene também exige que eles se diferenciem segundo os climas, as estações do ano, as temperaturas.

Nos climas quentes, a transpiração quase contínua diminui consideravelmente a parte linfática do sangue. Banhos numa temperatura inferior à do ar atmosférico são necessários para introduzir nos poros uma quantidade de água que restabeleça o equilíbrio nos humores e acalme sua efervescência habitual.

Nos climas muito frios, os banhos a vapor devem excitar a transpiração sempre lenta e rara.

Nas regiões temperadas, banhos mornos são úteis para limpar a pele, soltar da epiderme as moléculas emanadas pelo corpo e facilitar a eclosão das que devem lhes suceder.

Em tempos muito secos, é possível banhar-se com frequência; nos tempos úmidos, as fricções secas são mais convenientes.

Às precauções que indicamos é preciso acrescentar uma, não menos essencial, e no entanto quase sempre descuidada, que é não tornar a vestir, ao sair do banho, a camisa ou o colete de flanela usados antes de entrar no banho, a não ser que um ou outro só tenha sido usado algumas horas. Sem essa precaução, os poros muito abertos logo reabsorveriam as emanações anteriores e levariam para a massa dos humores os elementos dos quais teriam se livrado.

Mas às vezes os lugares, a conveniência ou qualquer outra causa se opõem a que possamos tomar banhos de corpo inteiro; deve-se então substituir, com loções genéricas ou particulares, a água morna ou fria, dependendo da estação; elas não são capazes de proporcionar todos os resultados higiênicos do banho, mas bastam para, ao menos, cuidar da pele e tirar da epiderme o resíduo da transpiração.

Ao terminar este capítulo, resta-nos recomendar a nossos leitores um estabelecimento cujo sucesso comprova sua utilidade; queremos falar dos *Thermophores*, ou banhos em domicílio. Graças a essa empresa, que tem agora escritórios em todos os bairros de Paris, é possível, a qualquer hora, tomar comodamente em casa banhos sem que nenhum inconveniente venha atrapalhar seus efeitos salutares. Uma observação, muito favorável aos progressos que diariamente entre nós faz o amor pela verdadeira toalete, deve concluir esta série de informações: Paris, que contava com apenas cinco ou seis casas de banhos há cerca de quarenta anos, hoje possui mais de quinhentas.

Sobre os passantes

Poder-se-ia julgar um homem apenas pela inspeção de seu guarda-roupa. Seu caráter, seus gostos, seus pendores, seriam revelados pela escolha, pela cor, pelo corte de suas casacas, por seu estado, sobretudo, de cuidados ou de desleixo. Há na toalete esses traços característicos que toda a arte do alfaiate, toda a vigilância do criado de quarto não conseguiria prever nem impedir. O hábito da reflexão, inclinando a cabeça, faz o colarinho formar pregas; o desleixo desgasta primeiro os cotovelos e os flancos do fraque; o orgulho que deixa a cabeça e o busto empertigados, a carolice do rosto oblíquo, a atividade, a exaltação, a preguiça, o amor, tudo isso se trai por sinais evidentes. Em suma, o traje tem uma fisionomia, um caráter, um físico, uma moral.

Dois famosos observadores pretenderam encontrar uma grande analogia entre os traços do rosto, as protuberâncias da cabeça e as disposições morais dos humanos; as pessoas que, prosélitas do espiritual Hoffman, veem por todo lado paradoxos, atacaram vigorosamente os sistemas de Lavater e Gall. Afirmaram que alguns fatos, engenhosamente apresentados, só deviam deixar a seus autores a glória de terem descoberto uma nova maneira de dizer a sorte, mais apropriada aos avanços da civilização do que a dos ciganos metoposcopistas* ou quiromancistas; mas, apesar do pirronismo, os trabalhos dos dois cientistas não deixaram de ter grande utilidade, e a ciência fisiognomônica fez adeptos, cujas fileiras se tornam mais numerosas a cada dia.

É a esses graves espíritos que nos dirigimos hoje; o sistema que lhes expomos é fruto de longas pesquisas de um amigo nosso, intrépido leitor das obras de Cardan e Porta,** que se gaba de ter descoberto o método infalível e fácil de adivinhar a profissão de todas as pessoas que encontra, por sua aparência, seu porte, seu hábito corporal.

Um homem avalia com o olhar a casaca, o colete, a calça dos passantes; examine você mesmo o aspecto dele: cores vivas, descombinadas, exagero na observância da moda; os joelhos para fora, o calçado e o chapéu desmazelados. É um alfaiate; rirá de pena do desleixo de algum confrade.

Outro, com os olhos grudados no chão, esbarra a toda hora nos carros: é um fabricante de botas que examina o calçado de nossos elegantes; reconheça-o por seus cotovelos em ponta. Se os olhos dele se fixassem nas formas evasês dos chapéus, seria com toda certeza um chapeleiro;

---

* A metoposcopia é, segundo o dicionário *Littré*, "a pretensa arte de conjecturar pela inspeção das feições do rosto o que deve acontecer com alguém".
** Girolamo Cardano (1501- c.1576) é o autor de *La Metóposcopie*, publicado em Paris em 1658. Giambattista de la Porta (1535?-1615) é autor de *De humana physiognomia*, de 1601, do qual é publicada nova tradução em francês em 1808. Ambos são precursores dos trabalhos de Lavater e Gall, tão admirados por Balzac.

suas mãos comprovariam sua profissão, pelo menos tanto quanto o nome de sua loja, o Temple du Goût.

Não receie que aquele que se aproxima tão perto de você e da senhora que o acompanha arranque a sua corrente do relógio, os seus anéis ou os seus diamantes; é pura e simplesmente um joalheiro: está muito intrigado para saber se o metal é puro, se as pedras são preciosas, se as pérolas foram pescadas no golfo Pérsico ou no cabo Cormoran.

Eis um homem de rosto lívido; sua toalete é bastante esmerada, embora rígida e estudada; resmunga umas palavras enquanto calcula o jogo dos músculos de todos os rostos. É o Esculápio do bairro. Aferra-se em descobrir em você os sinais patognomônicos da doença da qual você morrerá; diverte-se em suputar os poucos dias, horas e momentos que ainda lhe restam a viver.

O homem gordo e baixo, de ventre pouco saliente, que passa todos os dias diante de suas janelas à mesma hora, e que, com sua casaca metodicamente escovada, seu chapéu cujo pelo um pouco raro a água faz brilhar, se detém dois minutos na padaria para pegar uma bisnaga, cujo preço crescente o faz empalidecer, é um empregado da Tesouraria. Sua vida é regrada, seus hábitos são os mesmos; não sabe o que fazer num feriado.

Seguindo-se essa analogia, um quitandeiro se detém defronte da loja de um quitandeiro; e lhe dirá, caso necessário, quantos são eles em Paris, em cada bairro de Paris, em cada rua de Paris. O pintor permanece duas vezes mais tempo que outro na porta de um vendedor de estampas; assim que descobre um erro numa gravura, num quadro, continua alegremente seu caminho.

Ao entrar num baile público, em Paris, em Sceaux, em Montmorency, um professor de dança se pavoneia e faz um *entrechat* mental que o mantém na ideia de que as pessoas que vê não têm senso comum. Enfim, só mesmo os nossos poetas de circunstância, os nossos fazedores de vaudevilles e de melodramas (falo dos que fazem os ruins) é que não se deixam reconhecer pelo ar distraído do gênio, pelo tom competente do sábio, pelo andar afetado do alto funcionário.

Assim como o homem de espírito evita, em sua conversa, tomar ao pé da letra o que se refere a seus interesses, sua profissão, seus hábitos ou os de seu interlocutor, em sua toalete, em seu modo de andar ou em suas maneiras ele evita se trair. Hoje, o médico ou o advogado que se empenhasse em parecer sempre grave e vestido de preto seria ridículo. A toalete oferece tantos recursos, tantas vantagens, que a monotonia no modo de vestir torna-se indesculpável. Essas pessoas de quem acabamos de esboçar certos traços estão incessantemente preocupadas com uma ideia fixa, ao passo que o homem de sociedade, aquele que aprecia a elegância e o bom gosto, sabe que em qualquer coisa o melhor elemento de prazeres, felicidade e sucesso é a variedade.

Sobre as joias

"O que o cobre o descobre", diz Cervantes sobre um personagem de seu imortal romance, sempre empetecado de joias. De fato, parece que a exibição de ricas joias solicita a crítica, provoca o exame, justifica a maledicência.

No entanto, em todos os tempos sempre se gostou muito de joias na França. Os diamantes, antes mesmo da época em que Louis de Bruges tentou talhá-los, eram considerados a joia mais preciosa; e embora se ignorasse tão cabalmente a arte de cravejá-los, embora Agnès Sorel chamasse seu rico e incômodo colar de *minha golilha*, os príncipes se mostravam muito zelosos do privilégio de monopolizá-los.

A bela e desafortunada Maria Stuart foi a primeira a trazer, para a França, belíssimos diamantes; a moda logo se generalizou na corte, mas passou, junto com a jovem rainha, e, fosse a inconstância, fosse a raridade, fosse, antes, respeito por uma dolorosa lembrança, as diversas tentativas feitas para recolocar em voga o seu uso não tiveram êxito.

Desde os primeiros dias do reino de Luís XIV, os diamantes reapareceram. O faustoso monarca salpicou-os por seus trajes de festa; a rainha cobriu com eles a cintura, as ombreiras do vestido, a fivela do manto: a partir daí a riqueza e a beleza empregaram o diamante de cem galantes maneiras; as *aigrettes*, as pulseiras, os anéis foram enfeitados com eles, e até os dias em que nossa Revolução foi preparada, a moda dos diamantes, baseada num luxo e num gosto pela toalete bem conhecidos, se manteve.

A moda conferiu sucessivamente seu prestígio e apoio a diferentes adornos: o aço, as pérolas, as pedras coloridas, os cabelos, os perfumadores de Constantinopla, as antiguidades, montados com arte e elegância brilharam em cena e nos salões; mas o diamante jamais perdeu seu prestígio nem valor, e embora a química, depois de tantos esforços infrutíferos, tenha conseguido produzir uma pedra falsa tão bela e tão pura como o diamante, este continua a ser o mais rico enfeite de uma toalete de luxo.

Hoje os homens usam muito pouco diamantes: só quando são casados e positivamente estabelecidos na sociedade é que é permitido ter um belo solitário ou um alfinete de valor. É a perfeição do trabalho bem mais que a riqueza da pedra que faz o preço do alfinete, ou melhor, do botão que segura as pregas da camisa do rapaz; e, em matéria de anel, ele só pode se permitir um desses largos anéis cinzelados que os ingleses puseram em moda há uns dez anos.

Deve-se classificar o relógio entre as joias, pois entre todas ele é, senão a mais brilhante, pelo menos a mais útil. Os imensos avanços feitos em nossos dias pela relojoaria permitem obter nesse gênero, por um preço muito moderado, um objeto precioso. A profusão de correntes, de fechos, atesta pouco gosto. Uma corrente de relógio sólida, uma simples chave de dar corda, gravada com seu brasão, modelos góticos, são muito elegantes. Usa-se o relógio no bolso esquerdo do colete ou no bolsinho da calça. Sua espessura não deve ultrapassar a de duas moedas de cinco francos. Só as mulheres usam relógios com caixas esmaltadas. O ouro simples, um desenho numa pedra fina, saídos das mãos de Breguet ou Leroi, bastam para usar na cidade; para o campo, escolha-se um relógio revestido com uma sobrecapa, chamado relógio de caça.

O binóculo de espetáculo não comporta outro luxo além de sua eficácia. O marfim e o vermeil são mais que suficientes, e é na qualidade das lentes que consiste todo seu mérito. Dirigindo-se aos srs. Lerebours ou Chevalier, estamos certos de ter um binóculo *acromático*[2] tão bom quanto elegante em sua simplicidade.

Uma moda nascida no Império, quando era bem-educado ter maus olhos, se manteve, não saberíamos exatamente dizer por quê: é a do *lorgnon*. Quando o usamos, é preciso deixar, pelo menos, supor que é por necessidade; portanto, ele deve ser da maior simplicidade; qualquer rebuscamento tendendo a torná-lo um adorno se prestaria ao ridículo. Quanto aos óculos, auxílio das vistas más, a tartaruga com finas hastes de ouro são suficientes; só aos olhos vesgos ou privados de cílios é permitido usar lentes azuladas.

Parece-nos possível, sem blasfêmia, incluir entre as joias esses preciosos pendurilhos que com muita frequência bastam aos soberanos para pagar os serviços prestados pelo Estado; essas condecorações das quais Montaigne disse:

> É uma bela invenção, e admitida na maioria dos governos do mundo, estabelecer certas marcas vãs e sem valor para honrar e recompensar a virtude, como são as coroas de louro, de carvalho, de mirta, a forma de certas roupas, o privilégio de andar de coche pela cidade, ou, à noite, com archotes, certos pratos peculiares às assembleias públicas, a prerrogativa de alguns sobrenomes e títulos, certas marcas nos brasões

---

2 *A*, com sentido de negação; *croma*, cor; que torna as imagens mais nítidas, corrigindo a refração da luz.

e coisas semelhantes, e cujo uso foi diversamente recebido, dependendo da opinião das nações, e dura até hoje. De nosso lado, temos, e vários de nossos vizinhos, as ordens de cavalaria que só são estabelecidas com esse fim etc.

Não tentaremos falar das diversas ordens de cavalaria que ainda subsistem na Europa; a condecoração da Legião de Honra, a cruz de Saint-Louis, que obtiveram tão nobre e justa celebridade, são as únicas que devem nos ocupar aqui, pois suas insígnias devem brilhar na lapela de muitos daqueles a quem se dirige nosso livrinho.

A fita vermelha, que se usa, com traje passeio, na primeira casa da direita da sobrecasaca ou da casaca, pode ser presa ou costurada entre uma casa e outra, ou então passada pela casa, presa por baixo, ficando visível apenas na pontinha. Mais geralmente, com roupas mais descontraídas simplesmente dá-se um laço com a fita em torno da casa, deixando as duas pontas se encontrarem na frente.

Como regra geral, só se usam as cruzes com uniforme. No entanto, com traje de baile, ou de festa, prendem-se as cruzes na lapela da casaca burguesa com um pequeno broche para fixá-las.

Resta-nos dizer uma palavra sobre o cuidado exigido pelas joias. Elas devem ser guardadas num móvel ao abrigo de toda umidade. Se por algum contato ficarem embaçadas, deve-se limpá-las esfregando-as com uma pelica branca. As joias de aço exigem mais cuidado que todas as outras. Uma vez enferrujadas, não recuperam o polimento nem o brilho, que são as únicas razões de seu valor.

Apologia do coquetismo

Mademoiselle de Scudéry, em suas *Conversations morales*, depois de definir engenhosamente o coquetismo como um desequilíbrio do espírito, diz que a palavra "coquette" vem do italiano "civetta", coruja; ela pretende que a coruja atrai à noite uma profusão de passarinhos em torno de si, e que por alusão chamaram por esse nome as mulheres que atraíam adoradores em torno de si.

Ménage, apoiando-se em Pasquier, encontra a origem de "coquette" na palavra "coq", galo, e diz que deram-se os nomes de *coquet* e *coquette* aos homens e mulheres que tiveram a pretensão de agradar a vários, como os galos quando fazem amor com suas galinhas.

Os antigos não conheceram o coquetismo, talvez porque os dois sexos ficavam muito isolados em casa, onde só se reuniam em família. De fato, nas festas públicas, nas cerimônias religiosas, homens e mulheres estavam quase sempre separados; nessa época não se conhecia o que chamamos de sociedade, essas reuniões em que o desejo de parecer agradável leva cada um a valorizar os encantos de sua pessoa, as graças de seu espírito, o charme de seus talentos, as vantagens de sua posição ou de sua fortuna. Em vão procuraríamos nos textos dos antigos algum indício do caráter do coquetismo; os poetas só pintaram mulheres virtuosas e fiéis, mulheres adúlteras e desregradas, e cortesãs.

Até o século XVI os povos modernos pareciam-se, desse ponto de vista, com os antigos, e não deixaram que se percebesse em seus costumes nenhum traço de coquetismo.

Foi só na época de Catarina de Médici que o coquetismo teve origem; era um personagem novo.

O círculo que essa princesa estabeleceu na corte inspirou à nobreza e à burguesia o desejo de formar outros parecidos; foi de certa forma uma revelação o fato de que era possível encontrar encantos e prazeres fora das reuniões cuja alma eram a amizade ou o parentesco. A partir de então, recebeu-se em casa uma pessoa por sua inteligência, outra por sua fortuna, uma terceira por deferência a seu nível; também se consentiu ver algumas por suas qualidades ou virtudes; mas o objetivo, ao se formar uma sociedade, era se divertir, aumentar de certa forma a soma de prazeres dos quais o dono da casa sempre deseja a maior parte, e assim a frivolidade presidiu a escolha daqueles que foram admitidos sem amizade, sem laço de parentesco, sem amor. Os dois sexos assim reunidos teriam apenas uma conversação fria e insignificante se a tendência natural que harmoniza um ao outro não tivesse agido igualmente sobre os corações; ela levou os homens a não verem com indiferença mulheres cuja benevolência se coloria, para eles, das aparências da amizade; obrigados a menos comedimento que elas, acreditaram dever dar à cortesia toda a aparência do amor. A linguagem das mulheres, embora reservada, foi amável e picante, porque a graça de que a natureza as dotou sempre penetra, mesmo involuntariamente, em seus discursos assim como em seus atos; a dos homens foi viva, espirituosa, porque, não conseguindo disfarçar que conheciam o amor, eles teriam se exposto ao ridículo se fingissem ingenuidade, perdoável apenas à ignorância. No entanto, as mulheres reconheceram que havia mais lisonja que sentimento nas homenagens que lhes prestavam; sentiram o perigo de se mostrarem sensíveis a adulações interesseiras, mas essas adulações lhes agradavam demais para que suas belas resoluções de resistência conseguissem durar muito; então, o espírito, sempre fiel para servi-las, o espírito, inato nelas tanto quanto a malícia, foi socorrê-las e lhes ofereceu o mais poderoso auxiliar, o coquetismo.

Por imitação da corte, todas as mulheres logo se tornaram coquetes. Brantôme nos ensina, no *Panérygique de Catherine de Médicis*, que essa rainha tinha em seu séquito trezentas moças ou damas de honra, cuja doce ocupação era seduzir e fixar perto de sua soberana os senhores estrangeiros e nacionais. Segundo ele, hábeis e graciosas como as ninfas de Armide, elas tinham tanto êxito em suas decepcionantes iniciativas que se dizia da corte da França: "É o paraíso da Terra". Alguns autores pretenderam que a política Catarina tirara proveito dessa brilhante e nova espécie de guarda-costas; a se crer em suas acusações, as damas da corte lhe revelavam os segredos dos cativos que mantinham em seus grilhões: a coisa é possível, mas, sem dúvida, o erro incumbe mais à insidiosa princesa do que ao condescendente coquetismo de suas amáveis agentes diplomáticas.

Seja como for, nenhuma corte se mostrara, segundo os cronistas, tão brilhante e tão agradável como a de Henrique II; até mesmo a corte de Carlos Magno lhe foi inferior, dizem eles:

> Pois esse imperador-rei só concedia às suas damas dois ou três torneios por ano; e depois de cada torneio, condes, cavaleiros, paladinos, retornavam para seus castelos; Carlos não tinha perto de si, como Catarina, um círculo em que a beleza, a inteligência e as graças estivessem em rivalidade, para domar as coragens e submeter os corações.

Vamos talvez surpreender bastante as mulheres dizendo-lhes que, para elas, é mais fácil ser fiéis do que coquetes; sua surpresa cessará quando explicarmos o que devemos entender por coquetismo, na verdadeira acepção da palavra.

O coquetismo é o triunfo perpétuo da inteligência sobre os sentidos; uma coquete deve inspirar o amor, sem jamais senti-lo; deve ter tanto cuidado em rejeitar para longe de si esse sentimento quanto para fazê-lo nascer nos outros; contrai a obrigação de evitar amar, até nas aparências, por receio de que aquele entre seus adoradores que passasse por preferido fosse visto como mais feliz por seus rivais; sua arte consiste em deixá-los continuamente nutrir esperança, sem lhes dá-la; uma coquete, enfim, só pode ter caprichos de espírito. Ora, perguntaremos às damas: acaso é coisa tão fácil submeter as necessidades do coração às fruições do espírito?

Um marido, se é bem relacionado na sociedade, deve desejar que sua mulher seja coquete; essa característica garante sua felicidade; mas antes de tudo é preciso que esse marido tenha bastante filosofia para conceder à mulher uma confiança ilimitada. Um ciumento não pode acreditar que sua mulher permaneça insensível aos esforços constantes que são tentados para tocar seu coração; vê nos sentimentos que lhe demonstram apenas um roubo à ternura que sente por ela. Daí muitas mulheres que teriam sido apenas coquetes, mas pela impossibilidade de sê-lo tornam-se infiéis; pois as mulheres amam as homenagens, as lisonjas, as pequenas atenções; a sociedade não atribui um valor muito grande aos sacrifícios que elas podem fazer à própria virtude, a ponto de não satisfazerem esse gosto de sua vaidade.

Aos que proclamariam que há um paradoxo e que negariam que o coquetismo foi realmente uma qualidade do espírito, impondo a castidade aos sentidos, citaremos La Bruyère: "Uma mulher", diz ele, "que tem um galanteador acredita ser coquete; a que tem dois, acredita ser apenas coquete".*

Iludimo-nos menos com o nome de coquete do que se fazia na época de La Bruyère? Chamamos de coquete uma pessoa jovem, uma mulher, que gosta da toalete para se embelezar somente aos olhos de um marido, de um amante.

Ainda chamamos de coquete uma mulher subjugada à moda, sem observar que com frequência nela não há nenhuma intenção de agradar, pois obedece unicamente às exigências de seu nível e de sua fortuna.

Enfim, chamamos coquetes as mulheres que passam de uma ligação a outra, e por idêntico abuso dessa palavra ouvimos dizer todos os dias, por pessoas que riram do bi-

---

* A citação exata é: "Uma mulher que só tem um galanteador acredita não ser coquete; a que tem vários galanteadores acredita ser apenas coquete".

lhete a La Châtre, que Ninon era a rainha das coquetes.*
Boileau pretende que, quando era vivo, Paris só contava
com três mulheres fiéis: a tirada do satírico não é de bom
gosto nem de bom senso; poderia ter dito, com mais razão,
que só se podiam citar três mulheres verdadeiramente coquetes. O dicionário deveria substituir coquete e coquetismo por galanteria e galanteador.

Mas se o verdadeiro, o inocente coquetismo se torna
cada dia mais raro, a culpa não é dos homens: preferindo
hoje as sensações aos sentimentos, eles logo se cansariam
de uma coquete que se parecesse com as da corte de Médici, ou com a de Clarisse, de Mademoiselle de Scudéry;**
hoje mal se compreendem, no teatro, esses papéis de coquetes que os autores cômicos retrataram, porém, a partir da realidade; agora, tal característica já não é mais que
uma idealidade. Desculpemos, porém, as mulheres: é natural que, convencidas da impossibilidade de criarem um círculo de *cavaleiros da esperança*, tenham desdenhado uma
característica que com elas não podia dar certo.

Como devemos ter saudade do coquetismo! Se ele conseguisse se apoderar das mulheres, que mudança preciosa
em nossos costumes! Nossos pequenos senhores, que a facilidade dos êxitos torna presunçosos, a ponto de descuidarem de ser amáveis, então se empenhariam em se tornar
amáveis; o tom, as maneiras, os discursos adquiririam um

---

* Referência à ópera *Ninon Chez Madame de Sévigné*, de Charles Henrion. O marquês de La Châtre, antes de partir em viagem, pede à amante Ninon de Lenclos um bilhete prometendo ser fiel. Diante de mais uma conquista, Ninon ri e deixa escapar a frase: "Ah, o bom bilhete que está com La Châtre!". O "billet à La Châtre" expressa uma promessa não cumprida, algo com que não se pode contar.
** Referência ao romance *Clélie*, de Mademoiselle de Scudéry, em que a coquete Clarisse é uma personagem inspirada em Ninon de Lenclos.

charme que mais ou menos perderam; veríamos retornarem essas brilhantes reuniões cujo encanto e essência eram o desejo mútuo de agradar; reveríamos a flor de polidez, a suave mentira que imita o amor e a constância, no temor do insucesso; talvez houvesse coquetes que brilharam no reino de Luís XIII e de seu sucessor, mulheres que não se limitavam a se esforçar em agradar e se fazer amar pelos charmes de sua pessoa e de seu espírito, mas que ainda tinham a ambição de inspirar a seus adoradores sentimentos elevados: os homens então ainda ouviriam a razão acreditando dar ouvidos apenas ao amor.

Qual o quê!, vão me dizer, você quer fazer de um vício, ou pelo menos de um defeito, uma virtude? Responderei que, na impossibilidade de sermos perfeitos, devemos tentar ser amáveis; se não podemos conciliar o espírito de sociedade com a fidelidade no amor, é melhor combater os progressos da inconstância com o coquetismo do que deixá-lo degenerar em galanteria.

O coquetismo susta o tempo para as mulheres, prolonga-lhes a juventude e torna durável a temporada das homenagens; é um justo cálculo do espírito.

A galanteria, ao contrário, precipita a marcha dos anos, diminui o valor dos favores concedidos e apressa o dia em que elas serão desprezadas. Resumamo-nos, pois, expressando este voto do mais profundo de nosso coração: que as mulheres possam se tornar cada dia mais coquetes!

Considerações sobre a escolha, a elegância, a manutenção e a salubridade dos apartamentos

"Nossas casas são prisões", diz um velho adágio: de fato, aí ficamos enclausurados durante três quartos de nossa vida; é a mais importante de nossas roupas; devemos, portanto, aplicar todos os nossos cuidados para torná-las saudáveis e agradáveis.

Nossos bons antepassados moravam em casas estreitas e escuras; a escada era tortuosa e tosca; as vidraças, pequenas, encaixadas em estanho, só deixavam entrar nos apartamentos uma luz duvidosa; ignorava-se a arte do parquê, e a cera ainda não tornava brilhantes os tijolos grosseiros que revestiam o assoalho. Graças a Deus e aos progressos crescentes da indústria e do amor ao *confortável*, já não estamos mais assim; a arte, tocando tudo com sua varinha criativa, tudo embelezou; as casas particulares dos mais simples tornaram-se cômodas, elegantes, limpas sobretudo. A necessidade de sociabilidade, ao acostumar cada um de nós a viver do lado de fora, nos pôs também na situação de receber a todo instante uma visita, justa represália; desde então, uma elegância modesta e de bom gosto, uma limpeza contínua tornaram-se um dos deveres impostos pela sociedade.

Na escolha de um apartamento, o gosto, a moda, a economia e a higiene devem ser igualmente consultados. Se na disposição do salão e da sala de jantar temos de levar em conta a aprovação dos amigos que deveremos receber, os quartos de dormir, os gabinetes de trabalho, a cozinha, a adega e a despensa devem apresentar todas as vantagens possíveis do conforto e da salubridade.

Sob todos os aspectos, a localização mais favorável é o levante. Os primeiros raios do sol purificam o ar que os recebe. O vento de leste é também o mais saudável; sob o nome de *Circius*, era objeto de um culto particular para os gauleses; é essa posição que se deve preferir para uma casa, ou pelo menos para um apartamento. Vem em seguida o sul ou *midi*, que nos nossos climas temperados ainda é salutar; pode-se temer no verão o excesso de calor, mas é fácil precaver-se fechando hermeticamente as janelas e os postigos: aliás, não somos indenizados desse raro inconveniente nas outras estações do ano? Na primavera e no outono desfrutamos de uma temperatura suave, e mesmo no inverno sentimos um frio menos áspero do que com qualquer outra exposição. Do oeste vêm vapores úmidos nocivos a muitas constituições; e o norte, que traz um ar seco e cortante, só pode convir a certas compleições.

Pessoas incomodadas pelo frio pensam suprir o calor do sol com uma grande lareira; erro: o fogo das lareiras, como o das estufas, só se mantém às custas do ar respirável que ele absorve e desnatura; os raios solares, ao contrário, purificam e ao mesmo tempo renovam o ar.

Toda habitação tem mais de um aspecto, e por necessidade é preciso se adaptar a todos; mas devem-se reservar os mais favoráveis à saúde para os quartos de dormir, deixando os aspectos menos salubres para os aposentos comuns e os que são ocupados apenas durante o dia.

Todo mundo sabe, e todos repetem, que nada é mais perigoso para a saúde do que morar uma casa recém-construída, e no entanto, em Paris,[3] as lojas são ocupadas,

---

[3] Talvez não seja despropositado assinalar aqui alguns inconvenientes das construções modernas.

É raro que se construa um prédio de menos de seis andares, sem incluir o térreo. Disso resulta que os raios do sol só banham os andares superiores. Para tirar melhor proveito do terreno, constroem-se quatro alas de trinta a quarenta metros de altura em torno de um pátio estreito, do qual recebe luz a quase totalidade dos apartamentos. Esse pátio não passa, propriamente, de um poço profundo, sempre úmido. As moradias inferiores, instaladas em torno desse cercado estreito, são espécies de masmorras onde o ar e a luz jamais penetram.

O relatório do Conselho de Salubridade do departamento do Sena, para o ano de 1827, continha a esse respeito observações importantes, que pensamos ser útil reproduzir:

"Vemos de todos os lados", ali está dito, "casas, muros, passagens, tomarem o lugar dos jardins; os andares se elevam, os pátios encolhem, em suma, o solo parisiense já não parece feito senão para receber pedras amontoadas para nos servirem de prisões... A autoridade encarregada de cuidar do bem-estar dos cidadãos deveria intervir com seus regulamentos, para dios andares inferiores são habitados, antes mesmo que a cumeeira seja coberta; os mais graves acidentes podem resultar de uma imprudência dessas.

Se a escolha do local onde alguém se propõe a fixar residência é importante para a saúde, a distribuição interna da casa e a limpeza dos aposentos não são menos essenciais.

Em princípio, para ser saudável uma moradia deve ser elevada e suficientemente espaçosa. Nos entressolos tão baixos que a cabeça quase encosta no teto, nas mansardas de lambris, onde mal entramos sem nos abaixar, o ar é incessantemente alterado pela respiração. Os apartamentos elevados são mais frios, é verdade, mas, enquanto os outros abreviam a vida, eles a mantêm e prolongam.

Todo aposento em que se dorme deve ter uma luz direta; quando é parte de outro aposento ou de um canto de escada, não tem acesso suficiente ao ar externo. As alcovas, os quartos, os gabinetes escuros são insalubres; a luz é um princípio vivificador.

Devemos nos fazer justiça e afirmar que hoje somos mais cuidadosos com a limpeza de nossas casas do que eram nossos pais. O luxo e a magnificência dos palácios de Luís XIV não impediam que fossem muito mal conservados quanto à limpeza.[4] No entanto, por mais que tenhamos feito alguns progressos, ainda estamos longe de igualar, nesse ponto, os belgas, nossos vizinhos e outrora nossos compatriotas. Pobres ou ricos, entre eles também é uma honra ver tudo o que lhes pertence muito limpo, cuidado, brilhando.

---

rigir os trabalhos dos construtores e impedir que uma cupidez cega prepare nas habitações das cidades que, como Paris, crescem cada dia, fontes de onde elas tirarão os germes de inúmeras doenças e as causas de uma morte prematura".

4 "O rei e monsieur [o mais velho de seus irmãos] estavam habituados, desde a infância, à sujeira dentro das casas, de modo que não pensavam que isso pudesse ser diferente." *Correspondance de la duchesse d'Orléans, mère du régent.*

O chão das lareiras, o assoalho dos hotéis, o mármore dos palácios são igualmente lavados, secados e esfregados todo dia; os vestíbulos, os corredores, as escadarias, são limpos com tanto cuidado como o interior dos aposentos,[5] e esse requinte beneficia igualmente o encanto da vida e a conservação da saúde.

Os apartamentos em Paris se dividem em três especialidades: apartamentos de senhores, apartamentos de famílias, alojamento de rapazes.

Os primeiros, aos quais em geral se sacrificam a elegância e o conforto do resto da casa, não deixam nada a desejar. Foi ali que o arquiteto se deliciou ao desenvolver todos os requintes, todos os recursos de seu talento; para escolher um apartamento desse gênero, não se trata de ter gosto, basta dinheiro.

O apartamento do homem casado, que goza de uma fortuna razoável, é mais difícil de escolher. Em geral é no terceiro andar que o encontramos. Um salão, dois quartos de dormir, um quarto de criança, a sala de jantar, a antessala e a cozinha o compõem. Os domésticos são relegados a águas-furtadas, e via de regra a cavalariça fica numa casa vizinha.

Quanto ao alojamento de rapaz, nada é mais comum; não há andar em que não se encontrem uma antessala, um salãozinho, um elegante quarto de dormir; contanto que o papel de parede seja recente, as lareiras, modernas, e os

---

[5] Conta-se que o imperador Carlos v, atravessando um vilarejo da Holanda, demonstrou a uma personalidade local o desejo de ver os aposentos de sua mulher. O bravo homem pediu à Sua Majestade Imperial que esperasse até que obtivesse a permissão. Correu até a mulher e lhe comunicou o desejo do imperador. Esta hesitou um instante e exclamou: "Não! ele não ia querer se descalçar!". (Na Holanda, as mulheres têm tamanho cuidado para manter seus quartos particulares longe de tudo o que poderia sujá-los, que o marido não entra ali de sapato.)

móveis, elegantes, basta a empregada da casa ser inteligente, e o esfregador ser competente, para que um rapaz deva ficar muito bem alojado.

Há, porém, um ponto delicado a que um rapaz deveria dar muita importância, e que, conquanto fora do apartamento, aumenta ou diminui muito o seu valor: é a escolha de uma porteira.

A porteira é a intermediária obrigatória entre o rapaz, sua família, seus amigos; é ela também que recebe a correspondência, que responde às investigações, dá informações, recebe os aluguéis, despacha os fornecedores; de certa forma, com seu cordão ela tem em mãos o repouso de seu inquilino solteiro. Ele deve a todo custo pô-la do lado de seus interesses. O melhor e o mais simples meio para alcançar esse objetivo é escolher sua porteira como faxineira. Uma vez tendo a garantia dessa remuneração, ela se inicia nos pequenos mistérios da vida do rapaz, deixa de ser um incômodo Argos, torna-se pródiga em cortesia e em atenções.

Quando refletimos no bem e no mal que uma porteira pode fazer, não deveríamos hesitar em comprar sua dedicação. Quantas belas reputações iniciadas pelos panegíricos que ecoam nos cubículos das porteiras de um bairro! Quantas fortunas, quantas sucessões, quantos casamentos fracassados pela indiscrição de uma porteira!

MORALIDADE

Sobre o exagero

A toalete é, portanto, a auxiliar da beleza, o paliativo da feiura, o amparo da saúde: imaginada até este momento sob todas as suas faces, ela nos pareceu constantemente preparando a felicidade, o prazer, e dispensando, em troca do sacrifício de alguns instantes, as mais preciosas vantagens.

Como, porém, o abuso das melhores coisas equivale ao emprego das piores, temos de admitir que o amor pela toalete, levado ao excesso, arrasta consigo os mais graves inconvenientes: vamos tentar assinalar alguns, pois num tratado do gênero deste não deve ser suficiente ensinar o que é bom fazer, mas também é preciso anotar o que é indispensável evitar.

Um leitor melindroso vai parar por aqui, perguntando se desconfiamos de sua inteligência. Não, de jeito nenhum! Não duvidamos de que os ensinamentos que tínhamos nos proposto reunir sejam perfeitamente compreendidos; mas é preciso uma sombra no quadro: o contraste faz realçar mais vivamente os objetos; e é pondo frente a frente o bom e o mau lado das coisas que as apreciamos melhor.

Uma cintura fina e solta é cheia de encantos numa pessoa jovem; mas o que, acima de tudo, faz seu valor é o abandono, a flexibilidade. A maioria das mulheres, porém, dão a seu aspecto um ar rígido e afetado por exagerar na moda; transformam os espartilhos em tornilhos, martirizam-se, perdem sua graça, seu viço; se alguém lhes diz isso, elas rebatem que sabem, mas que não conseguem se decidir em usar apenas a metade.

Lady Morgan, em sua engenhosa obra sobre a França, traça, com seu talento original e verdadeiro, o retrato de um *ultradandy*. Realça com muita finura tudo o que o exagero cria de ridículo, mesmo em relação ao mérito; não há um inglês bem-educado que não tenha lido e aprovado essa passagem: nem por isso os salões de Londres e os de Paris estão menos povoados de jovens que parecem só dever a forma e os gestos aos avanços da ciência da mecânica.

Os homenzinhos continuam a se casar com belas mulheres, e é algo muito cômico observar no passeio o jeito desses casais que não combinam bem. O mesmo acontece com as modas; são os que a natureza tratou de modo menos favorável que, de preferência, se aferram em ultrapassar, mais que seguir, as revoluções da toalete.

O desejo imoderado de agradar também é um dos motivos poderosos que fazem passar da conveniência ao exagero. Quais são os resultados? Um quer dar a seus dentes uma brancura que a natureza lhes recusa, e por isso os descarna e abala; outro, de tanto frisar os cabelos, resseca-os e retira-lhes todo princípio de vida; um terceiro se submete à tortura de um sapato apertado demais; as mulheres, ao descobrirem os braços e o pescoço, abreviam sua existência; alguém bebe vinagre para emagrecer e acaba se envenenando; os banhos frequentes demais esgotam e embrutecem; em suma, não há coisa tão boa cujo abuso não seja nocivo e perigoso.

Se o costume da toalete anuncia o amor à ordem, o respeito a si mesmo e aos outros; se denota a regularidade no comportamento e dispõe às mais favoráveis prevenções, ele também provoca, em seu rastro, é preciso admitir, um defeito quase inevitável, que é o excesso de delicadeza. Nesta sociedade, em que nada é estável, em que tantos acontecimentos se sucedem, encadeados por elos imperceptíveis, devemos evitar contrair hábitos com requintes muito enraizados. Quem sabe que provas o destino nos reserva? Quem sabe se essas necessidades falsas, fontes de tantas pequenas facilidades, não se tornarão um dia motivo de lamentações e de dores? A toalete tem por base a limpeza, mas não a indolência; deve favorecer a beleza, mas é a saúde, antes de mais nada, que ela deve fortalecer e desenvolver.

A MESA

O gastrônomo francês*

DISCURSO PRELIMINAR

Os preconceitos têm tamanha influência sobre as cabeças fracas; estabeleceram-se tantos erros sobre as ruínas das verdades mais naturais, que talvez não seja inútil examinar seriamente se a opinião dos sóbrios a respeito da gula tem outros fundamentos além de um mau estômago.

Assim como os primeiros apóstolos da continência foram indubitavelmente homens de má conformação, os primeiros apologistas da sobriedade poderiam muito bem ser pessoas sem apetite.

Aristipo observa que os filósofos que demonstravam desprezo pelas riquezas não possuíam nem um óbolo. Diógenes era um homem sem recursos quando se tornou cínico; Anaximandro teria trocado a escola de Crates pela de Epicuro se tivesse tido um meio mais rápido de se fazer notar.

O mesmo também acontece com os detratores do apetite, com tal tendência inerente aos homens bem-nascidos e constituídos de modo feliz. Não é a primeira vez que charlatães, digerindo mal e falando bem, conseguiram fazer com que se considerasse uma virtude um vício de organização.

* *Le Gastronome français ou L'Art de bien vivre*, de Grimaud de la Reynière. Paris: Imprimerie de H. Balzac, 1828. O "Discurso preliminar" é de Balzac.

No entanto, deveríamos ter desconfiado, em todos os tempos, dos que tinham a barriga vazia: qualquer pessoa que jejue está bem perto de divagar. Ninguém contesta a vantagem de um homem bem saciado, e que execute generosamente suas funções animais, sobre o valetudinário mais espiritual. O vazio do estômago produz o vazio do cérebro. Nossa razão, por mais independente que pense ser, respeita as leis da digestão; e poderia se dizer, talvez com tanto acerto quanto La Rochefoucauld disse do coração: "Que os bons pensamentos vêm do ventre".

Ainda é um problema a resolver este de saber se o espírito tem mais capacidade antes ou depois da refeição. Muitos autores só demonstraram verve quando à mesa. Há pessoas que só tratam dos negócios sérios *depois de beber*. Vimos ministros embriagarem-se de noite, para que suas cabeças, reanimadas durante o sono pelos eflúvios de um vinho generoso, ficassem mais claras nos Conselhos, e concebessem ideias mais lúcidas. Foi o método do honorável sr. Pitt.[1]

Mas caso se trate de qualidades morais, então é o Gourmand que triunfa com brilho.

A *generosidade* é quase idêntica ao título de *bom conviva*. Desde o banquete dos Sete Sábios e da távola-redonda dos Cavaleiros, o jantar é o encontro das cabeças mais firmes, dos corações mais heroicos, dos espíritos mais independentes.

A mesa é um lugar de união, de alegria, de fraternidade; junta as delícias da paz com o ardor da coragem e das virtudes guerreiras. O soldado mais intrépido perde coragem quando tem fome; enche-se o ventre dos bravos antes da

---

[1] Entre os ingleses, sobretudo, o talento de beber é levado a um grau realmente inacreditável. Fox e Sheridan foram membros de um clube apelidado de *clube das nove garrafas*, porque lá nunca se podia beber menos que essa quantidade de vinho da França.

batalha; e qualquer um que não tivesse medo de nada antes do jantar, faria tudo tremer depois.

O que há de mais terno do que um bebedor? De mais disposto à liberalidade do que um conviva alegre? Perguntem à pequena ambulante que circula pela sala de um restaurante a quem ela dirigirá sua súplica, se ao homem mesquinho que afoga duas gotas de vinho num copo d'água, ou àquele que, cercado de garrafas e pratos, se exercita mais ativamente.

Desconfiem das pessoas sóbrias, disse um antigo: quem se recusa a se entregar à mesa, quem não bebe com seus irmãos, quem conta seus nacos é um traidor ou um perverso.

César nada temia daqueles homens bem alimentados, de rosto corado, cujo aspecto anunciava uma digestão liberal e uma generosidade de conviva; mas desconfiava daqueles espectros de tez pálida, fronte sombria, ventre chupado, cujo ar descontente anunciava duas coisas inseparáveis: *uma má digestão* e *maus pensamentos*.

Os romanos, no final da refeição, mandavam trazer a taça magistral e bebiam em roda tantos goles quantas letras havia no nome de suas amantes. Gruterus nos ensina, em suas *Inscriptiones*, que eles tinham o costume de exclamar durante seus festins: *Amici, dum vivimus vivamus!* Isto é: "Amigos, enquanto vivemos, desfrutemos da vida"; pois Raderus mostrou muito bem, pelos exemplos tirados de Catulo, Cecílio, Varrão, Anacreonte e outros autores antigos, que *vivere* significa alegrar-se, abandonar-se ao prazer da boa mesa, do vinho etc.

Eis mais uma inscrição que pegamos de Gruterus:
Vive, hospes, dum licet; atque vale.
"Rejubila-te, enquanto és o senhor, e porta-te bem."

Não terminaríamos se quiséssemos citar todos os grandes homens que, por seus exemplos ou por seus votos, encorajaram a gula.

Um dos traços mais geralmente sentidos da bondade do grande Henrique é o fato de dar a todos seus súditos a *poule au pot*.* Aos olhos do herói, um bom jantar era, com justa razão, o sinal menos equívoco da prosperidade pública e do contentamento dos povos.

A maior parte dos ritos religiosos são atos de degustação. Os sacerdotes antigos consumiam as oferendas, e as vítimas não passavam de carnes suculentas, fadadas ao apetite dos sacrificadores. A recompensa do neófito era a admissão ao banquete.

São Cesário, bispo de Arles, diz que em seu tempo, quando já quase ninguém aguentava mais beber, as pessoas faziam brindes, para se excitarem mais, aos anjos e a determinados santos que eram considerados bem afins.

As grandes épocas da religião lembram os prazeres e a generosidade da mesa. A gula se assimila a todas as solenidades; constitui o fundo de todas as cerimônias, está em todas as festas: a Epifania é dedicada aos doces; a Circuncisão, às drágeas; Páscoa, ao cordeiro, aos presuntos e aos ovos; o dia de São Martinho, aos gansos gordos etc. Jejua-se na véspera de todas as festas para preparar o estômago; e, para um guloso regular, é uma espécie de obrigação ter, no grande dia que se prepara, uma santa indigestão. A isso se chama *desquaresmar-se*; e só aos conhecedores cabe saborear tudo o que essa palavra tem de sensual.

Não é para encontrar uma perfeição quimérica e contrária às suas obras; não é para fazer privações contrárias à natureza que o pai dos humanos eleva os desejos de seus filhos; é a necessidades cotidianas, a prazeres que lhes são próprios que ele liga os deveres que lhes impõe.

Bebei e comei, crescei e multiplicai-vos: foi o que ele

---

*O rei Henrique IV (1553-1610) disse um dia que gostaria que todos os camponeses do reino tivessem uma galinha para cozinhar na panela, o que foi uma forma de prometer o sustento dos súditos e, também, um sinal de que faria uma política para restaurar a riqueza dos campos franceses, depois de quarenta anos de guerras de religião.

disse à posteridade de Adão, desde a origem dos séculos, e é o que lhes repete pela voz de seus estômagos.

Portanto, a gulodice não é tão profana como certos sofistas afirmam. O quanto se enganaram os partidários da sobriedade quando ousaram transformar em crime uma coisa não só lícita, mas autorizada; não só autorizada, mas aconselhada; não só aconselhada, mas recomendada; não só recomendada, mas prescrita!

O *prazer de comer*, a destinação mais evidente de nossos órgãos, a função mais habitual de nosso corpo, a necessidade mais imperiosa de nosso ser, foi, portanto, consagrado pelo que há de mais venerável e de mais espiritual.

Só mesmo um falso orgulho, uma ridícula pretensão à perfectibilidade é que conseguiram inverter a ordem estabelecida pelo Criador.

As fontes da inteligência e da vida se parecem com as do Nilo. Curiosos as colocam nas montanhas da lua; mas o ventre tem seu lugar bem determinado, sua destinação bem evidente. Que estes coloquem a alma no cérebro, aqueles, no coração; uns nos pulmões, outros na glândula pineal, todos se unirão para dizer que o ventre é a vasta oficina onde se elaboram todas as engrenagens de nossa existência.

Por que só nos foi dada uma habitação estreita ao nosso cérebro, ao passo que o ventre tem mais capacidade, flexibilidade e força que todo o resto de nosso corpo? Não será porque é o santuário onde estão escondidos todos os mistérios da vida, o reservatório de todas as nossas sensações, o princípio de todas as nossas ideias, a obra em que o artista eterno se deleitou? Cabe a nós negligenciar o que lhe custou tantos cuidados? Coraríamos pelo que ele fez em nós de mais aparente e mais necessário?

Há, sem dúvida, tanta elevação, mais boa-fé, e não menos fruição em cultivar nossas disposições naturais e em aperfeiçoar a arte alimentar quanto em demonstrar um desdém presunçoso por nosso senhor e em nos acreditarmos superiores a nosso ventre.

Que estas reflexões não sejam perdidas para o apetite dos fiéis; elas são fruto de longas meditações. Que os que foram infiéis a nossas doutrinas tornem a entrar, com novo fervor, nos templos de Comus, e meditem com santo recolhimento nas lições gastronômicas que vamos lhes dar.

O AUTOR DESTE ARTIGO

Nova teoria do almoço*

De uns anos para cá, tudo se renova: doutrinas, literatura, política e, se vocês ouvem os *saint-simoníacos*, eles lhes dirão: "A religião também!". O estado social, essa grande serpente cuja cabeça é tão pérfida e o rabo tão fraco, parece querer *uma nova pele*; mas, infelizmente, essa *renovação*, para falar a língua de Ronsard, ainda não age sobre os indivíduos: vemos muitas pessoas que sobrevivem a si mesmas e acham-se no meio da nova França como homens fósseis, detritos de um velho mundo impossível de se reconstruir.

Entre as instituições que pereceram, incluiremos o almoço, pois os princípios novos pelos quais se regem os almoços *fashionables* equivalem a uma destruição completa do antigo sistema. Se nos for permitido expressar nossa opinião pessoal sobre essa moda culinária, não hesitaremos em olhar como uma grande desgraça o desprezo que o século demonstra pelo almoço. Os hábitos parlamentares, os costumes novos, um capricho generalizado, a necessidade talvez, insensivelmente fizeram se transferir para o jantar toda a responsabilidade da nutrição. Fatal sistema, que tende, nada menos, do que a multiplicar as vítimas da apoplexia, dizimar mais prontamente os tios, os avós, e tornar a sociedade menos espirituosa.

* Publicado em *La Mode*, 29 maio 1830.

Com efeito, um homem, por mais pudibundo que se imagine que ele seja no controle de sua boca, não conseguiria se defender contra um excesso quando o apetite só se exerce por completo uma vez por dia... Assim sendo, agora vocês veem todos os quarentões esvaziarem os açucareiros como por magia, a fim de enviar forças auxiliares para o estômago recalcitrante; depois, os jovens pesados tornarem-se opacos, descorados, graves; por fim, os sexagenários jazendo em cima dos canapés, como boás ruminando um boi, sombrios, monossilábicos em suas respostas, ouvindo mal os pedidos dos solicitadores, ou melhor, ouvindo apenas a própria digestão. Basta que ocorra um drama apaixonado, e que transtorno nesses organismos!... As forças físicas, longe de serem recrutadas insensivelmente por quatro refeições iguais, como teria sido a Câmara dos Deputados pelo sistema da quinquenalidade, são revolucionadas brutalmente e sem periodicidade (a hora do jantar é submetida a tantos imprevistos!); daí nascem gerações de tuberculosos, bicéfalos, acéfalos e um bom número de gastrites...

Para quem quer refletir, não está provado que a superioridade da conversação de que desfrutou o século XVIII vinha de sua admirável gastrologia? Assim, estamos talvez mais perto das pequenas ceias do que pensamos.* A mesquinharia dos almoços atuais em breve nos levará a uma reforma geral. No dia em que uma mulher empreendedora tiver criado em casa uma ceia íntima, será feita a revolução e nossa alegria se restaurará. À luz das velas, ao fogo dos olhares borbulhará de repente aquele espírito zombeteiro, leve, profundo, que dava a um epigrama a aparência de uma confidência, que desarmava de qualquer pedantismo

---

* O *petit souper*, na época de Luís XVI, era tomado entre onze horas e meia-noite, e muitos o consideravam mais importante que o jantar, pois, como sugere Balzac, a restauração desse antigo hábito à mesa seria favorável à arte da conversação.

uma palavra, resumia um acontecimento, punha futuro num gracejo e fazia rirem dois inimigos... Não nos amaremos mais e não nos odiaremos menos, mas evitaremos passar uns na frente dos outros, como traidores de melodrama, sorrindo-nos com um olho e caluniando-nos com o outro. Todos os dias, à meia-noite, haverá um armistício entre nossas amizades, e a maledicência será obrigada a mostrar-se espirituosa em presença de todos, em vez de ser fria e monótona de ouvido em ouvido. Quem se oporia a essa reação?... Mas nos afastamos de nosso assunto.

Neste momento, o almoço não é mais que um preconceito. Quem almoça?... Alguns auxiliares de tabelião, de advogados, ou empreendedores: velhos costumes!... Hoje, *almoçar* é uma palavra; mas não é uma coisa, e um homem que se ocupasse disso como de uma refeição seria um homem condenado.

No entanto, de manhã quase todo mundo ainda come. Portanto, há um problema a resolver. Aqui está a solução.

Primeiro, sob pena de passar por um sacristão, vocês devem servir um almoço sem toalha. Tenham a certeza de que aqueles que guarnecem a mesa com toalha ainda estão lendo o *Cours de littérature* de La Harpe, comprando *Zaïre* por um franco e cinquenta centavos, a fim de poder acompanhar a dicção do sr. Lafon quando vão ao Français,* ou nos relatando a inscrição da ponte de Beaune, como se fosse uma curiosidade.

O maior erro que se pode cometer, depois daquele de pôr uma toalha sobre a mesa, é ali deixar aparecer

---

*Jean-François de La Harpe (1739-1803), escritor e crítico literário, é o autor de um *Cours de littérature* (1799) em dezoito volumes, considerado ultrapassado na época deste texto. *Zaïre*, tragédia em cinco atos de Voltaire, estreou em 1732 e foi um dos grandes sucessos do Théâtre Français, nome da atual Comédie Française, onde Pierre Lafon (1773-1846) foi por mais de trinta anos um ator conhecido por seu talento e beleza.

uma garrafa. A moda exige imperiosamente que, pela manhã, só se beba água. Pedir vinho é ficar parecendo um pedreiro, um antigo soldado de cavalaria, um velho professor emérito, um cocheiro de fiacre... Admire o capricho dos costumes! Você quase poderá exigir um charuto, e causará menos espanto... Há até uma espécie de luxo em fumar num apartamento elegante e em sujar um rico tapete... Mas vinho!... Fora! — Não alegue a sua saúde, ou o hábito; não ponha o seu estômago à frente de tudo!... Seria confessar que você é um clássico, um peruquinista;* em suma, você não seria um homem na moda e produziria o efeito de ser um proprietário elegível.** Então, seu anfitrião mandaria servir-lhe vinho tinto; amarga brincadeira! Pois você não ignora que o último sacrifício permitido pela moda em benefício de um *doente* é um vinho branco, e ainda assim é preciso que seja um Hermitage ou um Limoux: o champanhe, e sobretudo o champagne gelado, é proscrito como de mau gosto até as sete horas da noite, momento em que recupera seus direitos. Um homem que bebe champanhe de manhã é classificado entre os que caminham de casaca pelas ruas antes das cinco horas.

Quanto ao charuto?... Somos obrigados a confessar que muitos modímanos fumam... O cachimbo tornou-se como que um delírio: é impossível dar três passos em Paris sem aspirar a nuvem empesteada de algum insolente tabacólatra. Esses horríveis fumantes nos impõem

---

* Os *perucas* são os clássicos ou os defensores do classicismo, ou seja, velhos que já não estão na moda.
** Ainda estava vigente o sufrágio censitário, pelo qual o direito de voto e de ser eleito era adquirido mediante o imposto chamado censo. Sob Luís XVIII apenas 90 mil franceses votavam, basicamente proprietários de terras, comerciantes e industriais; no reino de Luís Filipe o corpo eleitoral chegava a 200 mil pessoas.

seu hálito infestado; e com prazer todos sopram o vento para cima das mulheres e dos tabacófobos. O sr. Mangin, a quem a rua pertence, já que as Câmaras não se revoltaram contra essa absurda pretensão, o sr. Mangin deveria se ocupar, ele que já retirou das ruas, à força, aquelas senhoritas, de trancafiar os fumantes. O botequim é uma instituição; o lugar onde se fuma é o fumadouro; e um homem fumando na rua abusa da liberdade individual. Reconheçamos que, se alguns jovens elegantes prostituem assim suas bocas, pelo menos é com um charuto de Havana. Há entre um charuto espanhol e o infernal *queima-goela* cheio do tabaco da empresa estatal a diferença que existe entre Taglioni e as dançarinas do Funambules. O charuto tem alguma coisa de suave, de macio, de perfumado; o cachimbo tem um cheiro horrível de se sentir. Fumar um charuto é uma pândega; mas fumar costumeiramente é confessar uma degradação intelectual. O homem que tem o poder de pensar, de se aventurar em felizes e suaves campanhas de devaneios, esse homem não fuma. O cachimbo é a meditação material de um parvo; se ele fuma é porque não ousa brincar com seus polegares.

Mas voltemos à moda gastronômica dos almoços modernos.

Já temos dois princípios invariáveis: nada de toalha, nada de vinho. Só que, se você se inclui entre os jovens, o charuto é tolerado...

Continuemos.

Não se atreva a propor ostras!... Isso tem cheiro de povo e de tabernas. Quando as pessoas comme il faut têm a paixão pelas ostras, vão à Normandia.

Oferecer um *pâté de foie gras*, rins ao vinho de Champagne, ou pés de porco trufados... Seria o mesmo que usar *tamancos de sola de borracha*. Só mesmo os empregados ganhando 1200, as coristas, os sacristãos, as pessoas que vão ao teatro na galeria, enfim, todos os que não têm meios de viver, são capazes de combinar um almoço desses...

As pessoas que compreendem a vida elegante proscrevem igualmente, pela manhã, a carne e o peixe.

Oferecer café com leite não é um erro, é ridículo. Só mesmo as porteiras é que tomam essa mistura do populacho. Ainda que a experiência não provasse que essa bebida entristece o músculo, carrega o estômago de saburras perniciosas e debilita o sistema nervoso, há algo que fala mais alto que a higiene e que a moda: é a vaidade. O comum é imperdoável. Quando o açúcar custar seis francos o meio quilo, talvez o café com leite será apresentável. Por ora, o café... Tem cheiro de Marais, de subúrbio, de mulher velha, é uma lembrança de senador.*

O chá não é mais caro, e, por uma inexplicável estranheza, o chá é de muito bom gosto. Será porque seu perfume possui uma refinada delicadeza? Será porque desenvolve a sensibilidade?... Não sondemos os mistérios da moda. São dogmas para os quais se precisa da fé.

Mas, quanto mais buscamos uma solução para o problema que o almoço atual apresenta, mais ela deve parecer impossível de ser encontrada. Reconheçamos aqui, portanto, que nunca uma dificuldade foi mais árdua.

Alguém acreditaria que a vida elegante é uma coisa natural? Para os que não têm o sentido da vida elegante e passam sua existência no meio do mato de algumas províncias, ou para os que se acocoraram por vinte anos num comércio e querem se tornar *alguma coisa*, a vida elegante é uma ciência, e uma ciência mais imensa ainda na medida em que abarca todas as outras ciências, e que está presente em todos os minutos.

Além disso, muito em breve ofereceremos um tratado

---

* O Senado, instituído durante o processo revolucionário, foi extinto na Restauração. Uma "lembrança de senador" é uma lembrança da época do Império de Napoleão.

completo sobre essa importante matéria.* Será uma carta que poderá ser violada à vontade, assim como a outra.

O almoço tornou-se hoje, portanto, o obstáculo dos discípulos da *fashion*. Um mestre, um *modímano* reconhece o grau de elegância que seu anfitrião alcançou ao dar uma olhada para a mesa. O almoço é um critério, é o *pródromo* da perfeição pessoal de alguém, diria o sr. Cousin.

Já que existe na vida *fashionable* uma espécie de horror pelo bolo alimentar, horror que, aliás, cessa às seis da tarde, é preciso, portanto, distrair o estômago de uma maneira engenhosa, evitar uma digestão e dedicar inteiramente a inteligência aos negócios, sem obscurecê-la... Para alcançar esse objetivo, o gênio encontra imensos recursos nos legumes, nos ovos, nas ervas, nas frutas, no arroz e nos muffins.

Cardápio elegante. Ovos frescos, uma salada, um pilafe, manteiga da Bretanha, morangos, chá, leite ou creme, *soda water*, muffins.

Mas tudo isso deve ser servido sem simetria, confusamente, numa desordem graciosa. Talvez você não admirará esse cardápio como ele o merece? Lavater viu muito bem que a fisionomia se divide em três seções; que um homem se parece mais ou menos com um peixe, com um quadrúpede, com um pássaro; mas não observou que o homem-pássaro tem paixão pelos grãos: o pão, o arroz, as lentilhas, o milho, o café etc.; que o homem-quadrúpede ama a forragem: as saladas, o espinafre, as chicórias etc.; enfim, que o homem-peixe tem o gosto dos molhos e bebe muito. Pois bem, examinem o cardápio proposto... E verão que cada natureza de homem aí encontra sua substância, leve, apropriada à circunstância: um *fashionable* terá comido, mas não terá o direito de dizer: "Almocei". Apenas terá *engolido alguma coisa*, um nada: é a expressão de todo mundo, isto é, da *jovem França*.

* Ver "Tratado da vida elegante", à p. 25.

Há um ano, a gastrolatria perdeu muito de sua importância. Fez-se uma revolução gastronômica bastante honorável para nossa época. Começa-se a desprezar a mesa. Sendo a superioridade da inteligência, a cada dia, mais sentida e mais desejada, todos compreenderam tudo o que a alma perdia de elasticidade nessas lutas cotidianas, sustentadas pelo organismo, a respeito de uma refeição. A ambição come pouco, o sábio é sóbrio, e o homem de sentimento tem horror à obesidade. Ora, onde está o *fashionable*, que não pertence a nenhuma dessas três categorias? Tal desdém pelos prazeres gastronômicos fará necessariamente com que a cozinha francesa dê um passo gigantesco: tratar-se-á, para ela, de pôr o mais possível de substância na menor forma, de disfarçar o alimento, de dar outras fórmulas às nossas refeições, de fluidificar os filés de boi, de concentrar o princípio nutritivo numa colher de sopa e de substituir o interesse de um *suprême* por interesses mais poderosos... É um progresso. Aguardemos o futuro.

Fisiologia gastronômica*

I. INTRODUÇÃO

Lavater, Gall e outros fisiologistas descobriram o segredo de adivinhar as afecções morais, físicas e intelectuais dos homens pela inspeção meditada de suas fisionomias, de seu modo de andar, de seu crânio. Essa ciência, tão profunda, tão útil, tão agradável, embora tendo alcançado um alto grau de perfeição ainda não chegou, porém, ao nível das necessidades atuais e das de nossa civilização francesa; hoje, ela só se dirige a certas classes privilegiadas, a certos indivíduos com chapéu de doutor. A cranologia, a fisiognomonia, só foram aplicadas aos ilustres assassinos, aos célebres imbecis, aos eróticos furiosos. Os calombos da cabeça, o fogo dos olhos, os batimentos do coração foram analisados; mas descuidou-se da sutileza do paladar, da capacidade e dos movimentos do estômago. Nem todos os homens são assassinos, imbecis ou eróticos, mas todos os homens têm uma boca, um estômago e um ventre. Essa verdade, tão evidente, poderia ter decidido os srs. Lavater, Gall & Cia. a abandonarem as especialidades para generalizar a aplicação de sua ciência. A protuberância frontal, a fisionomia, o andar do homem que come e daquele que sabe comer são, seguramente, sinais gerais que todo ho-

* Publicado em *La Silhouette*, 15 ago. e 14 out. 1830.

mem possui; mas basta estudá-los para descobrir as diferenças fenomenais.

Há quarenta anos eu observo a mesa; portanto, é o resultado de longos e árduos estudos (árduos! dolorosos! já que tive de estudar sentado à mesa!) que exporei, com a boa-fé que caracteriza um *bon vivant*.

Princípios gerais

Todos os homens comem; mas pouquíssimos sabem comer. Todos os homens bebem; mas um número ainda menor sabe beber. É preciso diferenciar os homens que comem e bebem para viver, e aqueles que vivem para comer e para beber. Há uma infinidade de nuances delicadas, profundas, admiráveis entre esses dois extremos. Mil vezes bem-aventurado aquele que a natureza destinou a formar o último elo dessa grande corrente! Só ele é imortal!

Dois números de *La Silhouette* não bastariam para meus argumentos se eu quisesse analisar todas as minhas observações; eu diria por qual sinal exterior se reconhece o homem que prefere o Beaune ao Tavel, o Volney ao Côte-Rotie, o filé de cabrito marinado aos rins de galo salteados na cerveja. Mas restringirei minhas demonstrações aos seguintes pontos, que por ora são apenas as grandes divisões da ciência: o glutão, o bom garfo, o gourmand, o guloso, o gastrônomo, o bêbado, o bebedor, o sommelier, o degustador e o gourmet.

Beber e comer exigem qualidades diferentes, por vezes opostas; é a razão pela qual estabeleço duas categorias distintas. O homem é imperfeito demais para acumular pendores tão nobres. O matemático e o poeta têm fisionomias diferentes. O mesmo ocorre com homens que brilham em todas as artes, em todas as ciências. A natureza dividiu seus dons diversamente e com sabedoria. O homem que reunisse a qualidade do gastrônomo no mesmo grau que a de gourmet seria um fenômeno, um monstro na natureza. Portanto, não nos ocuparemos desse ser ideal.

II. O BOM GARFO E O GLUTÃO

As disposições gastronômicas são subordinadas às qualidades físicas e morais dos homens; da mesma forma, a influência combinada desses dois princípios que, dependendo dos casos, se modificam mutuamente ou se transferem a uma atividade maior, sempre determina a categoria em que se deve colocar o sujeito. Se há alguns seres mistos, espécies de eunucos ou hermafroditas da gastronomia, que pertencem a todas as categorias sem pertencer a nenhuma, trata-se da mediocridade do gênero. Não nos ocuparemos desse ser tão comum, mas tão desprezível. O mais belo apanágio do homem é ser ele mesmo, ter um caráter distintivo.

O sujeito menos estimável da gastronomia, incontestavelmente, é o glutão; ele come..., come mais ainda..., continua a comer... Mas sem método, sem inteligência, sem espírito; come porque tem fome, porque sempre está com fome. É uma disposição física, independente de sua inteligência; é um apetite voraz; é uma necessidade imperiosa dos sentidos.

O glutão ignora o princípio elementar da gastronomia, que é a arte sublime de mastigar! Engole os pedaços inteiros os quais passam por sua boca sem titilar o palato, sem despertar a mais mínima reflexão; vão direto se perder num estômago de capacidade assustadora.

O glutão é muito mais que um animal; é muito menos que um homem.

Anfitriões cuja mesa é sempre bem servida, desconfiem desse destruidor; ele devorará a sua refeição sem lhe ser agradecido, sem achá-la boa nem ruim: injúria atroz!

Portanto, é prestar um verdadeiro serviço à sociedade fornecer a descrição detalhada de uma criatura tão perigosa.

O glutão é geralmente do tamanho hoje exigido para um granadeiro da Guarda Nacional de Paris: cinco pés e quatro polegadas;* seus ombros são largos, arredondados e abaulados; seu grande ventre avança em ponta; o peso de seu corpo fez desviar para dentro suas pernas curtas e grossas; seus pés são chatos. Tem as mãos largas e curtas, os dedos desiguais e desfigurados por enormes nódulos, as unhas grossas, rudes e amarelas, a cabeça imensa, os cabelos bastos, a fronte baixa, as orelhas vermelhas como escarlate, o nariz grosso, as narinas abertas, os olhos pequenos, baços, inchados e cheios de água; a boca fendida até as orelhas — é o sinal característico —, os lábios espessos e azulados, os dentes largos, curtos, novos e amarelados, o queixo redondo e triplo, as faces rubicundas.

Seu modo de andar é lento, muito lento, o que se nota depois de um copioso jantar; antes dessa preciosa operação, tal andar é bastante alerta; mas quando o glutão aceita um convite e comparece, ele caminha como o vento.

À mesa, jamais ergue os olhos, devora tanto com os olhos como com a boca; não destrava os dentes a não ser para comer; nunca um comentário divertido, o sal de todos os bons jantares, e até dos maus; nada sai de sua boca, tudo entra! Nunca uma olhadela para a linda vizinha; nunca a mais leve atenção, a menor amabilidade; às vezes encosta o cotovelo nela, porque precisa se sentir confortável, e porque é muito frequente que à mesa a gente esteja um quase por cima do outro.

Enfim, só pensa no seu prato, o qual ele gostaria que tivesse a capacidade do prato mais enorme.

Falarei da inteligência, do espírito de um sujeito semelhante? Nada: ele dorme, ele ronca, ele geme depois do jantar.

Entretanto, eu preferiria mil vezes ser o mais glutão dos

---

* 1,63 metro.

glutões a não ter em gastronomia nenhuma característica distintiva; nada é mais pungente do que ser o que todo mundo é. Um escritor absurdo, mas copiosamente absurdo, tem mais mérito, a meu ver, do que um escritor medíocre, do que um autor como qualquer um pode sê-lo. O absurdo é o gênio da cretinice. Em gastronomia, passa-se o mesmo em relação à glutonaria.

O bom garfo, embora posto num nível gastronômico muito inferior, ocupa, no entanto, um lugar mais respeitável do que o glutão; tem menos defeitos, mas é dotado de qualidades muito fracas.

Não come para viver, mas tampouco vive para comer; nele, essas duas influências se combinam; as duas afecções o trabalham, uma após outra, e às vezes ao mesmo tempo.

O bom garfo cede ao apetite dos sentidos, cede também ao apetite da imaginação. Um pedaço de comida, ao passar por sua boca, imprime uma sensação, bem leve, é verdade, mas, afinal, desperta alguma reflexão; é uma centelha que pode produzir a luz; é um germe que, habilmente fecundado pela arte, pode fazer do sujeito um gourmand de pouco mérito. Com frequência a natureza é mais avara do que pródiga.

O bom garfo é difícil de ser reconhecido apenas pela inspeção de sua fisionomia; para fazer um julgamento infalível, seria preciso vê-lo operar. No entanto, há alguns sinais característicos que podem pôr o observador noviço no caminho certo.

Costuma ser magro e alto; come depressa e em grande quantidade; raramente é difícil; no entanto, não admite todos os pratos. Prefere em geral os pedaços sólidos, faz pouco-caso das compotas, da sobremesa. O pernil na brasa, a costeleta de boi, o fricandó, o assado são muito de seu gosto, mas às vezes recusa tocar neles, com receio de mostrar alguma analogia com o glutão.

O sinal distintivo do bom garfo é operar lentamente e, depois, tudo triturar razoavelmente; costuma conversar, por vezes é até mesmo alegre, mas essa preciosa qualidade só se revela nele no final do segundo serviço.

Nunca o bom garfo faz uso de pão macio.

Fisiologia do charuto*

As parisienses só têm duas antipatias: os sapos e a fumaça do tabaco.
Eu renunciaria à mais bela amante mas não ao meu charuto!
Um fumante

Fumar é viajar em sua poltrona.
Lautour-Mézeray

Semelhante a uma mulher bonita, o charuto também tem seus adoradores, seus favoritos, suas vítimas e seus detratores. Primeiro, ele seduz, em seguida inebria, e às vezes arrasta a excessos nocivos os que a ele se entregam. Vemos o charuto e desejamos experimentá-lo; hesitamos, mas provamos; a ele retornamos e a ele nos acostumamos. Logo depois começa o capítulo dos inconvenientes. Cada dia eles se renovam, cada dia os percebemos. Sempre aumentam, e sonhamos em nos livrar deles. Mas então já não há mais tempo: o uso do charuto, capricho passageiro, transformado em hábito, é uma necessidade, e, assim como uma amante absoluta, ele tiraniza quando parou de encantar, até que, afinal, seja

* Publicado em *La Caricature*, 10 nov. 1831.

sacrificado a um início de paixão mais violenta do que aquela que se extingue.

O charuto é uma fonte de fruições absolutamente pessoais e internas. Como as bebidas alcoólicas, o rapé, o ópio, só proporciona prazer para quem o fuma, e afasta os outros. É o que faz com que os fumantes tenham tanta dificuldade em renunciar a ele e estejam continuamente às voltas com as críticas dos que têm um gosto diferente, porque um dos princípios de nossa bela natureza é ser intolerante com os pequenos defeitos do outro.

O fato é que, nos países onde fumar não é costume geral, para cada pessoa que faz uso do charuto encontraremos cem que temem seu odor. Assim, por respeito a essa consideração, deve-se fumar em casa, ou nos lugares criados ad hoc, e não em passeios públicos, onde, para satisfazer uma necessidade egoísta, incomodamos um grande número de indivíduos, sobretudo as mulheres, que em geral preferem o cheiro do almíscar ao do tabaco.

Em tudo o que faz um animal racional existe um motivo que o guia, e o homem deve sempre agir de modo a que esse motivo seja bom. Como ninguém vem ao mundo com um charuto na boca, e como não há artigo na Constituição que obrigue a pô-lo, ninguém é, afinal de contas, absolutamente forçado a adotá-lo nesta terra, onde, como todos sabem, é possível fumar sem um cachimbo. Assim, pois, antes de se decidir a adotar o título de fumante, é preciso pelo menos ter uma razão que leve fortemente a isso. Vários indivíduos empregam o charuto como um remédio, seja para aplacar as dores de dente, seja para aliviar o canal respiratório. Que estes fumem, muito bem; que até se curem, se for possível, será ainda melhor.

Mas como nem todos os animais são igualmente racionais, há um bom número deles que, sem nenhum motivo, implantam um charuto na boca e, não contentes em aspirar sua fumaça e até engoli-la e adoecerem por causa disso, vão jogar o pouco que não confiscam, em detrimento de sua saúde, por toda a fisionomia de pessoas que não acham graça nenhuma nisso.

No caso de uns, é falta do que fazer; e, para estes, aspirar, manter e sobretudo ver a fumaça de um charuto turbilhonar é ao mesmo tempo um assunto de ocupação, de diversão e de admiração. Felizes organizações!

No caso de outros, como os adolescentes, por exemplo, é uma atitude prematura, um meio de se dar *ares de homem*. Estes farão melhor se renunciarem a tal hábito, porque é algo de um gênero muito pobre ali onde não é habitual; e, além disso, mais vale que façam a aplicação de suas disposições viris em coisas mais úteis e sobretudo menos nocivas a seus pulmões.

Há uma circunstância, a única em que fumo, em que o emprego raro e moderado do charuto encontra um motivo plausível, na medida em que proporciona um prazer verdadeiro, mas somente àqueles que não são fumantes de profissão. É nos momentos de abatimento moral em que o espírito, embotado, recusa qualquer atividade à imaginação e joga a alma na melancolia. Então, basta fumar um charuto por alguns instantes, dar umas tragadas, e logo, como por encanto, a cabeça se desembaralha, o espírito se aclara, uma emoção tumultuosa vem substituir a indolência dos sentidos, e um poder desconhecido reanima todas as faculdades antes adormecidas. Isso quer dizer que a fumaça, que produz o mesmo efeito dos vapores do vinho, começa a operar, e é hora de parar, sob pena de logo sentir os inconvenientes da embriaguez.

Para continuar a sentir o benefício dessa espécie de remédio, é preciso usá-lo raramente, e sempre com moderação; pois do contrário, como cada nova tentativa o faz perder um grau de sua intensidade, ela acabaria degenerando em hábito e deixaria de produzir os mesmos resultados.

Existem certos países, principalmente os de temperatura escaldante, em que fumar é uma função que todos cumprem, como beber e comer, e nem sequer é raro ver algumas mulheres do povo de charuto na boca. Lá, todos os lugares públicos ou de reunião são transformados em outros tantos fumadouros. No teatro, assim que cai o pano, cada um enrola seu *cigarrinho*, todos os camarotes brilham com o fogo de mil faíscas lançadas pelos isqueiros, os charutos são acesos, e durante o entreato a sala se enche de fumaça. Ela não incomoda nem um pouco os habitantes, que nascem, vivem e morrem no meio desse vapor necessário à purificação de um ar insalubre. Mas é desagradável para os estrangeiros que não estão acostumados. Nunca fiquei mais espantado com o emprego que vi ser feito do charuto do que no México, durante a viagem que fiz para lá.

Convidado a uma festa, na casa do alcaide, onde devia estar toda a nobreza da cidade, compareci para observar os costumes da alta sociedade. Chegando às antessalas, sinto um cheiro de fumo que me surpreende; espantado que se permita aos criados um passatempo tão incômodo para os donos da casa, chego depressa ao salão do baile... Estava cheio de fumaça, e só mesmo através de uma leve nuvem formada por esse vapor é que se conseguiam distinguir os objetos. Fui testemunha de uma valsa muito rápida e muito animada, durante a qual os dançarinos fumavam, trocando alternadamente de mão seu charuto, com tanta graça como agilidade, para enlaçar a cintura de suas dançarinas, e estas, arrastadas pelo ardor da dança, inebriadas pelo odor do tabaco e pelo barulho dos instrumentos, entregavam-se com condescendência e pareciam saborear com volúpia as grandes baforadas lançadas por seus cavalheiros.

Proponha, pois, uma valsa do cigarro às coquetes da França e da Inglaterra...

— Ah! Isso não! Que horror! — elas lhe responderão.

"Outros países, outros costumes."

Tratado dos excitantes modernos*

1. A QUESTÃO QUE SE COLOCA

A absorção de cinco substâncias, descobertas há cerca de dois séculos e introduzidas na economia humana, teve há alguns anos desenvolvimentos tão excessivos, que as sociedades modernas podem se ver modificadas de um modo incalculável.

Essas cinco substâncias são:

1) A aguardente ou álcool, base de todas as bebidas alcóolicas, cujo aparecimento data dos últimos anos do reino de Luís XIV, e que foram inventadas para aquecer os gelos de sua velhice.

2) O açúcar. Só recentemente essa substância invadiu a alimentação popular, ao passo que a indústria francesa soube fabricá-la em grandes quantidades e repô-la em seu antigo preço, o qual sem dúvida cairá ainda mais, apesar do fisco, que a espreita para taxá-la.

3) O chá, conhecido há uns cinquenta anos.

4) O café. Embora descoberto outrora pelos árabes, a Europa só fez grande uso desse excitante em meados do século XVIII.

---

* Publicado em 1838, na nova edição de *A fisiologia do gosto*, de Brillat-Savarin.

5) O fumo, cujo uso pela combustão só se tornou generalizado e exagerado desde a paz na França.*

Examinemos primeiro a questão colocando-nos do ponto de vista mais alto.

Uma porção qualquer da força humana é aplicada na satisfação de uma necessidade; daí resulta essa sensação, variável segundo os temperamentos e segundo os climas, a que chamamos de *prazeres*. Nossos órgãos são os ministros de nossos prazeres. Quase todos têm um destino duplo: apreendem as substâncias, incorporam-nas em nós e depois as restituem, em todo ou em parte, sob uma forma qualquer, ao reservatório comum, a terra, ou à atmosfera, esse arsenal de que todas as criaturas tiram sua força *neocriativa*. Essas poucas palavras compõem a química da vida humana.

Os sábios não criticarão essa fórmula. Vocês não encontrarão um sentido, e por sentido é preciso entender todo o seu aparelho, que não obedeça a essa regra fundamental, em qualquer região que ele faça suas evoluções. Todo excesso baseia-se num prazer que o homem quer repetir mais além das leis ordinárias promulgadas pela natureza. Quanto menos a força humana está ocupada, mais tende ao excesso; o pensamento a leva a isso, irresistivelmente.

I

Para o homem social, viver é dispender-se mais ou menos depressa.

Daí resulta o fato de que, quanto mais civilizadas e tranquilas, mais as sociedades enveredam pelo caminho dos

---

* Introduzido na França, como rapé, por Jean Nicot em meados do século XVI, o fumo foi ora tolerado ora proibido, até que em 1791 a Assembleia Nacional declarou a liberdade de plantar, fabricar e vender fumo. Napoleão restabeleceu durante o Império o monopólio estatal dos produtos ligados ao fumo.

excessos. O estado de paz é um estado funesto para certos indivíduos. Talvez aí esteja o que levou Napoleão a dizer: "A guerra é um estado natural".

Para absorver, reabsorver, decompor, assimilar-se, restituir ou recriar qualquer substância que exista, operações que constituem o mecanismo de qualquer prazer sem exceção, o homem envia sua força ou parte dela para aquele ou aqueles órgãos que são os ministros do prazer preferido.

Exige a natureza que todos os órgãos participem da vida em proporções iguais; enquanto a sociedade desenvolve nos homens uma espécie de sede por este ou aquele prazer cuja satisfação leva a tal ou qual órgão mais força do que lhe é devida, e, muitas vezes, toda a força, os afluentes que o mantêm desertam dos órgãos privados dessa força em quantidades equivalentes àquelas que os órgãos gulosos pegam para si. Daí as doenças e, em última instância, a abreviação da vida. Essa teoria é assustadoramente certa, assim como todas as que são estabelecidas sobre fatos, em vez de ser promulgadas a priori. Evoque a vida no cérebro por meio de trabalhos intelectuais constantes, e ali a força se faz presente, alarga suas delicadas membranas, enriquece sua polpa; ao mesmo tempo, ela terá tão bem desertado o entressolo, que o homem de gênio aí encontrará a doença decentemente chamada de *frigidez* pela medicina. Inversamente, passe a sua vida ao pé dos divãs sobre os quais há mulheres infinitamente encantadoras, fique intrepidamente apaixonado, e se tornará um verdadeiro franciscano sem batina. A inteligência é incapaz de funcionar nas altas esferas da abstração. A verdadeira força está entre esses dois excessos. Quando leva lado a lado a vida intelectual e a vida amorosa, o homem de gênio morre como morreram Rafael e Lord Byron. Casto, um homem morre por excesso de trabalho, tanto quanto pela libertinagem; mas tal gênero de morte é extremamente raro. O excesso de tabaco, de café, de ópio e de aguardente produz desordens graves e levam a uma morte precoce. O órgão, permanentemente irritado, permanentemente nutrido, se hipertrofia; fica com um volume anormal, sofre, e vicia a máquina, que sucumbe. Cada um é dono de si, de acordo com a lei moderna; mas se os deputados e os proletários que leem estas páginas acreditam fazer mal só a si mesmos ao fumarem como rebocadores ou ao beberem como uns Alexandres, enganam-se, estranhamente; pois adulteram a raça, abastardam a geração, e daí vem a ruína dos países. Uma geração não tem direito de diminuir a outra.

II
A alimentação é a geração.

Mandem gravar este axioma, em letras douradas, em suas salas de jantar. É estranho que Brillat-Savarin, depois de ter pedido à ciência que aumentasse a nomenclatura dos sentidos, do sentido *genésico*, tenha se esquecido de observar a ligação que existe entre os produtos do homem e as substâncias que podem mudar as condições de sua vitalidade. Com que prazer eu não teria lido na obra dele este outro axioma:

III
A peixaria dá meninas, o açougue faz os meninos; o padeiro é o pai do pensamento.*

Os destinos de um povo dependem tanto de sua alimentação como de seu regime. Os cereais criaram os povos artísticos. A aguardente matou as raças indígenas. Cha-

---

* No manuscrito incompleto "Sur Brillat-Savarin et de l'alimentation dans la génération" (Ms Lov. A 166 / Fol. 21-29. Collection Spoelberch de Lovenjoul), Balzac retoma a mesma ideia de modo mais claro: "As meninas são produto de uma alimentação debilitante, os meninos nascem de um regime tônico". Disponível em: <http://www.bibliotheque-institutdefrance.fr/archives/precedentes/GASTRONOMIE_CatILL.pdf>.

mo a Rússia de uma aristocracia sustentada pelo álcool. Quem sabe se o abuso do chocolate não tem muito a ver com o aviltamento da nação espanhola, que, no momento da descoberta do chocolate, ia recomeçar o Império Romano? O fumo já mostrou a verdade dos turcos, dos holandeses, e ameaça a Alemanha. Nenhum de nossos estadistas, que geralmente estão mais ocupados consigo mesmos do que com a coisa pública, a não ser que olhemos suas vaidades, suas amantes e seus capitais como coisas públicas, sabe aonde vai a França devido ao excesso de fumo, ao emprego do açúcar, da batata substituindo o trigo, do álcool etc.

Vejam que diferença na coloração e na silhueta dos grandes homens atuais e daqueles dos séculos passados, os quais sempre resumem as gerações e os costumes de sua época! Quantos não vemos, hoje, abortarem talentos de todo tipo, exaustos depois de uma primeira obra doentia? Nossos pais são os autores das vontades mesquinhas do tempo atual.

Aqui está o resultado de uma experiência feita em Londres, que abrange as questões de que vamos tratar e cuja veracidade me foi garantida por duas pessoas fidedignas, um cientista e um político, que dominam as questões que iremos tratar a seguir.

O governo inglês permitiu dispor da vida de três condenados à morte, a quem deram a opção de ser enforcados segundo a fórmula usual naquele país, ou viver exclusivamente, um de chá, o outro de café, o outro de chocolate, sem acrescentar nenhum outro alimento de qualquer natureza que fosse nem beber outros líquidos. Os gaiatos aceitaram. Talvez todo condenado tivesse feito o mesmo. Como cada alimento oferecia oportunidades maiores ou menores, eles os escolheram num sorteio.

O homem que viveu de chocolate morreu depois de oito meses.

O homem que viveu de café durou dois anos.

O homem que viveu de chá só sucumbiu depois de três anos.

Desconfio de que a Companhia das Índias tenha solicitado a experiência por interesse em seu comércio. O homem do chocolate morreu num pavoroso estado de podridão, devorado pelos vermes. Seus membros caíram, um a um, como os da monarquia espanhola.

O homem do café morreu queimado, como se o fogo de Gomorra o tivesse calcinado. Poderiam tê-lo transformado em cal. Propuseram isso, mas a experiência pareceu contrária à imortalidade da alma.

O homem do chá tornou-se magro e quase diáfano, morreu de consunção, num estado de lanterna: via-se claramente através de seu corpo; e um filantropo conseguiu ler o *Times*, pois puseram uma luz atrás do corpo. A decência inglesa não permitiu uma experiência mais original.

Não posso deixar de observar o quanto é filantrópico utilizar o condenado à morte em vez de guilhotiná-lo brutalmente. Já se emprega a adipocera das aulas de medicina para fazer velas, não devemos parar num caminho tão bonito. Portanto, que os condenados sejam entregues aos cientistas em vez de ser entregues ao carrasco.

Outra experiência foi feita na França, em relação ao açúcar.

O sr. Magendie alimentou cachorros exclusivamente com açúcar; os resultados terríveis de sua experiência foram publicados, bem como o gênero de morte desses interessantes amigos do homem, cujos vícios eles partilham (os cães são brincalhões); mas tais resultados ainda nada provam em relação a nós.

2. SOBRE A AGUARDENTE

A uva foi a primeira substância a revelar as leis da fermentação, nova ação que se opera entre os elementos pela influência atmosférica, e de onde resulta uma combinação contendo o álcool obtido pela destilação, o que, desde então, a química encontrou em muitos produtos botânicos. O vinho, seu produto imediato, é o excitante mais antigo: a César o que é de César, ele ocupará o primeiro lugar. Aliás, hoje é ele o que, entre todos os excitantes, mata mais gente. Todos se apavoraram com a cólera. A aguardente é um flagelo muito maior!

Qual passante não observou em torno do grande mercado, em Paris, aquela tapeçaria humana formada, entre as duas e cinco horas da madrugada, pelos frequentadores assíduos, homens e mulheres dos destiladores, cujos comércios ignóbeis estão muito longe dos palácios construídos em Londres para os consumidores que ali vão se consumir, mas nos quais os resultados são os mesmos? Tapeçaria é a palavra. Os farrapos e os rostos estão em tamanha harmonia que a gente não sabe onde termina o farrapo, onde começa a carne, onde está o gorro, onde desponta o nariz; o rosto costuma estar mais sujo que o trapo de pano que você avista ao analisar tais monstruosos personagens mirrados, encovados, macilentos, embranquecidos, azulados, entortados pela aguardente. Devemos a tais homens a ignóbil desova que se destrói ou que produz o horrível *gamin de Paris*. Daqueles balcões procedem esses seres esquálidos que compõem a população operária. A maioria das moças de Paris é dizimada pelo abuso de bebidas fortes.

Como observador, era indigno de mim ignorar os efeitos da embriaguez. Eu devia estudar as fruições que seduzem o povo, e que seduziram, digamos, Byron depois de Sheridan, e *tutti quanti*. A coisa era difícil. Na qualidade de bebedor de água, preparado talvez para essa investida por meu longo hábito do café, o vinho não tem o menor poder sobre mim, seja qual for a quantidade que minha capacidade gástrica me permita absorver. Sou um conviva caro. Tal fato, conhecido de um de meus amigos, inspirou-lhe o desejo de derrotar essa virgindade. Eu nunca tinha fumado. Sua futura vitória foi, portanto, estabelecida sobre essas primícias no sentido de me oferecer *diis ignotis*. Assim sendo, num dia de Théâtre-Italien, no ano de 1822, meu amigo me desafiou, na esperança de me fazer esquecer a música de Rossini, La Cinti, Levasseur, Bordogni e La Pasta, num divã que ele espreitou desde a hora da sobremesa e no qual foi ele que se deitou. Dezessete garrafas vazias assistiam à sua derrota. Como ele me obrigara a fumar dois charutos, o fumo teve uma ação da qual me dei conta ao descer a escada. Achei que os degraus eram feitos de uma matéria mole; mas subi gloriosamente na carruagem, um tanto razoavelmente ereto, grave e pouco disposto a falar. Ali, pensei estar dentro de uma fornalha, baixei uma vidraça, o ar acabou de me derrubar, expressão técnica dos bêbados. Eu descobria na natureza um vácuo espantoso. Os degraus da escada do teatro me pareceram ainda mais moles que os outros; mas sem nenhum infortúnio, ocupei meu lugar no balcão. Naquele momento eu não ousaria afirmar que estava em Paris, no meio de uma sociedade deslumbrante cujas toaletes e cujos rostos eu ainda não distinguia. Minha alma estava bem alegrinha. O que eu ouvia da abertura de La Gazza equivalia aos sons fantásticos que, dos céus, caem nos ouvidos de uma mulher em êxtase. As frases musicais me chegavam através de nuvens brilhantes, despojadas de tudo o que os homens põem de imperfeito em suas obras e cheias daquilo que o sentimento do artista aí imprime de divino. A orquestra me parecia um vasto instrumento com que alguém executava uma ária qualquer, da qual eu não conseguia captar nem o movimento, nem o mecanismo, enxergando apenas, confusamente, os braços dos baixos, os arcos irrequietos das cordas, as curvas de ouro dos trombones, as clarinetas, as luzes, mas nada de homens. Somente uma ou duas cabeças empoadas, imóveis, e dois rostos inchados, muito careteiros, que me inquietavam. Eu quase cochilava.

— Esse cavalheiro cheira a vinho — disse baixinho

uma senhora cujo chapéu a toda hora roçava na minha face e que, involuntariamente, minha face ia roçar.
Confesso que fiquei irritado.
— Não, senhora — respondi — "cheiro a música."
Saí, mantendo-me fantasticamente ereto, mas calmo e frio como um homem que, não tendo apreciado, se retira provocando em seus críticos o temor de terem molestado algum gênio superior. Para provar àquela senhora que eu era incapaz de beber além da conta e que meu cheiro devia ser um incidente perfeitamente alheio a meus hábitos, premeditei ir até o camarote da senhora duquesa de... (mantenhamos seu segredo), de quem avistei a bela cabeça tão singularmente emoldurada de plumas e rendas, que me senti irresistivelmente atraído em sua direção, movido pelo desejo de verificar se aquele penteado inconcebível era verdadeiro, ou resultado de alguma fantasia da óptica peculiar de que eu estava dotado por algumas horas.

Quando eu chegar lá, pensei, entre aquela grande dama tão elegante e sua amiga tão afetada, tão pudibunda, ninguém desconfiará de que estou entre um vinho e outro, e todos pensarão que devo ser um homem notável entre duas mulheres.

Mas ainda estava zanzando pelos intermináveis corredores do Théâtre-Italien, sem ter conseguido encontrar a porta desgraçada daquele camarote, quando a multidão, saindo no final do espetáculo, me grudou contra uma parede. Aquela noite foi, com certeza, uma das mais poéticas de minha vida. Em nenhuma ocasião vi tantas plumas, tantas rendas, tantas mulheres bonitas, tantas janelinhas ovais pelas quais os curiosos e os amantes examinam o conteúdo de um camarote. Nunca demonstrei tanta energia, nem ostentei tanta determinação, eu poderia até mesmo dizer teimosia, não fosse o respeito que temos por nós mesmos. A tenacidade do rei Guilherme da Holanda na questão belga não é nada em comparação com a perseverança que manifestei ao me alçar na ponta dos pés e conservar um agradável sorriso. No entanto, tive acessos de raiva, e algumas vezes chorei. Essa fraqueza me situa abaixo do rei da Holanda. Depois, fiquei atormentado por ideias pavorosas, pensando em tudo o que aquela senhora tinha o direito de pensar a meu respeito se eu não reaparecesse entre a duquesa e sua amiga; mas me consolava desprezando o gênero humano por inteiro. Eu estava, porém, errado. Naquela noite havia uma boa sociedade no teatro. Todos se desdobraram em atenções comigo e se deram ao trabalho de me deixar passar. Finalmente, uma dama muito bonita me deu o braço para sair. Devo essa cortesia à alta consideração que Rossini me demonstrou, e ele me disse umas palavras lisonjeiras das quais não me lembro, mas que deviam ser eminentemente espirituais; sua conversa equivale à sua música. Aquela dama era, creio, uma duquesa, ou talvez uma lanterninha. Minha memória está tão confusa que acredito mais na lanterninha do que na duquesa. No entanto, usava plumas e rendas! Sempre as plumas e as rendas! Em suma, vi-me dentro de minha carruagem, pela razão superlativa de que meu cocheiro tinha comigo uma semelhança que me consternou e de que ele pegara no sono, sozinho, na Place des Italiens. Chovia torrencialmente, não me lembro de ter recebido um pingo de chuva. Pela primeira vez na vida, saboreei um dos prazeres mais intensos, mais prodigiosos do mundo, êxtase indescritível, as delícias que sentimos em atravessar Paris às 11h30 da noite, arrastados rapidamente entre os lampiões, vendo passar miríades de lojas, luzes, reclames, rostos, grupos, mulheres debaixo de guarda-chuvas, esquinas de ruas fantasticamente iluminadas, praças negras, observando, através das listras do temporal, mil coisas que temos uma falsa ideia de ter avistado em algum lugar, em pleno dia. E mais plumas! E mais rendas!, até mesmo nas lojas de doces.

A partir de então entendi perfeitamente bem o prazer da embriaguez. A embriaguez joga um véu sobre a vida real, extingue a consciência dos sofrimentos e das tristezas, permite depositar o fardo do pensamento. Compreende-se então como grandes gênios puderam se servir do álcool e por que o povo se entrega a ele. Em vez de ativar o cérebro, o vinho o embota. Longe de excitar as reações do estômago em direção das forças cerebrais, o vinho, depois da dose de uma garrafa absorvida, obscurece as papilas, satura os condutos, o gosto deixa de funcionar, e é impossível para o bebedor diferenciar a sutileza dos líquidos servidos. As bebidas alcóolicas são absorvidas e passam em parte para o sangue. Portanto, inscrevam na memória este axioma:

IV
A embriaguez é um envenenamento momentâneo.

Assim, pelo retorno constante desses envenenamentos, o alcoólatra acaba mudando a natureza de seu sangue; altera sua circulação, retirando-lhe seus princípios ou desnaturando-os, e forma-se dentro dele um distúrbio tão grande que a maioria dos bêbados perde as faculdades geradoras ou as viciam de tal maneira que deles nascem hidrocéfalos. Não se esqueçam de verificar no bebedor a ação de uma sede devastadora no dia seguinte, e via de regra no final de sua orgia. Essa sede, evidentemente produzida pelo emprego do suco gástrico e dos elementos da salivação ocupados em seu centro, poderá servir para demonstrar o acerto de nossas conclusões.

III. SOBRE O CAFÉ

Quanto a essa matéria, Brillat-Savarin está longe de ser completo. Posso acrescentar alguma coisa ao que ele diz sobre o café, de que faço uso de maneira a poder observar seus efeitos em grande escala. O café é um torrificador interno. Muita gente atribui ao café o poder de dar inteligência; mas todos puderam verificar que os maçantes são ainda mais maçantes depois de tomá-lo. Em suma, embora os quitandeiros estejam abertos em Paris até meia-noite, não é por isso que certos autores se tornam mais inteligentes.

Como Brillat-Savarin observou muito bem, o café põe o sangue em movimento e faz surgirem os espíritos que o movem; essa excitação precipita a digestão, expulsa o sono e permite manter por mais algum tempo o exercício das faculdades cerebrais.

Permito-me modificar o artigo de Brillat-Savarin por experiências pessoais e pelas observações de alguns grandes espíritos.

O café age sobre o diafragma e os plexos do estômago, de onde atinge o cérebro por irradiações incalculáveis e que escapam a qualquer análise; no entanto, é possível presumir que o fluido nervoso é o condutor da eletricidade dessa substância que ela encontra ou desencadeia dentro de nós. Seu poder não é constante nem absoluto. Rossini sentiu em si mesmo os efeitos que eu já observara em mim.

"O café", disse-me, "é uma questão de quinze ou vinte dias; tempo, felizmente, de compor uma ópera."

O fato é verdadeiro. Mas o tempo durante o qual desfrutamos dos benefícios do café pode se estender. Conhecer essa ciência é mais que necessário para muitas pessoas, e por isso vamos descrever a maneira de obter seus preciosos frutos.

Todos vocês, ilustres velas humanas, que se consomem pela cabeça, aproximem-se e ouçam o Evangelho da insônia e do trabalho intelectual!

1º) O café triturado à moda turca tem mais sabor que o café moído num moinho.

Em muitas coisas mecânicas relativas à exploração das fruições, os orientais ganham de longe dos europeus: o gênio deles, observador à maneira dos sapos, que ficam anos inteiros em suas tocas mantendo os olhos dourados abertos para a natureza como dois sóis, revelou-lhes pelos fatos o que a ciência nos demonstra pela análise. O princípio deletério do café é o *tanino*, substância maligna que os químicos ainda não estudaram o suficiente. Quando as membranas do estômago ficam *taninosas*, ou quando a ação do tanino peculiar ao café as embotou devido a um uso muito frequente, elas se recusam a fazer as contrações violentas que os trabalhadores buscam. Daí as desordens graves se o apreciador da bebida insistir. Em Londres existe um homem cujo uso imoderado do café deixou torto como esses velhos com gota e nodosos. Conheci um gravador em Paris que ficou cinco anos se curando do estado em que o deixara seu amor pelo café. Por fim, ultimamente um artista, Chenavard, morreu queimado. Ele entrava num café assim como um operário entra na taberna, a toda hora. Os amadores procedem como em todas as paixões; vão de um extremo a outro, e como acontece com Nicolet,* cada vez mais longe, até o abuso. Ao moer o café, você o pulveriza em moléculas de formas estranhas que retêm o tanino e exalam somente o aroma. Por isso é que os italianos, os venezianos, os gregos e os turcos podem beber incessantemente, sem perigo, o café que os franceses chamam de *cafiot*, expressão de desprezo. Voltaire tomava esse café.

Portanto, retenham isto. O café tem dois elementos: um, a matéria extrativa, que a água quente ou fria dissolve, e dissolve rápido, sendo esse elemento o condutor do aroma; o outro, que é o tanino, resiste mais à água e só a duras penas, e com lentidão, abandona o tecido areolar. Donde este axioma:

---

* Nicolet era um ator e dramaturgo do teatro de bulevar, conhecido por suas acrobacias e pantomimas agressivas se referindo, entre outros, a Corneille e Molière.

V

Deixar a água fervente, sobretudo muito tempo, em contato com o café é uma heresia; prepará-lo com a água da borra do café anterior é submeter o estômago e outros órgãos ao tanino.

2º) Supondo que o café seja tratado na imortal cafeteira à maneira de De Belloy e não do Belloy* (este a cujas meditações devemos esse método é primo do cardeal, e, como ele, da família muito antiga e muito ilustre dos marqueses De Belloy), o café tem mais qualidade sendo feito pela infusão na água fria do que pela infusão na água fervendo; controlar a temperatura da água é uma segunda maneira de graduar seus efeitos.

O café moído libera simultaneamente o aroma e o tanino, agrada ao paladar e estimula os plexos, que reagem às milhares de cápsulas que formam o cérebro.

Assim, há dois tipos de cafés: o triturado, à turca, e o café moído.

3º) Da quantidade de café posta no recipiente superior, da maneira como os grãos foram esmagados, do maior ou menor volume de água, depende a força do café; esses três elementos constituem a terceira maneira de tratar o café.

Assim, durante um tempo mais ou menos longo, uma ou duas semanas no máximo, é possível se obter o estado de excitação com uma, e depois duas xícaras de café triturado com uma força que se pode graduar, e que foi posto em infusão na água fervendo.

Durante mais uma semana, pela infusão em água fria,

---

* Jean-Baptiste de Belloy (1709-1808) foi cardeal e, por volta de 1800, inventou o sistema da "percolação" (filtragem) do café, que até então era preparado numa infusão. Ficou conhecido como o inventor da cafeteira. É provável que o outro Belloy seja Auguste de Belloy, então secretário particular de Balzac.

pela moedura do café, pela trituração mais fina do pó e pela diminuição da água, você continuará a obter a mesma dose de força cerebral.

Quando tiver alcançado a mais fina trituração e o menos possível de água, poderá dobrar a dose, tomando duas xícaras; certos temperamentos vigorosos chegam a três xícaras. Ainda é possível prosseguir assim por mais uns dias.

Por fim, descobri um método horrível e cruel, que só aconselho aos homens de excessivo vigor, de cabelos pretos e duros, pele mesclada de ocre e vermelhidões, mãos quadradas, pernas em forma de balaústres como os da Place Louis XV. Trata-se do uso do café moído, triturado, frio e anidro (termo químico que significa pouca água ou sem água), tomado em jejum. Esse café *cai* no seu estômago, que, como se sabe graças a Brillat-Savarin, é um saco aveludado por dentro e atapetado de sugadores e papilas; ali o café não encontra nada, ataca aquele delicado e voluptuoso revestimento, torna-se uma espécie de alimento que exige seus sucos; retorce-os, solicita-os, assim como uma pitonisa convoca seu deus, maltrata aquelas lindas paredes assim como um carroceiro brutaliza cavalos jovens; os plexos se inflamam, ardem e fazem suas faíscas ir até o cérebro. A partir daí, tudo se agita: as ideias logo se põem em movimento, como os batalhões do Exército imperial num campo de batalha, e trava-se a batalha. As lembranças chegam a passos largos, com as bandeiras desfraldadas; a cavalaria ligeira das comparações se desenvolve num magnífico galope; a artilharia da lógica acorre com sua paraférnalia e seus cartuchos; as tiradas espirituosas chegam como atiradores; as formas e imagens se erguem; o papel se cobre de tinta, pois tem início a insônia, que acaba com torrentes de água preta, assim como a batalha termina com sua poeira preta. Aconselhei essa bebida tomada assim a um amigo que queria a todo custo fazer um trabalho prometido para o dia seguinte: ele imaginou ter se envenenado, tornou a se deitar, ficou na cama, como uma recém-casada. Era alto, louro, magro, com cabelos ralos; um estômago de papel machê. Houve de minha parte um erro de observação.

Quando você chega a ponto de tomar em jejum esse café de emulsões superlativas, e quando se sente exausto, se tivesse vontade de continuar cairia em terríveis suores, fraquezas nervosas, sonolências. Não sei o que aconteceria: a sábia natureza me aconselhou a abster-me, levando em conta que não estou condenado a uma morte imediata. Devemos, então, adotar as preparações lácteas, a dieta do frango e das carnes brancas; em suma, trata-se de afrouxar as cordas da harpa e voltar a uma vida de ociosidade, de viagens, simplória e criptogâmica como a de burgueses aposentados.

O estado em que nos deixa o café tomado em jejum em condições magistrais produz uma espécie de vivacidade nervosa que se aparenta à da raiva; a voz se eleva, os gestos expressam uma impaciência doentia; queremos que tudo ande depressa, que as ideias trotem; ficamos meio birutas, irados por qualquer bobagem, chegamos a esse temperamento variável do Poeta, que é tão condenado pelos quitandeiros; atribuímos ao outro a lucidez de que desfrutamos. Um homem inteligente deve, então, evitar ao máximo mostrar-se ou deixar-se aproximar. Descobri esse estado singular por certos acasos que me faziam perder, sem trabalho, a exaltação que eu me proporcionava. Amigos, em cuja casa eu estava, no campo, viam-me intratável e briguento, de má-fé nas conversas. No dia seguinte, eu reconhecia meus erros e procurávamos a causa. Meus amigos eram sábios de primeira grandeza, e logo a descobrimos: o café queria uma vítima.

Não só essas observações são verdadeiras e não sofrem outras mudanças além das que resultam das diferentes idiossincrasias, como estão em consonância com as experiências de vários adeptos do café, entre os quais o ilustre

Rossini, um dos homens que mais estudaram as leis do gosto, um herói digno de Brillat-Savarin.

Observação

Em certas naturezas fracas, o café produz no cérebro uma congestão sem perigo; em vez de se sentirem ativadas, essas pessoas sentem sonolência, e dizem que o café as faz dormir. Essas pessoas podem ter pernas de gazela e estômagos de avestruz, mas são mal *aparelhadas* para os trabalhos do pensamento. Dois jovens viajantes, os srs. Combes e Tamisier, acharam que, de maneira geral, os abissínios eram impotentes: os dois viajantes não hesitaram em apontar o abuso do café, que os abissínios tomam até o último grau, como a causa dessa desgraça. Se este livro chegar à Inglaterra, solicita-se ao governo inglês que resolva essa grave questão, com o primeiro condenado que tiver à mão, contanto que não sejam uma mulher nem um idoso.

O chá também contém tanino, mas o dele tem virtudes narcóticas; não se dirige ao cérebro; age apenas nos plexos e nos intestinos, que absorvem mais especialmente, e mais depressa, as substâncias narcóticas. A maneira de prepará-lo é absoluta. Não sei até que ponto a quantidade de água que os bebedores de chá jogam no estômago deve ser computada no efeito obtido. Se a experiência inglesa é verdadeira, o chá geraria a moral inglesa, as *misses* de tez macilenta, as hipocrisias e as maledicências inglesas; o que é certo é que, sem a menor dúvida, ele estraga a mulher, tanto no aspecto moral como no físico. Ali onde as mulheres bebem chá, o amor é depravado em seu princípio; elas são pálidas, doentias, tagarelas, enfadonhas, pregadoras. Para certas compleições fortes, o chá forte e tomado em grandes doses proporciona uma irritação que derrama tesouros de melancolia; ocasiona sonhos, mas menos poderosos que os do ópio, pois a fantasmagoria do chá se passa numa atmosfera cinzenta e vaporosa. As ideias são suaves, tanto quanto o são as mulheres louras. O estado em que se fica não é o sono de chumbo que distingue as belas compleições que sofrem de cansaço, mas uma sonolência indizível que lembra os devaneios da manhã. O excesso de café, assim como o do chá, produz uma grande secura na pele, que parece queimar. O café, via de regra, também provoca suor e dá uma violenta sede. Nos que chegam ao grau do abuso, a salivação é espessa e quase eliminada.

IV. SOBRE O FUMO

Não foi sem razão que guardei o fumo para o fim; primeiro, esse excesso é o mais recente, e depois, ele triunfa sobre todos os outros.

A natureza impôs limites aos nossos prazeres. Deus me livre de tachar aqui as virtudes militantes do amor e de assustar honoráveis suscetibilidades; mas está rigorosamente comprovado que Hércules deve sua celebridade a seu décimo segundo trabalho, em geral olhado como fabuloso, hoje que as mulheres são muito mais atormentadas pela fumaça dos charutos do que pelo fogo do amor. Quanto ao açúcar, a repugnância se instala prontamente em todas as criaturas, até mesmo nas crianças. Quanto às bebidas alcóolicas fortes, o abuso resulta em apenas dois anos de existência; e o do café provoca doenças que não permitem que se prossiga com seu consumo. Inversamente, o homem acredita poder fumar indefinidamente. Erro. Broussais, que fumava muito, era talhado como um Hércules; deveria, sem exagero de trabalho e de charutos, ultrapassar os cem anos: mas morreu recentemente, na flor da idade, se pensarmos em sua compleição ciclópica. Por fim, um dândi tabacólatra teve a goela gangrenada, e como a ablação pareceu, com razão, impossível, ele morreu.

É inacreditável que Brillat-Savarin, dando à sua obra

o título de *Fisiologia do gosto*, e depois de ter demonstrado tão bem o papel que as cavidades nasais e palatais têm nas fruições, haja esquecido o capítulo do fumo.

Hoje, o fumo se consome pela boca, depois de ter sido por muito tempo cheirado pelo nariz; ele afeta os duplos órgãos maravilhosamente comentados entre nós por Brillat-Savarin: o palato, suas aderências, e as cavidades nasais. A bem da verdade, na época em que o ilustre professor escreveu seu livro, o fumo ainda não tinha invadido a sociedade francesa em todas as suas partes como hoje. Há um século era consumido mais em pó do que em fumaça, e agora o charuto infecta a sociedade. Nunca ninguém suspeitara dos prazeres que o estado de chaminé deveria proporcionar.

O tabaco fumado causa, em primeiro lugar, vertigens sensíveis; provoca na maioria dos neófitos uma salivação exagerada, e com frequência náuseas que produzem vômitos. Apesar desses avisos da natureza irritada, o tabacólatra persiste e se acostuma. Esse aprendizado dura, às vezes, vários meses. O fumante acaba vencendo, tal como Mitrídates, e entra num paraíso. Com que outro nome chamar os efeitos do tabaco fumado? Entre o pão e o fumo de rolo, o pobre não hesita; o rapaz sem um tostão, que gasta suas botas no asfalto dos bulevares, e cuja amante trabalha noite e dia, imita o pobre; o bandido da Córsega que você encontra nos rochedos inacessíveis ou numa praia que os olhos dele podem vigiar, oferece-lhe matar o seu inimigo em troca de meio quilo de fumo. Os homens de imenso prestígio confessam que os charutos os consolam nas maiores adversidades. Entre a mulher adorada e o charuto, um dândi não hesitaria em deixá-la, assim como o condenado a trabalhos forçados não hesitaria em permanecer na prisão se ali pudesse ter fumo a rodo! Portanto, que poder tem esse prazer pelo qual o rei dos reis pagaria a metade de seu império, e que, sobretudo, é o prazer dos infelizes? Esse prazer, eu o negava, e devia pensar neste axioma:

VI
Fumar um charuto é fumar fogo.

Devo a George Sand a chave desse tesouro; mas só admito o *houka* indiano ou o narguilé da Pérsia. Em matéria de fruições materiais, decididamente os orientais são superiores a nós.

O *houka*, assim como o narguilé, é um aparelho muito elegante; oferece à vista formas inquietantes e estranhas, que, aos olhos de um burguês espantado, dão uma espécie de superioridade aristocrática a quem o utiliza. Trata-se de um reservatório, bojudo como um vaso japonês, o qual suporta uma espécie de copinho de terracota em que se queimam o fumo, o patchuli e as substâncias cuja fumaça se aspira, pois é possível fumar vários produtos botânicos, sendo cada um mais divertido que o outro. A fumaça passa por tubos compridos de couro de muitos metros, guarnecidos de seda e fio prateado, e cujo bico mergulha no vaso, acima da água perfumada que ele contém, e na qual se mergulha o tubo que desce da chaminé superior. A aspiração do usuário puxa a fumaça, obrigada a atravessar a água para chegar até você pelo horror que o vazio causa na natureza. Ao passar por essa água, a fumaça se livra de seu empireuma e ao mesmo tempo se perfuma sem perder as qualidades essenciais produzidas pela carbonização da planta; depois, evapora-se nas espirais do couro e chega ao seu palato, pura e perfumada. Espalha-se pelas suas papilas, satura-as e sobe ao cérebro, como preces melodiosas e perfumadas sobem à Divindade. Você está deitado num sofá, ocupado em não fazer nada, pensando sem nenhuma fadiga, você se inebria sem beber, sem enjoo, sem os engulhos xaroposos do vinho de Champagne, sem os cansaços nervosos do café. Seu cérebro adquire faculdades novas, você já não sente a calota ossuda e pesada do crânio, voa de asas abertas pelo mundo da fantasia, agarra seus delírios borboleteantes, tal como uma criança com uma gaze que corresse numa pradaria divina atrás das libélulas, e os vê em sua forma ideal, o que o predispõe a realizar coisas. As mais belas esperanças passam e repassam, não mais como ilusões, pois assumiram um corpo, e saltam como outras tantas Taglionis, com que graça! Vocês, fumantes, sabem disso! Esse espetáculo embeleza a natureza, todas as dificuldades da vida desaparecem, a vida fica leve, a inteligência é clara, a atmosfera cinzenta do pensamento torna-se azul; mas, efeito estranho, o pano dessa ópera cai quando se apagam o *houka*, o charuto ou o cachimbo. Essa fruição excessiva, a que preço foi conquistada? Examinemos. Esse exame se aplica igualmente aos efeitos passageiros produzidos pelo álcool e pelo café.

O fumante suprimiu a salivação. Se não a suprimiu, mudou suas condições, ao convertê-la numa espécie de excreção mais grossa. Por fim, se ele não opera nenhuma espécie de esputação, obstruiu os seus vasos, entupiu ou destruiu os sugadouros, os escoadouros, papilas engenhosas cujo admirável mecanismo está no campo do microscópio de Raspail e cuja descrição aguardo, pois me parece de urgente utilidade. Permaneçamos neste terreno.

O movimento das diferentes mucosidades, maravilhosa polpa instalada entre o sangue e os nervos, é uma das circulações humanas mais habilmente compostas pelo grande fazedor de relógios a quem devemos essa engenhosa brincadeira chamada Humanidade. Intermediárias entre o sangue e seu produto quintessencial, em que repousa o futuro do gênero humano, essas mucosidades são tão essenciais à harmonia interna de nossa máquina que, nas violentas emoções, forma-se dentro de nós uma mobilização violenta para suportar o choque produzido em algum centro desconhecido. Em suma, a vida tem tanta sede delas que todos os que passaram por grandes acessos de raiva conseguem se lembrar do ressecamento súbito de sua garganta, do espessamento de sua saliva e da lentidão com que ela retorna ao estado normal. Esse fato me impressionou tão profundamente que quis verificá-lo na esfera das mais terríveis emoções. Negociei muito tempo, e antecipadamente, o obséquio de um jantar com pessoas que razões públicas afastam da sociedade: o chefe da polícia de segurança e o carrasco da corte real de Paris, ambos, aliás, cidadãos, eleitores e podendo gozar dos direitos cívicos como todos os outros franceses. O famoso chefe da polícia de segurança deu-me como favas contadas o fato de que, sem exceção, todos os criminosos que ele prendera passaram entre uma e quatro semanas até conseguirem recuperar a capacidade de salivar. Os assassinos eram os que a recuperavam mais tarde. O carrasco da guilhotina nunca tinha visto um só homem cuspir ao se dirigir para o suplício, nem desde o momento em que lhe faziam sua toalete.

Que nos seja permitido relatar um fato que soubemos pelo próprio comandante do navio onde se passou a experiência e que corrobora nossa argumentação.

Numa fragata do rei, antes da Revolução, em alto-mar, alguém cometeu um roubo. O culpado estava necessariamente a bordo. Apesar das mais severas buscas, apesar do hábito de observar os mínimos detalhes da vida em comum que se leva num navio, nem os oficiais nem os marinheiros conseguiram descobrir o autor do roubo. Esse fato tornou-se a ocupação de toda a tripulação. Quando o comandante e seu estado-maior já tinham perdido a esperança de fazer justiça, o contramestre disse ao comandante:

— Amanhã de manhã descobrirei o ladrão.

Grande espanto. No dia seguinte, o contramestre manda a tripulação se enfileirar no tombadilho, anunciando que vai descobrir o culpado. Ordena a cada homem que estique a mão e distribui entre eles uma pequena quantidade de farinha. Passa a tripulação em revista, mandando que cada homem faça um bolinho com a farinha, misturando-a com saliva. Houve um homem que não conseguiu fazer o bolinho, por falta de saliva.

— É este o culpado — ele disse ao comandante. O contramestre não se enganara.

Essas observações e esses fatos indicam o apreço que a natureza tem pela mucosidade tomada em seu conjunto, cujo excesso ela escoa pelos órgãos do paladar, e que constitui essencialmente os sucos gástricos, esses hábeis químicos, desespero de nossos laboratórios. A medicina lhes dirá que as doenças mais graves, as mais longas, as mais brutais em seu início são as produzidas pelas inflamações das membranas mucosas. Por fim, a coriza, vulgarmente chamada de *resfriado do cérebro*, tolhe por alguns dias as faculdades mais preciosas, e no entanto não passa de uma ligeira irritação das mucosas nasais e cerebrais.

De qualquer maneira, o fumante atrapalha essa circulação, suprimindo seu escoadouro, extinguindo a ação das papilas ou fazendo-as absorver sucos obstrutores. Assim, durante todo o tempo que dura seu trabalho, o fumante está quase embrutecido. Os povos fumantes, como os holandeses, que foram os primeiros na Europa a fumar, são essencialmente apáticos e moles; a Holanda não tem nenhum excedente de população. A alimentação ictiofágica a que está fadada, o uso dos defumados, e certo vinho da Touraine fortemente alcoolizado, o vinho de Vouvray, combatem um pouco as influências do tabaco; mas a Holanda sempre pertencerá a quem quiser tomá-la: pois só existe pela inveja dos outros gabinetes, que não a deixariam tornar-se francesa. Por fim, o tabaco, fumado ou mascado, tem efeitos locais dignos de observações. O esmalte do dente se corrói, as gengivas entumecem e segregam um pus que se mistura com os elementos e altera a saliva.

Os turcos, que fazem um uso imoderado do tabaco, embora enfraquecendo-o por lavagens, ficam exaustos com muita rapidez. Como há poucos turcos ricos o suficiente para possuir esses famosos haréns onde poderiam abusar de sua juventude, deve-se admitir que o fumo, o ópio e o café, três grandes agentes semelhantes em termos de excitação, são as causas principais da cessação das faculdades generativas entre eles, país onde um homem de trinta anos equivale a um europeu de cinquenta anos. A questão do clima representa pouco: as latitudes comparadas equivalem a uma diferença fraquíssima. Ora, a faculdade de gerar descendentes é o *critério* da vitalidade, e essa faculdade está intimamente ligada ao estado da mucosidade.

A esse respeito, conheço o segredo de uma experiência, que publico no interesse da ciência e do país. Uma mulher muito agradável, que só amava o marido quando longe dela, caso excessivamente raro e necessariamente digno de nota, não sabia como afastá-lo sem desrespeitar o Código. Aquele marido era um antigo marinheiro que fumava como um piróscafo. Ela observou os movimentos do amor e obteve a prova de que nos dias em que, por quaisquer circunstâncias, seu marido consumia menos charutos, ficava, como dizem os pudicos, mais solícito. Ela prosseguiu suas observações e encontrou uma correlação positiva entre os silêncios do amor e o consumo do tabaco. Cinquenta charutos ou cigarros (ele chegava a esse ponto) fumados lhe valiam uma tranquilidade mais procurada ainda na medida em que o marinheiro pertencia à raça perdida dos cavaleiros do Antigo Regime. Encantada com sua descoberta, permitiu-lhe mascar fumo, hábito que ele sacrificara por sua causa. Ao fim de três anos de fumo mascado, de cachimbos, de charutos e de cigarros combinados, ela se tornou uma das mulheres mais felizes do reino. Tinha o marido, mas sem o casamento. "Mascar fumo explicam nossos homens", dizia-me um capitão de mar e guerra muito notável por seu gênio de observação.

V. CONCLUSÕES

A empresa do Estado sem dúvida mandará contradizer essas observações sobre os excitantes que nos impôs; mas elas têm fundamento, e ouso adiantar que o cachimbo muito contribui para a tranquilidade da Alemanha; ele despoja o homem de certa porção de sua energia. O Fisco é, por natureza, estúpido e antissocial; precipitaria uma nação nos abismos do cretinismo para se dar o prazer de fazer com que escudos passem de uma mão a outra, como fazem os malabaristas indianos.

Em nossos dias, há em todas as classes um pendor para a embriaguez que os moralistas e os homens de Estado devem combater; pois a embriaguez, de qualquer forma que se manifeste, é a negação do avanço social. O álcool e o fumo ameaçam a sociedade moderna. Quem viu em Londres os palácios do gim pode imaginar sociedades de temperança.

Brillat-Savarin, um dos primeiros a observar a influência do que entra na boca sobre os destinos humanos, poderia ter insistido na utilidade de promover sua estatística ao nível que lhe cabe, fazendo dela a base sobre a qual operariam os grandes espíritos. A estatística deve ser o orçamento das coisas; aclararia as graves questões levantadas pelos excessos modernos relativamente ao futuro das nações.

O vinho, esse excitante das classes inferiores, tem em seu álcool um princípio nocivo; mas ele, ao menos, exige um tempo indefinível, em relação às compleições, para levar o homem a essas combustões instantâneas, fenômenos extremamente raros.

Quanto ao açúcar, por muito tempo a França esteve privada dele; e sei que as doenças do peito, que pela frequência com que surgem na parcela da geração nascida entre 1800 e 1815 espantaram os estatísticos da medicina, podem ser atribuídas a essa privação; como também o uso demasiadamente grande pode provocar doenças cutâneas.

Sem dúvida, o álcool que entra como base no vinho e nos licores dos quais a imensa maioria dos franceses abusa, o café, e o açúcar, que contêm substâncias fosforecentes e flogísticas e que vai se tornando de uso imoderado, devem mudar as condições generativas, quando agora a ciência já tem como certo que a dieta ictofágica influi nos métodos de geração de descendência.

A empresa do Estado talvez seja mais imoral do que era o jogo, mais depravadora e mais antissocial do que a roleta. O álcool talvez seja uma fabricação funesta cujos pontos de venda deveriam ser vigiados. Os povos são crianças grandes, e a política deveria ser a mãe deles. A alimentação pública, vista em seu conjunto, é uma parte imensa da política e a mais negligenciada; ouso mesmo dizer que está na infância.

Essas cinco naturezas de excessos oferecem, todas, uma semelhança no resultado: a sede, o suor, a perda de mucosidade e a perda das faculdades generativas, que é sua consequência. Que este axioma seja, portanto, incorporado à ciência do homem:

VII
Todo excesso que atinge as mucosas abrevia a vida.

O homem tem uma única soma de força vital; ela está dividida igualmente entre a circulação sanguínea, mucosa e nervosa; absorver uma em detrimento das outras é causar um terço de morte. Em suma, para resumirmos por uma imagem axiomática:

VIII
Quando a França envia seus 500 mil homens para os Pirineus, não os têm no Reno. Assim se passa com o homem.

DE BALZAC

Cronologia

1797 Bernard-François Balzac, de uma família de camponeses do Tarn, diretor de mantimentos de uma divisão militar de Tours, casa-se aos cinquenta anos com Anne-Charlotte-Laure Sallambier, dezoito anos, de uma família de ricos comerciantes de tecidos de Paris.

1799 20 DE MAIO Nascimento de Honoré Balzac, em Tours, segundo filho do casal. Seus irmãos são Laure (1800), Laurence (1802) e Henri-François (1807), filho adulterino da sra. Balzac com Jean de Margonne, castelão de Saché.
Napoleão Bonaparte derruba o Diretório e se torna primeiro-cônsul da França.

1803 Depois de quatro anos vivendo com a ama de leite, Honoré volta para a família.

1804 Matriculado no pensionato Le Guay, em Tours, de onde sairá em 1807.
Napoleão Bonaparte sagra-se imperador e começa a conquista da Europa.

1807 Interno no Colégio de Vendôme, dos oratorianos, onde ficará até 1813. Em seis anos só recebe duas visitas da mãe.

1814 A família se muda para Paris, instalando-se no Marais.
Napoleão abdica e se torna rei de Elba. Primeira restauração, com a ascensão de Luís XVIII ao trono.

1815 Estudos secundários em Paris, no Instituto Lepître e no Instituto Ganzer.
Napoleão regressa triunfante a Paris, governa cem dias e é derrotado em Waterloo. Luís XVIII volta a ocupar o trono da França.

1816 Matricula-se na faculdade de direito da Sorbonne. Estágio no escritório do advogado Guillonnet-Merville, até março de 1818.
1818 Estágio com o tabelião Victor Passez, amigo da família. Reúne notas para um tratado sobre *A imortalidade da alma*.
1819 Recebido no bacharelato de direito. O pai se aposenta e a família muda-se para Villeparisis. Balzac vai morar sozinho numa mansarda da Rue Lesdiguières, 9, perto da Bastilha, decidido a ser escritor. Escreve *Cromwell*, tragédia em versos em cinco atos, que será mal recebida pelo acadêmico Andrieux, amigo da família.
1820 Trabalha no romance medieval *Agathise*, no estilo de Walter Scott.
1822 Começa a escrever com pseudônimos. *A herdeira de Birague*, *Jean-Louis*, *Clotilde de Lusignan ou le beau Juif*, *Le Centenaire*, são assinados por Lord R'Hoone [Honoré]. *O vigário das Ardennes*, assinado por Horace de Saint-Aubin, é recolhido por imoralidade. Inicia a ligação com Laure de Berny, 22 anos mais velha, e que terá grande papel na sua formação.
1823 O Teatro de la Gaîté recusa seu melodrama *Le Nègre*.
1824 Muda-se para a Rue de Tournon, 2. Atividade jornalística em *Feuilleton Littéraire* e *La Lorgnette*. Continua a publicar com pseudônimo.
Morte de Luís XVIII, substituído pelo rei Carlos X.
1825 Primeiros trabalhos como editor, reeditando as obras completas de La Fontaine e de Molière. Início da ligação com Laure Junot, duquesa d'Abrantes, quinze anos mais velha. Pensa numa grande *História da França pitoresca*.
1826 Obtém a patente de impressor e se endivida para comprar uma tipografia na Rue des Marais-Saint-Germain, 17, atual Rue Visconti.
1827 Para expandir a Tipografia H. Balzac, compra uma fundição de tipos gráficos, com a ajuda financeira de Laure de Berny. Conhece Victor Hugo.
1828 O sócio, André Barbier, sai do negócio. Vende a fundição a um filho de Laure de Berny, que dispensa o reembolso. Muda-se para a Rue Cassini, 1, perto do Observatório.

16 DE AGOSTO Liquidação da tipografia, que lhe deixa 60 mil francos de dívidas (cerca de 200 mil euros), sendo 50 mil com a família.

1829 Introduzido pela duquesa d'Abrantes, frequenta os *salons* da aristocracia. Início da amizade e da correspondência com Zulma Carraud. Morte do pai.
Publica *Fisiologia do casamento* e *O último Chouan ou a Bretanha em 1800*, primeiro romance assinado Honoré Balzac.

1830 Intensa atividade jornalística, em *Le Feuilleton des Journaux Politiques*, *Revue de Paris*, *Revue des Deux-Mondes*, *La Mode*.
MAIO-SETEMBRO Temporada com Laure de Berny na Touraine.
Publica *O elixir de longa vida*, *Sarrasine*, *Uma paixão no deserto* e *Gobseck*.
Revolução de Julho. Abdicação de Carlos X. Monarquia de Julho. Luís Filipe no trono da França.

1831 Vida mundana. Incorpora definitivamente a partícula *de*, indicativa de nobreza, a seu sobrenome. Temporada em Angoulême com os Carraud.
Publica *Pele de onagro*, sucesso imediato, e *A estalagem vermelha*.

1832 FEVEREIRO Recebe a primeira carta de Eveline Hanska (1803-82), condessa polonesa que se assina *A estrangeira* e com quem se casará dezoito anos depois. Temporadas em Angoulême, com Zulma Carraud, e em Aix-les-Bains, com a marquesa de Castries. Junta-se ao partido legitimista (ultraconservador).
Publica *O coronel Chabert*, início de *Contos jocosos* e *Novos contos filosóficos*.

1833 Terceira e última temporada com os Carraud em Angoulême. Ligação secreta com Maria du Fresnay (1809-92), com quem terá uma filha no ano seguinte.
25 DE SETEMBRO Primeiro encontro com Madame Hanska, em Neuchâtel. Contrato para a publicação da coleção *Estudos de costumes no século XIX*, em doze volumes. Natal com Madame Hanska, em Genebra.

Publica *História intelectual de Louis Lambert*, *Ferragus*, *O médico rural* e *Eugénie Grandet*.

1834 Publica os tomos X e XI de *Estudos de costumes no século XIX*, *A duquesa de Langeais*, *A procura do absoluto* e início de *Serafita*.

SETEMBRO Começa a escrever no castelo de Saché a primeira e a segunda parte de *O pai Goriot*, romance a partir do qual vão reaparecer sistematicamente seus personagens.

14 DE DEZEMBRO Publicada na *Revue de Paris* a primeira das quatro partes do romance. As três seguintes sairão em 28 de dezembro desse ano, e 18 de janeiro e 1º de fevereiro de 1835.

1835 Ligação com a condessa Guidoboni-Visconti. Instala-se na Rue des Batailles, 13, em Chaillot. Três semanas em Viena com Madame Hanska, que ele só tornará a ver oito anos depois; é recebido por Metternich. Sócio majoritário e diretor da *Chronique de Paris*, revista política e literária que só dura seis meses.

Publica os tomos I a XII de *Estudos de costumes* e *O lírio no vale* na *Revue de Paris*.

11 DE MARÇO Publicação em livraria de *O pai Goriot*, que figurará em *A comédia humana*, de acordo com o Catálogo de 1845, como um título de *Cenas da vida privada*.

1836 Nascimento de Lionel-Richard Lowell, suposto filho com a condessa Guidoboni-Visconti. Morte de Laure de Berny. Liquidação da revista *Chronique de Paris*. Perseguido por credores e oficiais de justiça, viaja à Itália e depois vive escondido em Chaillot.

Publica *A missa do ateu* e o início de *O gabinete das antiguidades*.

1837 Compra a Villa des Jardies, em Sèvres, origem de novas e pesadas dívidas. Esconde-se na casa da condessa Guidoboni-Visconti, que paga suas dívidas e lhe evita a prisão. Seu tílburi é confiscado pela justiça. Exibição de seu retrato, com roupa de monge, por Louis Boulanger.

Publica *César Birotteau* e os tomos VII e VIII de *Estudos de costumes*, contendo a primeira parte de *Ilusões perdidas*.

1838 FEVEREIRO-MARÇO Temporada em Nohant, na casa de George Sand. Viagem à Sardenha, onde espera enriquecer especulando com as minas de prata. Instala-se em Les Jardies. Inscreve-se na recém-criada Société des Gens de Lettres.
Publica *A casa Nucingen* e *A torpedo*.

1839 16 DE AGOSTO Presidente da Société des Gens de Lettres. Campanhas pela proteção da propriedade literária e dos direitos autorais.
2 DE DEZEMBRO Candidatura à Academia Francesa, retirando-a depois em favor de Victor Hugo, que não é eleito.
Publica *Um grande homem de província em Paris*, segunda parte de *Ilusões perdidas* e *Uma filha de Ève*, em folhetim.

1840 9 DE JANEIRO Cede a Victor Hugo a presidência da Société des Gens de Lettres.
14 DE MARÇO: criação de *Vautrin* no Teatro de la Porte-Saint-Martin; a peça é proibida no dia seguinte.
25 DE JULHO Lança a *Revue Parisienne*, mensal, que só terá três números.
SETEMBRO Les Jardies é penhorada. Muda-se com a mãe e Louise Breugniet, governanta e amante, para a Rue Basse, 19 (atual Rue Raynouard), em Passy, onde hoje é a Maison de Balzac. O contrato de aluguel é feito em nome de Louise.

1841 2 DE OUTUBRO Assina com os livreiros Furne, Hetzel, Dubochet e Paulin o contrato para a publicação de suas obras completas sob o título geral, imaginado no ano anterior, de *A comédia humana*. Os dezessete volumes, revistos pelo autor (edição Furne corrigida), são publicados de 1842 a 1848 e completados postumamente, em 1855, por mais três.
NOVEMBRO Morte de Wenceslas Hanski, marido de Madame Hanska, com quem Balzac retoma a correspondência.
Publica *Um caso tenebroso*, *Ursule Mirouet* e *Memórias de duas jovens esposas*.

1842 19 DE MARÇO Criação no Teatro de l'Odéon de *Ressources de Quinola*, que tem apenas dezenove representações.
JULHO Escreve o prólogo de *A comédia humana*, em que

compara os tipos humanos com as espécies animais. Retrato feito por um daguerreotipista.

Publica *Os dois irmãos* e o início de *Esplendores e misérias das cortesãs*, no jornal *Le Parisien*.

1843 JULHO-OUTUBRO Encontra-se, em São Petersburgo, com Madame Hanska.

26 DE SETEMBRO Criação de *Paméla Giraud* no Teatro de la Gaîté, que tem apenas 28 representações. David d'Angers termina o busto de Balzac.

Sai a edição completa de *Ilusões perdidas*, publicada no tomo VIII de *A comédia humana* (v. IV de *Cenas da vida de província*).

1844 Faz o "Catálogo das obras que comporão *A comédia humana*", em que ainda figuram quarenta obras a escrever. Problemas de saúde. Coleciona móveis e pinturas.

Publica *Modeste Mignon*, em folhetim no *Journal des Débats*, e *David Séchard*, a terceira parte de *Ilusões perdidas*, em edição separada.

1845 Cavaleiro da Legião de Honra. Viagem a Alemanha, França, Holanda, Bélgica e Itália, com Madame Hanska, sua filha Anne e o futuro genro.

1846 Viagem de Roma a Frankfurt com Madame Hanska. Testemunha de casamento de Anne Hanska com o conde Georges Mniszech, em Wiesbaden.

AGOSTO Conclusão de *A comédia humana*, com a venda dos volumes que faltavam.

28 DE SETEMBRO Compra à prestação a casa da Rue Fortunée, atual Rue Balzac.

NOVEMBRO Madame Hanska dá à luz um menino natimorto, que se chamaria Victor-Honoré. Desespero de Balzac.

Publica *Esplendores e misérias das cortesãs* (terceira parte) em *L'Époque* e *A prima Bette* em *Le Constitutionnel*.

1847 Madame Hanska, em Paris, exige que Balzac se separe da governanta.

15 DE ABRIL Instalam-se na Rue Fortunée. Balzac lega a Madame Hanska todos os seus bens e os manuscritos, por ele corrigidos, de *A comédia humana*.

SETEMBRO Temporada de cinco meses no castelo de Wierzschownia, na Ucrânia, com Madame Hanska.

1848   15 DE FEVEREIRO Volta para Paris. Presencia o saque às Tuileries, durante a revolução de fevereiro de 1848, que lhe causa medo e aversão. Cogita em se candidatar nas eleições legislativas. Pensa em adaptar seus romances para o teatro.
25 DE MAIO Criação de *A madrasta* no Teatro Historique, com apenas seis apresentações. Primeiros sintomas da doença cardíaca.
SETEMBRO Volta para Wierzchownia, onde fica até abril de 1850.
Revolução de fevereiro. Segunda República. Luís Bonaparte é eleito presidente.
1849   11 DE JANEIRO Nova candidatura à Academia Francesa, quando só consegue quatro votos, entre eles os de Victor Hugo e Lamartine. Passa todo o ano na Ucrânia.
1850   14 DE MARÇO Casamento em Berditchev, Ucrânia, com Madame Hanska, que abriu mão, segundo decisão do czar, de seus bens pessoais para poder se casar com um estrangeiro. Doente, Balzac volta com ela para Paris.
18 DE AGOSTO, 23H30 Falece na casa da Rue Fortunée. Victor Hugo, que o visitara nesse dia, faz o elogio fúnebre no cemitério do Père-Lachaise, três dias depois, lembrando o caráter "revolucionário" de sua obra.
1882   Morte de Madame Hanska.

Outras leituras

BAUDELAIRE, CHARLES. *Les Paradis artificiels*. Paris: Le Livre de Poche, 1972.
BECKER, KARIN. *Le Dandisme littéraire en France au XIXe siècle*. Orléans: Éditions Paradigme, 2010.
BRILLAT-SAVARIN, Jean-Anthelme. *A fisiologia do gosto*. São Paulo: Companhia das Letras, 1995.
D'AUREVILLY, Jules Barbey. *Du Dandysme et de George Brummell*. Paris: Mercure de France, 2011.
LIPOVETSKY, Gilles. *O império do efêmero*. São Paulo: Companhia das Letras, 1989.
WILDE. OSCAR. *O retrato de Dorian Gray*. São Paulo: Penguin/ Companhia das Letras, 2012.
ZWEIG, Stefan. *Balzac*. Rio de Janeiro: Editora Guanabara, 1946.

LEIA MAIS PENGUIN-COMPANHIA
CLÁSSICOS

Stendhal

A cartuxa de Parma

Tradução de
ROSA FREIRE D'AGUIAR
Introdução de
JOHN STURROCK

Escrito em inacreditáveis 53 dias, no final de 1838, *A cartuxa de Parma* narra as desventuras de Fabrice Del Dongo, um jovem vibrante, idealista e imaturo que decide se unir ao exército de Napoleão Bonaparte.

Quando Fabrice retorna a Palma, uma sequência de amores irresponsáveis, brigas, fugas e processos jurídicos transportam o leitor à Itália do início do século XIX. Ele reencontra sua tia, a duquesa Gina Sanseverina, agora comprometida com um importante ministro, e acaba interferindo na política local. A prosa ágil de Stendhal e a estrutura episódica da trama dão ainda mais charme às intrigas e conspirações de bastidores, potencializadas por recursos como cartas anônimas e envenenamentos.

O notável tratamento dado por Stendhal à batalha de Waterloo, por onde o protagonista vagueia sem saber que está no meio de um acontecimento importante, entusiasmou nomes como Liev Tolstói, que assume a influência da obra sobre *Guerra e paz*, e Ernest Hemingway. Logo no lançamento, o livro mereceu elogios até do conterrâneo Honoré de Balzac.

WWW.PENGUINCOMPANHIA.COM.BR

LEIA MAIS PENGUIN-COMPANHIA
CLÁSSICOS

Montaigne

Os ensaios

Tradução de
ROSA FREIRE D'AGUIAR
Introdução de
ERICH AUERBACH

Personagem de vida curiosa, Michel Eyquem, Seigneur de Montaigne (1533-92), é considerado o inventor do gênero ensaio. Esta edição oferece ao leitor brasileiro a possibilidade de ter uma visão abrangente do pensamento de Montaigne, sem que precise recorrer aos três volumes de suas obras completas. Selecionados para a edição internacional da Penguin por M. A. Screech, especialista no Renascimento, os ensaios passam por temas como o medo, a covardia, a preparação para a morte, a educação dos filhos, a embriaguez, a ociosidade.

De particular interesse para nossos leitores é o ensaio "Sobre os canibais", que foi inspirado no encontro que Montaigne teve, em Ruão, em 1562, com os índios da tribo Tupinambá, levados para serem exibidos na corte francesa. Além disso, trata-se da primeira edição brasileira que utiliza a monumental reedição dos ensaios lançada pela Bibliothèque de la Pléiade, que, por sua vez, se valeu da edição póstuma dos ensaios de 1595.

WWW.PENGUINCOMPANHIA.COM.BR

Esta obra foi composta em Sabon por Alexandre Pimenta
e impressa em ofsete pela Geográfica
sobre papel Pólen Soft da Suzano Papel e Celulose
para a Editora Schwarcz em agosto de 2015

A marca FSC® é a garantia de que a madeira utilizada na fabricação do papel deste livro provém de florestas que foram gerenciadas de maneira ambientalmente correta, socialmente justa e economicamente viável, além de outras fontes de origem controlada.